Sascha Demarmels · Wolfgang Kesselheim (Hrsg.)

Textsorten in der Wirtschaft

Sascha Demarmels
Wolfgang Kesselheim (Hrsg.)

Textsorten
in der Wirtschaft

Zwischen textlinguistischem Wissen
und wirtschaftlichem Handeln

VS VERLAG

Bibliografische Information der Deutschen Nationalbibliothek
Die Deutsche Nationalbibliothek verzeichnet diese Publikation in der
Deutschen Nationalbibliografie; detaillierte bibliografische Daten sind im Internet über
<http://dnb.d-nb.de> abrufbar.

1. Auflage 2011

Alle Rechte vorbehalten
© VS Verlag für Sozialwissenschaften | Springer Fachmedien Wiesbaden GmbH 2011

Lektorat: Barbara Emig-Roller | Eva Brechtel-Wahl

VS Verlag für Sozialwissenschaften ist eine Marke von Springer Fachmedien.
Springer Fachmedien ist Teil der Fachverlagsgruppe Springer Science+Business Media.
www.vs-verlag.de

Umschlaggestaltung: KünkelLopka Medienentwicklung, Heidelberg
Gedruckt auf säurefreiem und chlorfrei gebleichtem Papier
Printed in Germany

ISBN 978-3-531-17869-1

Dank

Für das Zustandekommen dieses Sammelbandes danken wir allen, die uns bezüglich der Fragestellung inspiriert haben, insbesondere natürlich allen Teilnehmerinnen und Teilnehmern an unserer Podiumsdiskussion anlässlich der VALS-Tagung 2010 in Zürich.

Grosser Dank geht ausserdem ans Institut für Kommunikation und Marketing der Hochschule Luzern – Wirtschaft und die Institutsleiterin Bettina Durrer für die grosszügige Übernahme des Druckkostenzuschusses.

Wir hoffen, den Leserinnen und Lesern dieses Buches neue Einblicke und Denkanstösse zu vermitteln und wünschen viel Spass bei der abwechslungsreichen Lektüre.

Juni 2011   Sascha Demarmels
                                                        & Wolfgang Kesselheim

Inhalt

Sascha Demarmels & Wolfgang Kesselheim
Einleitung 9

Werner Rudolf
Mythen, Märchen und Moneten. Texte in Geschäftsberichten:
Was sie wollen und wie sie entstehen 19

Marcus Reinmuth
Textsortenerwartung und ihre Antizipation in der
Unternehmenskommunikation. Geschäftsberichte und der
„Brief an die Aktionäre" 36

Andrea Hirschi
Die Textsorte Brief für Direct-Marketing und die Anleitung
zur Erstellung solcher Briefe 49

Clemens Schwender
Gebrauchsanleitungen als Unternehmenskommunikation.
Kommunikatoren, Medien und Rezipienten 63

Franc Wagner
Sprachliche Charakteristika von Wirtschaftstexten in
neuen Medien 80

Sascha Demarmels & Dorothea Schaffner
Gendersensitive Sprache in Unternehmenstexten 98

Madalina Chitez, Jörg Keller & Otto Kruse
Didaktische Genres und Schreibpraktiken in einem
wirtschaftswissenschaftlichen Studiengang 121

Vinzenz Rast
Texten für die Wirtschaft: Ein Ausbildungskonzept 150

Wolfgang Kesselheim
Textlinguistische Analyse und Textsortenkompetenz:
Der Aktionärsbrief 167

Verzeichnis der Autorinnen und Autoren 190

Wirtschaftstextsorten im Schnittpunkt von Praxis, Lehre und Wissenschaft

Sascha Demarmels & Wolfgang Kesselheim

Nicht für die Schule – fürs Leben lernen wir. Wer erinnert sich nicht an diesen Satz aus dem Lateinunterricht? Aber wer weiß noch, wie dieser Satz korrekt ins Lateinische übersetzt wird? Vielleicht zeigt sich schon daran eine weitreichende Bedeutung des Satzes selber: Was wir in der Ausbildung lernen, soll einen Praxisbezug haben, es soll in der realen Welt anwendbar sein und die Umsetzung soll sinnvoll und nützlich sein. Dazu müssen aber die Lehrerinnen und Lehrer, die Dozentinnen und Dozenten wissen, was in der Praxis vor sich geht und worauf sie ihre Schützlinge vorbereiten sollen.

Bei der linguistischen Erforschung von Wirtschaftstextsorten sind die Bereiche von Wissenschaft und Praxis besonders eng miteinander verwoben. In vielen Ratgebern für die Praxis wird der Schritt zu einer präskriptiven Textsortenlinguistik vollzogen, ohne zuvor eine methodisch reflektierte und empirisch gesättigte Beschreibung dieser Textsorten vorzunehmen. Doch die Ableitung von Regeln stellt hohe Ansprüche an die Analyse und erfordert eine gründliche methodische Reflexion. Kann ein Wirtschaftstext überhaupt von einer außenstehenden Person korrekt erfasst und beschrieben werden? Oder können nur jene einen Text vollumfänglich analysieren, die selber dem Wirtschaftssystem angehören? Noch komplizierter ist die Situation in der Lehre: Hier unterrichten in aller Regel Dozierende, die weder in der betrieblichen Praxis noch in der Forschung mit wirtschaftlichen Textsorten zu tun haben. Welches analytische „Handwerkszeug", welches Wissen um wirtschaftliche Kontexte brauchen sie, um andere Menschen sinnvoll anzuleiten, Wirtschaftstexte fachgerecht zu verfassen?

In einer Podiumsdiskussion im Rahmen der Tagung der Vereinigung für Angewandte Linguistik in der Schweiz (VALS) im Februar 2010 haben wir mit Wissenschaftlerinnen und Wissenschaftlern, Dozierenden sowie Praktikerinnen und Praktikern über dieses Thema diskutiert. Es ist auf großes Interesse gestoßen, und die Teilnehmenden waren sich einig, dass die Auseinandersetzung mit

wirtschaftlichen Textsorten und deren Vermittlung bislang zu kurz gekommen
ist. Die Diskussion ging von folgenden grundlegenden Fragen aus:

- Wie lassen sich bei der Beschäftigung mit Textsorten in der Wirtschaft die
  drei Perspektiven von (text-)linguistischer Forschung, betriebswirtschaftli-
  cher Praxis und Hochschullehre zusammenführen?
- Welche Faktoren müssen dabei unbedingt einbezogen werden?
- Und wie beurteilen sich die drei Perspektiven gegenseitig?

Aus diesen grundlegenden Fragen ergaben sich im Verlauf der Diskussion folgende Fragekomplexe, die den gemeinsamen thematischen Bezugspunkt der
einzelnen Beiträge dieses Sammelbandes darstellen.

- Für die Perspektive der Textlinguistik: Reicht es für die textlinguistische
  Beschreibung der sprachlichen Musterhaftigkeit von Wirtschaftstexten aus,
  ausschließlich sprachliche Aspekte zu berücksichtigen oder müssen nicht
  zwingend auch Handlungsmuster aus der Praxis mit einbezogen werden?
- Für die Perspektive der Wirtschaft: Wie lassen sich die wirtschaftlichen
  Rahmenbedingungen und Handlungsorientierungen beschreiben, die die
  Produktion und Rezeption von Wirtschaftstexten bestimmen? Wie kann
  man die oftmals impliziten wirtschaftlichen Handlungsmuster für eine empirische Analyse zugänglich machen?
- Für die Perspektive der Lehre: Wie viel Wissen um die wirtschaftliche Praxis, aber auch wie viel (und welche) Kenntnisse textlinguistischer Analyse-
  methoden und Beschreibungskategorien sind für die Vermittlung dieser
  Textmuster angebracht und nötig? Und ganz praktisch: Woher soll das Wissen um diese Textmuster stammen? Von den Praktikerinnen und Praktikern,
  die ihr Alltagswissen um Wirtschaftstextsorten reflektieren oder aus der
  textlinguistischen Beschäftigung mit diesen Texten?

Unabhängig davon, aus welcher der drei Perspektiven die Beiträge im einzelnen
entstammen, stellen sie sich einer Reihe von gemeinsamen Fragen, die bisher
von den beteiligten Disziplinen noch nicht systematisch angegangen worden
sind: Fragen nach der Bedeutung von Methode(n) und Definitionen bei der
Analyse und im Umgang mit Wirtschaftstexten, Fragen nach der Konzeption
des Verhältnisses der eigenen Disziplin zu den anderen für den Gegenstand
Textsorten der Wirtschaft relevanten Disziplinen und nach der Verantwortung
der eigenen Perspektive gegenüber den anderen Bereichen. Hierbei gilt es nicht
zuletzt, die disziplinären Logiken, von denen sich die Fachpersonen aus den

verschiedenen Bereichen hauptsächlich leiten lassen, sichtbar zu machen, durch die nur zu oft ‚blinde Flecken' für den Umgang mit Wirtschaftstexten entstehen können.

All diese Fragen haben einen gemeinsamen Fluchtpunkt: die Erarbeitung der Grundlagen einer (text-)wissenschaftlich fundierten und gleichzeitig in der wirtschaftlichen Praxis verankerten Vermittlung von Wirtschaftstextsorten, die dazu beiträgt, den eingangs beklagten ‚Kurzschluss' empirie- und reflexionsarmer Ratgeberliteratur zu überwinden.

Ein Blick in die aktuelle Literatur belegt, dass das Thema des beruflichen Schreibens gegenwärtig durchaus Beachtung findet. Dies hängt gewiss mit der Tatsache zusammen, dass es mittlerweile kaum noch Berufe gibt, in denen es nicht vielfältige berufsspezifische Schreibaufgaben zu bewältigen gäbe (vgl. Jakobs 2008: 257). Die kommunikativen Anforderungen in der Berufspraxis wachsen, wie Janich (2007: 317) konstatiert, in nahezu allen Branchen. Herausforderungen sieht Janich vor allem im zunehmenden Wettbewerb, in Fusionen, in der Globalisierung, aber auch in den sich stetig verändernden medialen und technischen Kommunikationsmöglichkeiten. Zu denken wäre hier beispielsweise auch an Unternehmenskommunikation im Web 2.0, also über Facebook, Twitter und ähnliche Angebote mehr (vgl. hierzu Wagner in diesem Band). Schreibkompetenz im Bereich der Wirtschaftstextsorten umfasst daher heute neben den altbekannten Anforderungsbereichen des Schreibens wie Orthografie, Lexik und Syntax auch eine zeitgemäße Medienkompetenz, zu der ebenfalls das Wissen gehört, wie Texte für unterschiedliche Medien zu verfassen sind (Becker-Mrotzek & Schindler 2008: 12).

Ein besonderer Blick wird in der Literatur auf den Umstand gerichtet, dass Neueinsteiger in einem Beruf zu wenig auf die Schreibaufgaben vorbereitet werden, die sie in der Praxis erwarten. Efing (2011: 83) etwa stellt fest, dass die kommunikativen Anforderungen in der Schule oft nicht mit den Lernzielen im Lehrplan übereinstimmen. Schindler und Siebert-Ott (2011: 96) beschreiben eine ähnliche Situation im Hinblick auf die Vorbereitung der Schülerinnen und Schüler auf Textsorten der universitären Praxis. Kommunikationsfähigkeit, Sprachwissenschaft und Medienkompetenz spielen auch in wirtschaftswissenschaftlichen Studiengängen meist nur eine geringfügige Rolle (Janich 2007: 317; vgl. auch Chitez, Keller & Kruse in diesem Band; Rast in diesem Band zeigt dagegen auf, dass auch andere Studienmodelle möglich sind). Eine mangelnde Orientierung am Aufbau beruflicher Textkompetenzen zieht sich damit durch alle Stufen der Ausbildung.

Als Problem wird gesehen, dass die Vermittlung beruflicher Schreibkompetenzen in den Ausbildungsinstitutionen zu wenig auf die Praxis abgestimmt wird. Aus diesem Grund wird von verschiedenen Seiten die Verwendung authentischer Texte und realistischer Schreibanlässe in der Ausbildung gefordert. Wenn in der Schule beispielsweise konkrete Schreibanlässe geschaffen würden, die sich an authentischen Situationen beruflichen Schreibens orientieren würden, könnten der Umgang mit realen kommunikativen Anforderungen eingeübt und präzise kommunikative Teilkompetenzen ausgebildet werden (Efing 2011: 84). Zur geforderten Abstimmung auf die Praxis gehört auch, dass berufs- oder branchenspezifische Normen und Textsortenkonventionen aus der Praxis Eingang in die Vermittlung des beruflichen Schreibens finden müssen.

Gerade für den Fall der Wirtschaftstextsorten gilt es, auf die juristischen Rahmenbedingungen einzugehen, die für die Textproduktion maßgeblich sind (Jakobs 2008: 264). So gibt es nicht nur gesetzliche Vorschriften darüber, welche Unternehmen in welchen Zeitabständen welche Fakten und Zahlen über sich veröffentlichen müssen (Wawra 2008: 172–191; vgl. auch Rudolf in diesem Band); auch können Unternehmen für Formulierungen in ihren Texten rechtlich verantwortlich gemacht werden (Antos 2008: 243). Daneben gilt es die Tatsache zu beachten, dass sich in verschiedenen Wirtschaftsbereichen, oft parallel zur Professionalisierung der Textproduktion, eigene Textsortenkonventionen ausgebildet haben (siehe hierzu etwa Schwender in diesem Band).

Wie könnte nun aber eine systematische Lösung der oft konstatierten Unvereinbarkeit von Ausbildung und beruflicher Schreibpraxis aussehen? Efing (2011: 79) verweist darauf, dass in der Praxis in der Regel mehr Texte rezipiert als produziert werden müssen. Deshalb bieten sich solche Ansätze als Grundlage für die Vermittlung beruflicher Schreibkompetenz an, die es erlauben, aus der Analyse konkreter Texte die zugrundeliegenden Textmuster und -normen abzuleiten. Hierzu zählen Ansätze der deskriptiven Textlinguistik wie Göpferich (2008) oder das in dem Beitrag von Kesselheim (in diesem Band) präsentierte Analysemodell. Anstatt einzelne Textmuster einzuüben, vermitteln diese Ansätze ein Problemlöse-Wissen (Becker-Mrotzek & Schindler 2008: 9), das die eigenständige Erschließung der Musterhaftigkeit beliebiger Textsorten in der Berufspraxis ermöglicht.

Gleichzeitig gilt es, die für das Schreiben von beruflichen Textsorten im Allgemeinen und Wirtschaftstextsorten im Speziellen notwendigen Kompetenzen genauer zu erforschen. Janich (2007) schlägt hierzu ein Modell mit Kompetenzprofilen vor: Diese könnten zum einen sichtbar machen, wie vielfältig die kommunikativen Aufgaben sind und welche Kompetenzen für einen bestimmten Tätigkeitsbereich vorausgesetzt werden (ebd.: 327). Damit könnten die für ein Berufsfeld nötigen Kompetenzen schon in die entsprechende Ausbildung integriert werden. Die so ermittelten Profile könnten aber auch dabei helfen, Forschungslücken zu identifizieren (ebd.: 328), denn schon ein oberflächlicher Literaturüberblick zeigt, dass heute gewisse Textsorten und Branchen im Bezug auf die Kommunikation sehr gut linguistisch untersucht sind, während andere bisher kaum Beachtung gefunden haben (Efing 2011: 71).

Eine gute und nachhaltige Ausbildung von Praktikerinnen und Praktikern benötigt schließlich Inter- und Transdisziplinarität, nicht nur indem unterschiedliche Disziplinen einen gemeinsamen Sachverhalt betrachten, sondern indem sie versuchen, ihre Methoden und Erkenntnisse gegenseitig fruchtbar zu machen (Spiegel & Krafft 2011: 8).[1] Der vorliegende Sammelband hat sich deshalb zum Ziel gesetzt, die Vielfalt von Perspektiven zu illustrieren, aus denen man sich Wirtschaftstextsorten nähern kann: Die Autorinnen und Autoren der einzelnen Beiträge kommen aus der Wissenschaft, der Praxis und der Lehre, und ihr konkreter Zugang zu den Textsorten der Wirtschaft unterscheidet sich nicht nur im Hinblick auf den Umgang, den sie mit diesen Texten pflegen, sondern auch im Hinblick auf die Motivation, sich mit diesen Texten zu beschäftigen, ihren disziplinären Zugang und schließlich die gewählten Beschreibungsmethoden.[2] Er lädt die Leserinnen und Leser dazu ein, sich auch und gerade mit den Beiträgen auseinanderzusetzen, die nicht dem eigenen Umgang mit Wirtschaftstextsorten entsprechen und zu überprüfen, wie die fremde Perspektive den eigenen Zugang zum Gegenstand „Wirtschaftstextsorten" erweitern kann.

Bevor wir die einzelnen Beiträge vorstellen, sei noch kurz die Struktur ihrer Abfolge umrissen: Der Band beginnt mit einer Reihe von Beiträgen, die sich mit konkreten einzelnen Textsorten aus der Wirtschaft beschäftigen, nämlich dem Geschäftsbericht, dem Aktionärsbrief, dem Geschäftsbrief im Direct-Marketing und der Gebrauchsanleitung. Es folgen Aufsätze, die sich Textsorten-übergreifenden Themen der Unternehmenskommunikation widmen, nämlich der Selbstdarstellung von Unternehmen im Web 2.0 und dem Gebrauch einer gendersensitiven Sprache in Wirtschaftstexten. Den Abschluss bilden Beiträge zu zwei verschiedenen wirtschaftswissenschaftlichen Studiengängen, die sich mit dem Umgang mit Wirtschaftstextsorten in der Lehre beschäftigen, sowie – quasi als Fazit – ein Beitrag, welcher der Frage nachgeht, was textlinguistische Analysen zur Vermittlung von Wirtschaftstextsorten beitragen können.

Zu den Beiträgen im Einzelnen:

Werner Rudolf widmet sich den Texten in Geschäftsberichten aus der Perspektive des Praktikers. Er stellt die unterschiedlichen (Gruppen von) Personen

---

1   Hier sind wir in der glücklichen Lage, dass sich in der angewandten Linguistik eine Zusammenarbeit zwischen Wirtschaft und Sprach- oder Kommunikationswissenschaft schon länger durchgesetzt hat (Janich 2007: 317).

2   Der Band beinhaltet im Übrigen auch Texte von Schreiberinnen und Schreibern aus der Schweiz und aus Deutschland, was sich in verschiedenen Schreibweisen des Doppel-S als ss und ß niederschlägt. Da wir davon ausgehen, dass eine Vielfalt der Perspektiven generell den Horizont erweitert, haben wir in diesem einen Punkt auf eine Vereinheitlichung bewusst verzichtet.

vor, die an der Entstehung der Texte eines Geschäftsberichts beteiligt sind, und erläutert, an welche spezifische Rezipierende sie sich mit ihren Texten wenden: Verwaltungsratspräsidium und CEO an das Aktionariat; Finanzchef, Controller und Investment Relations an die Financial Community; die Rechtsabteilung an die Regulatoren; der oder die für Nachhaltigkeit Verantwortliche an die Zivilgesellschaft; und die Kommunikationsabteilung an weitere heterogene Zielgruppen. Für jede dieser kommunikativen ‚Paarungen' zeigt Rudolf auf, welche vielfältigen Ziele die verschiedenen Gruppen von Textproduzentinnen und -produzenten verfolgen und mit welchen unterschiedlichen Zielsetzungen die verschiedenen Gruppen von Rezipierenden diese Texte lesen. So wird sichtbar, dass ein Geschäftsbericht weit mehr ist als nur ein Instrument der Finanzberichterstattung. Er zielt darauf ab, die Erwartungen der unterschiedlichen Stakeholder zu steuern und ein positives Image der Firma zu erzeugen.

Marcus Reinmuth nähert sich dem „Brief an die Aktionäre" aus linguistischer Sicht. Ausgehend von der Beobachtung, dass kaum ein aktueller Geschäftsbericht auf einen Aktionärsbrief verzichtet, obgleich dieser nicht gesetzlich vorgeschrieben ist, geht Reinmuth der Frage auf den Grund, welche Funktion der Aktionärsbrief für den Geschäftsbericht als Ganzen erfüllt. Dazu führt der Autor in die linguistische Forschung zu Textsorten ein und beschreibt vor diesem Hintergrund die dominanten Funktionen des Geschäftsberichts: eine obligatorische Funktion der Berichterstattung und eine fakultative Funktion des Werbens für das Unternehmen. Diese beiden Funktionen führen zu einem Dilemma. Stellt sich der Geschäftsbericht einseitig in den Dienst der Berichterstattung, wirkt er trocken, unpersönlich und daher wenig glaubwürdig. Nähert er sich aber dem Modell der Werbung an, wird er ebenfalls als wenig glaubwürdig eingeschätzt – dieses Mal, weil er zu sehr von den Erwartungen an die Textsorte Berichterstattung abweicht. Hier bietet der Aktionärsbrief, so Reinmuths Analyse, einen Ausweg: Als „Vertreter der allgemeinen Textsortenkategorie ‚Brief'" eröffnet er den Weg zum Aufbau einer persönlichen, glaubwürdigen Vertrauenskommunikation.

Andrea Hirschi widmet sich anschließend dem Werbebrief aus dem Direct-Marketing auf zwei Ebenen: Zum einen geht es um die Textsorte selber, zum anderen aber auch darum, wie man Praktikerinnen und Praktiker in den produktiven Umgang mit dieser Textsorte einführen kann. Im Zentrum steht die handlungsorientierte Charakterisierung einer praxisrelevanten Textsorte, wobei zu berücksichtigen ist, dass die angeleiteten Personen meist nicht über eine profunde Schreibausbildung verfügen und darum auch an den Schreibprozess selber herangeführt werden müssen.

Auf ähnliche Probleme weist auch *Clemens Schwender* im nächsten Beitrag hin: Während der Geschäftsbericht als Königsdisziplin der Unternehmenskommunikation gilt (Keller 2006: 9), könnte man nämlich die Gebrauchsanleitung als ihr Stiefkind bezeichnen. Zwar gehört sie zu den meistgelesenen Wirtschaftstextsorten, doch war es ein langer Prozess, wie Schwender sehr anschaulich beschreibt, bis sich die Ausbildung von technischen Redakteurinnen und Redakteuren professionalisierte und schließlich die Fachhochschulen und – in Einzelfällen – die Universitäten erreichte. Im Zentrum von Schwenders Beitrag steht die Frage nach einer angemessenen Definition der Textsorte „Gebrauchsanweisung". Dazu gehört für den Autor der Einbezug der Kommunikationssituation, also nicht nur die Identifizierung der charakteristischen Eigenschaften des Texts, sondern auch die Bestimmung der Rollen, Erwartungen und Anforderungen der Textproduzierenden und Rezipierenden. Der Beitrag beleuchtet daher zunächst die Produktionsseite: die rechtlichen Rahmenbedingungen, die mit der Gebrauchsanweisung verbundenen Intentionen und die Kompetenzen der Textproduzentinnen und -produzenten. Es folgt eine textsortenlinguistische Einordnung der Gebrauchsanweisungen als spezielle Instruktionstexte, die darauf gerichtet sind, in den Umgang mit einem konkreten technischen Artefakt einzuführen, bevor abschließend die Rezeptionsseite beleuchtet wird und das zentrale Problem der Gebrauchsanweisungen als ein Problem der Darstellung und Vermittlung bestimmt wird.

Franc Wagner geht von der Beobachtung aus, dass sich das Schreiben am Arbeitsplatz ständig wandelt. Eine Tatsache, die sich nicht zuletzt an der massiven Ausbreitung der neuen Medien im Arbeitsalltag zeigt. Es mache deshalb keinen Sinn, in der Schreibdidaktik von unwandelbaren Textsortenkonzepten auszugehen. Vielmehr müsse sich die Didaktik auf die Analyse von Texten stützen. Dabei gelte es, den Fokus auf die Entstehungssituation – und das heißt ganz besonders: die konkrete mediale Realisierung der Texte – zu richten. Genau das leistet das „Zürcher Textbeschreibungsmodell" (vgl. Dürscheid / Wagner & Brommer 2010). Anhand einer vergleichenden Analyse zweier Arten von Wirtschaftstexten, die sich durch ihre medialen Rahmenbedingungen unterscheiden – Texte auf Social Networking Sites von Firmen und Homepages, die der Selbstdarstellung der Firmen dienen – demonstriert Wagner die Leistungsfähigkeit dieses Beschreibungsmodells und zeigt auf, wie es für die Vermittlung beruflicher Schreibkompetenz eingesetzt werden kann.

Sascha Demarmels und Dorothea Schaffner widmen sich Textmustern und ihrer sehr langsamen Veränderung am Beispiel der gendersensitiven Sprache, die sich in Wirtschaftstextsorten nur sehr langsam durchsetzt. In ihrem Beitrag zeigen die beiden Autorinnen den Gebrauch einer gendersensitiven Sprache im Spannungsfeld von Forschung, Lehre und Berufspraxis auf und führen an verschiedenen Textsorten wie Aktionärsbrief, Geschäftsbericht und Stellenanzeige vor, dass die gendersensitive Sprache trotz verschiedenster Sprachleitfäden in

der Praxis noch längst nicht flächendeckend umgesetzt wird. Sie zeigen aber
auch das Dilemma der drei Perspektiven auf: Wo sollen Veränderungen ansetzen, wer muss den ersten Schritt machen?

Nicht nur was die Umsetzung neuer Standards angeht, sondern auch bei der
Förderung der Schreibkompetenzen im Hinblick auf didaktische wie wirtschaftliche Textsorten gilt es in der Ausbildung Schwierigkeiten zu überwinden. *Madalina Chitez, Jörg Keller und Otto Kruse* sind den Textsorten im Wirtschaftsstudium – oder, wie sie bevorzugen: „Genres" – auf der Spur. Sie fragen danach, wie man diese Genres und die mit ihnen verbundenen Schreib- und Unterrichtspraktiken untersuchen kann und wie man auf diese Weise zu einer Beschreibung der lokalen Schreibkultur eines wirtschaftswissenschaftlichen Studiengangs gelangen kann. Der Beitrag bietet am Beispiel des Studiengangs
„Betriebsökonomie" an der Zürcher Hochschule für Angewandte Wissenschaften (ZHAW) Einsicht in eine multimethodische Untersuchung einer solchen
Schreibkultur: Schreibpraktiken werden über die Analyse von Studienplänen
ermittelt, die im Studium vorkommenden Genres, die Einstellungen von Dozierenden zu Qualitätsmerkmalen studentischen Schreibens und studentische
Selbsteinschätzungen zur eigenen Schreibkompetenz durch verschiedene Fragebögen erhoben. Schließlich wird die Qualität studentischer Texte durch die
Sichtung (einer Auswahl) dieser Texte beurteilt. Die Analyse erlaubt eine Charakterisierung der lokalen Schreibkultur, die auch zu einem Vergleich mit anderen lokalen Schreibkulturen herangezogen werden kann.

Auch *Vinzenz Rast* beschäftigt sich mit der Vermittlung von Schreib- und
Textsortenkompetenz in wirtschaftswissenschaftlichen Studiengängen. Er stellt
den Leserinnen und Lesern das Konzept der Kommunikationsmodule innerhalb
der Ausbildung von Betriebsökonominnen und -ökonomen an der Hochschule
Luzern – Wirtschaft (HSLU W) vor. Entlang der Module im Fach „Kommunikation Deutsch" veranschaulicht er verschiedene Schreib- und Redeaufträge,
welche konsequent in realistische Schreibanlässe eingebettet sind und damit den
Studierenden einen maximalen berufspraktischen Bezug liefern. Zunächst geht
er dabei auf die fächerübergreifenden Module „Schreiben für Wissenschaft und
Praxis", „Reden und Präsentieren", „Texte und Konzepte für Unternehmen" und
„Schreiben und Reden in Projekten" ein, beschreibt dann das Ausbildungskonzept in der Studienrichtung „Kommunikation und Marketing", und gibt abschließend einen Überblick über die Vielfalt der Textsorten, mit denen die Luzerner Studierenden in ihrem Studium konfrontiert werden.

Der abschließende Beitrag von *Wolfgang Kesselheim* führt die unterschiedlichen Perspektiven dieses Bandes zusammen, indem er ein wissenschaftlich
fundiertes Analysemodell präsentiert, mit dessen Hilfe sich Textmusterwissen
und Textsortenkompetenzen erwerben lassen (vgl. Hausendorf & Kesselheim

2008). Aufgrund seiner Einfachheit und Konzentration auf die textuelle Ober-
fläche kann es sowohl von Ausbilderinnen und Ausbildern im Unterricht eingesetzt werden als auch von Praktikerinnen und Praktikern, die sich mit Hilfe des
Analysemodells eigenes Musterwissen zu den für ihren Beruf relevanten
Textsorten erschließen wollen. Wie Wagner plädiert der Autor dafür, den Studierenden ein methodisches Rüstzeug mitzugeben, mit dessen Hilfe sie sich die
Musterhaftigkeit der für sie relevanten Textsorten und Textsortenvariationen
selbst erarbeiten können, anstatt ihnen Musterwissen zu einem Set von als un-
veränderlich imaginierten Textsorten zu vermitteln. Wie eine solche Analyse
der Musterhaftigkeit einer Wirtschaftstextsorte aussehen kann, demonstriert
Kesselheim an einem Korpus von Aktionärsbriefen – ein Anknüpfungspunkt zu
Reinmuth und Rudolf.

Wie eingangs bereits gesagt, lag diesem Sammelband die Idee zugrunde,
den Gegenstand *Wirtschaftstextsorten* aus drei Perspektiven zu beleuchten: aus
der Perspektive der Berufspraxis, der Forschung und der Lehre. Dabei wollten
wir mehr als nur die Vielfalt der möglichen Sichtweisen auf den Gegenstand zu
illustrieren. Im Vordergrund stand für uns das Bestreben, die unterschiedlichen
Herangehensweisen zu vergleichen, Berührungspunkte und Überschneidungen
festzustellen, abweichende Schwerpunktsetzungen aufzuzeigen und die Möglichkeiten einer wechselseitigen Befruchtung der vorgestellten Perspektiven und
Ansätze auszuloten. Tatsächlich haben wir bei der Lektüre und Kommentierung
der eingehenden Beiträge eine große Zahl von thematischen Überschneidungen
und von übereinstimmenden Beschreibungen von Phänomenen feststellen können – überraschenderweise gerade über die Grenze der gesellschaftlichen Funk-
tionsbereiche Praxis, Lehre und Wissenschaft hinweg! So sind wir optimistisch,
unserem Ziel zumindest einige Schritte näher gekommen zu sein: einer text-
linguistisch fundierten und praxisorientierten Vermittlung von Wirtschaftstextsorten.

Literatur

Antos, Gerd (2008): Schriftliche Textproduktion. Formulieren als Problemlösung. In: Janich, Nina
    (Hg.): Textlinguistik. 15 Einführungen. Tübingen: Narr, 237–254.
Becker-Motzek, Michael & Schindler, Kirsten (2007): Schreibkompetenz modellieren. In: Dies.
    (Hgg.): Texte Schreiben. Duisburg: Gilles & Francke (=Kölner Beiträge zur Sprachdidaktik,
    Reihe A, 5), 7–26.
Dürscheid, Christa / Wagner, Franc & Brommer, Sarah (2010): Wie Jugendliche schreiben. Schreib-
    kompetenz und neue Medien. Mit einem Beitrag von Saskia Waibel. Berlin: de Gruyter.
Efing, Christian (2011): Kommunikative Kompetenzen an der Schnittstelle Schule / Ausbildung: Zu
    den sprachlich-kommunikativen Anteilen am Konzept „Ausbildungsfähigkeit". In: Krafft, And-

reas & Spiegel, Carmen (Hgg.): Sprachliche Förderung und Weiterbildung – transdisziplinär. Frankfurt am Main: Lang (=forum Angewandte Linguistik 51), 69–89.

Hausendorf, Heiko & Kesselheim, Wolfgang (2008): Textlinguistik fürs Examen. Göttingen: Vandenhoeck & Ruprecht.

Jakobs, Eva-Maria (2008): Textproduktion und Kontext. Domänenspezifisches Schreiben. In: Janich, Nina (Hg.): Textlinguistik. 15 Einführungen. Tübingen: Narr, 255–270.

Göpferich, Susanne (2008): Textproduktion im Zeitalter der Globalisierung. Entwicklung einer Didaktik des Wissenstransfers. Tübingen: Stauffenburg.

Janich, Nina (2007): Kommunikationsprofile in der Unternehmenskommunikation. Eine interdisziplinäre Forschungsaufgabe. In: Reimann, Sandra & Kessel, Katja (Hgg.): Wissenschaft im Kontakt. Kooperationsfelder der Deutschen Sprachwissenschaft. Tübingen: Narr, 317–330.

Keller, Rudi (2006): Der Geschäftsbericht. Überzeugende Unternehmenskommunikation durch klare Sprache und gutes Deutsch. Wiesbaden: Gabler.

Schindler, Kirsten & Siebert-Ott, Gesa (2011): Entwicklung der Textkompetenz von Studierenden (in der Zweitsprache Deutsch) – Propädeutik, akademisches und berufsbezogenes Schreiben. In: Krafft, Andreas & Spiegel, Carmen (Hgg.): Sprachliche Förderung und Weiterbildung – transdisziplinär. Frankfurt am Main: Lang (=forum Angewandte Linguistik 51), 91–110.

Spiegel, Carmen & Krafft, Andreas (2011): Sprachliche Förderung und Weiterbildung – transdisziplinär. In: Dies. (Hgg.): Sprachliche Förderung und Weiterbildung – transdisziplinär. Frankfurt am Main: Lang (=forum Angewandte Linguistik 51), 7–10.

Wawra, Daniela (2008): Public Relations im Kulturvergleich. Die Sprache der Geschäftsberichte US-amerikanischer und deutscher Unternehmen. Frankfurt am Main: Lang.

Mythen, Märchen und Moneten – Texte in Geschäftsberichten: Was sie wollen und wie sie entstehen

Werner Rudolf

Texte in Geschäftsberichten sind so vielfältig wie die Autorenschaft und deren Erfahrungen und Motive. Auf der Seite der Leserinnen und Leser sind die Ansprüche ebenso differenziert, und sie haben sich in den letzten Jahren stark gewandelt. Der Autor des vorliegenden Beitrags ist Praktiker, der auf 20 Jahre Erfahrung mit Geschäftsberichten blickt. Er will Anstösse liefern und die Wissenschaft motivieren, dieses komplexe Medium der Unternehmenskommunikation vermehrt unter die Lupe zu nehmen.

1.   Was ist ein Geschäftsbericht?

Zunächst sind Geschäftsberichte jährliche Pflichtpublikationen von Unternehmen und anderen Organisationen. Wobei die Pflichten von an Börsen kotierten Unternehmen wesentlich zahlreicher sind und stärkeren Kontrollen unterliegen. Dabei geht es in Geschäftsberichten bei weitem nicht nur um die finanzielle Berichterstattung. Unternehmen stehen im Rampenlicht der Öffentlichkeit und sind – um ihr Überleben zu sichern – einem breiten Publikum zur Rechenschaft verpflichtet. Beispiele für börsenrechtlich nicht publikationspflichtige Organisationen in der Schweiz sind die Detailhandelsgenossenschaften Coop und Migros, Verkehrsbetriebe wie die SBB oder die VBZ, Universitäten oder die ETH, Organisationen mit gesellschaftlichem Auftrag wie der WWF oder die Stiftung für Gesundheitsförderung Schweiz, aber ebenso kleine Dienstleister, wenn sie auf einem Gebiet tätig sind, das grosse Teile der Bevölkerung betrifft wie etwa SWITCH als Registrierungsstelle für Internetdomains.

So unterschiedlich die Natur der Geschäfte, so verschieden der Inhalt der Berichte. Gemeinsam sind Geschäftsberichten die Mittel der Kommunikation: Geschäftsberichte werden heute in der Regel als gedruckte Broschüre oder über das Internet verbreitet, wenn man von den Präsentationen an den Eigentümer- oder Delegiertenversammlungen absieht. Eine weitere Gemeinsamkeit ist der Zeitpunkt der Veröffentlichung. Er liegt mit wenigen Ausnahmen in den ersten

Monaten des neuen Jahres. Damit verbunden ist eine kurze intensive Produktionszeit, welcher eine minutiöse Planung voran geht. Die Saison der Jahresabschlüsse ist auch die Zeit erhöhter Aufmerksamkeit der Publikumsmedien. Das zeitweilig gesteigerte Interesse an den Berichterstattungen wird in Unternehmen als Chance begriffen, Botschaften zu platzieren, welche über die Pflichten hinaus gehen.

Geschäftsberichte werden immer umfangreicher. So hat sich zum Beispiel die Seitenzahl des Geschäftsberichts des britischen Finanzdienstleisters Prudential in den letzten zehn Jahren etwa vervierfacht (Phillips 2010). Die Publikation mag mit nahezu 400 Seiten ein Extremfall sein, doch kann das Wachstum auch nach den Erfahrungen des Autors des vorliegenden Textes als Trend gelten. Die Gründe sind vor allem in der Dichte von Regeln jener Behörden zu suchen, welche die Wirtschaft, besonders Publikumsgesellschaften, beaufsichtigen. Sie hat im Zug der grossen Finanzskandale (z. B. dem Skandal um die Firma Enron im Jahr 2002) in den letzten Jahren massiv zugenommen. Und so werden Jahr für Jahr grössere Textmengen produziert, gedruckt oder ins Internet gestellt. Im Folgenden werden die wichtigsten Ko-Autoren von Geschäftsberichten vorgestellt, ihre Motivation und ihre Ziele.

2. Die Inhalte von Geschäftsberichten nach ihren Verfassern

2.1 Der Verwaltungsratspräsident und der Geschäftsführer an die Stakeholder

Vorwort, Editorial oder Brief an die Aktionäre (vgl. auch die Beiträge von Reinmuth und Kesselheim in diesem Band) wird der einleitende Text in Geschäftsberichten betitelt. Er wird fast immer vom Verwaltungsratspräsident und vom Geschäftsführer (Chief Executive Officer, CEO) des Unternehmens unterzeichnet, und hat den Charakter eines persönlichen Schreibens an die Leserinnen und Leser des Geschäftsberichts (vgl. dazu auch Demarmels & Schaffner in diesem Band). Nachfolgend werden Auszüge aus fünf Briefen (Briefanfang und Briefschluss) von bedeutenden Schweizer Finanzdienstleistern zitiert:

> Sehr geehrte Aktionärinnen und Aktionäre, an der Generalversammlung im April 2009 haben wir unsere Prioritäten für die Bank vorgestellt: die Stärkung unserer Kapitalbasis, die Reduktion der Risiken und Kosten sowie die Rückkehr zur Profitabilität. Ende 2009 hatten wir jedes dieser Ziele erreicht.
> (...) Unser Konzernergebnis hängt stark von der Verfassung der Märkte ab, und die Mehrheit unserer Geschäftseinheiten hat im Januar und Februar 2010 vom günstigeren Marktumfeld profitiert. (UBS, Geschäftsbericht 2009: 2–4)

Sehr geehrte Aktionäre, Kunden und Mitarbeitende, die Credit Suisse hat 2009 ein sehr gutes Ergebnis erzielt.
(...) Dank unserer vorausschauenden Strategie konnten wir auf die beispiellosen Veränderungen in unserer Branche aus einer starken Position heraus reagieren und wir sind überzeugt, dass die Credit Suisse gut aufgestellt ist, um auch unter den neuen Rahmenbedingungen weiterhin erfolgreich zu arbeiten. Freundliche Grüsse (Credit Suisse, Geschäftsbericht 2009: 2–5)

Sehr geehrte Damen und Herren, 2009 war für die Weltwirtschaft ein ereignisreiches und anspruchsvolles Jahr. Zwar standen nach der Finanzmarktkrise die Zeichen bereits wieder auf Erholung, und die Finanzmärkte zeigten eine eindrückliche Aufwärtsdynamik. Auch das Vertrauen der Anleger und Konsumenten kehrt langsam zurück. Und doch: Es wäre verfehlt, nun einfach wieder zur Tagesordnung überzugehen.
(...) Für das Engagement möchten wir uns bei dieser Gelegenheit bei allen Mitarbeitenden herzlichen bedanken. Der Verwaltungsrat und die Konzernleitung werden alles dafür tun, dass Swiss Life im international wachsenden Vorsorgemarkt für Kunden, Investoren und Mitarbeitende auch künftig eine starke Rolle spielen wird. (Swiss Life, Geschäftsbericht 2009: 2–3)

Sehr geehrte Aktionärinnen und Aktionäre, für das Geschäftsjahr 2009 der Bâloise können wir Ihnen ein gutes Ergebnis präsentieren. Der Konzerngewinn stieg gegenüber 2008 um 8.9 % auf 421.0 Mio. CHF. Damit liegen wir im Plan im Hinblick auf unser Ziel, bis 2012 einer der ertrags- und wachstumsstärksten Versicherer Europas zu werden.
(...) Bis 2012 wollen wir mit dem strategischen Programm «Bâloise 2012» die Ertragskraft dauerhaft um 200 Mio. CHF steigern. Basel, im März 2010 (Bâloise, Geschäftsbericht 2009: 20–21)

[ohne Anrede] Wir freuen uns, Ihnen für 2009 einen eindrücklichen Leistungsausweis präsentieren zu können.
(...) Abschliessend möchten wir uns für die aussergewöhnlichen Leistungen des am Jahresende ausgeschiedenen Chief Executive Officer James J. Schiro bedanken. (...) Wir werden nicht vergessen, was wir ihm zu verdanken haben.
Wir danken Ihnen für Ihre fortwährende Unterstützung. (Zurich, Geschäftsbericht 2009: 9)

Das Wort der Unternehmensleitung richtet sich wie erwartet an die Eigentümer des Unternehmens, darüber hinaus jedoch auch an die Mitarbeitenden sowie an die Kundinnen und Kunden, mit anderen Worten an die für das Unternehmen wichtigen Stakeholder.

Der Text knüpft an Einschätzungen vom vergangenen Jahr und belegt faktenreich, dass sich das Geschäft plangemäss entwickelt und die Führung das Unternehmen im Griff hat. Somit will das Vorwort erstens das Vertrauen in das Unternehmen stärken. Gute Nachrichten werden mit schlechten gepaart, so dass die Erwartungen nicht zu niedrig ausfallen, aber auch nicht zu hoch. Denn entwickelt sich das Geschäft schlechter als prognostiziert, reagieren die Finanzmärkte mit sinkenden Kursen. Selbst bei vergleichsweise guten Ergebnissen. Die oben zitierten Beispiele UBS und Swiss Life machen die zweite Funktion des Editorials deutlich: Es will die Erwartungen steuern.

Das Geleitwort von Präsident und CEO ist (ausser dem Revisionsbericht) der einzige Text im Geschäftsbericht mit Autorenangabe. Er entsteht in der Regel erst kurz vor der Drucklegung, und jedes Wort darin wird vorher auf die Goldwaage gelegt. Last-Minute-Korrekturen der Autoren sind die Regel. Denn das Ergebnis gegenüber Eigentümern, Gläubigern oder gegenüber den Mitarbeitenden zu kommentieren, bedarf manchmal eines grossen Spagats. Gut oder nicht gut: Eine Formulierung zu wählen, die beide Interpretationen zulässt, ist angebracht.

Schliesslich kann aus obigen Textauszügen eine dritte Funktion herausgelesen werden. Editorials enthalten in den meisten Fällen ein Dankeswort, an die Mitarbeitenden, an die Kunden oder, wie im Beispiel der Zürich, an die gesamte Leserschaft. Der Dank ist als Appell zu verstehen, dem Unternehmen die Treue zu halten. So wie dieser Liebhaber im Brief an die Freundin ewige Treue heischt:

Deine Liebe macht mich zum glücklichsten und zum unglücklichsten zugleich [je nachdem, ob der Börsenkurs steigt oder fällt] – in meinen Jahren jezt [in der sich abwärts bewegenden Konjunktur] bedürfte ich einiger Einförmigkeit Gleichheit des Lebens [sprich langfristige Engagements von Aktionären und Mitarbeitenden] – kann diese bey unserm Verhältnisse bestehn? – Engel, eben erfahre ich, dass die Post alle Tage abgeht [das operative Geschäft wartet] – und ich muss daher schliessen, damit du den B. gleich erhältst – sey ruhig, [denn wir haben die Geschicke des Unternehmens voll im Griff] nur durch Ruhiges beschauen unsres Daseins können wir unsern Zweck zusammen zu leben erreichen – sey ruhig – liebe mich – heute – gestern – Welche Sehnsucht mit Thränen nach dir – dir – dir – mein Leben – mein alles – leb wohl – o liebe mich fort – verken nie das treuste Herz deines Geliebten [Management]
L.
ewig dein
ewig mein
ewig unß
(Ludwig van Beethoven)[1]

Wie mit den Kommentaren in eckigen Klammern anschaulich gemacht werden soll, hat das Wort an die Aktionäre Parallelen zu einem Liebesbrief. Seine Funktion lässt sich wie folgt zusammenfassen:

– Sicherheit vermitteln und Vertrauen stärken (,ruhiges Beschauen des Daseins')

– Erwartungen in die Performance des Unternehmens steuern (,verkenne nie unser Herz')

– Wertschätzung gegenüber Lesern zum Ausdruck bringen, damit sie dem Unternehmen treu bleiben (,o liebe uns fort')

---

1   http://www.beethoven-haus-bonn.de, 27.2.2011

Der Umgang mit Zielkonflikten – oder deren Umgehung – dürfte ein Qualitätskriterium für Texte in Geschäftsberichten sein, die das Management unterschreibt. Einfacher als der Verwaltungsratspräsident und der Geschäftsführer haben es die anonymen Autoren. Sie orientieren sich an den Fakten, an Regeln und an Gesetzen.

2.2 Der Finanzchef, der Controller und der Verantwortliche für Investor Relations an die ‚Financial Community'

Texte werden durch ihren kommunikativen Kontext geprägt oder durch das soziale System, dem sie entspringen (Gansel & Jürgens 2009: 76). Die Financial Community bildet ein solches soziales System. Dessen Sinn ist, die Finanzierung von wirtschaftlichen Aktivitäten zu ermöglichen. Unternehmen streben danach, sich in der Financial Community in einer Weise darzustellen, welche ihnen den Zugriff auf Fremd- und Eigenkapital zu möglichst günstigen Konditionen erlaubt. Dabei haben sie es mit Kapitalgebern zu tun, welche eine möglichst hohe Gegenleistung in der Form von künftigen Zahlungen erwarten, und mit Kapitalgebern, die zahlreiche Alternativen haben. Denn seit es Börsen gibt, ist es für Investoren jederzeit möglich, ein- und auszusteigen, was nach den Gesetzen von Angebot und Nachfrage die Preise für das von den Unternehmen benötigte Kapital beeinflusst.

Im harten Wettbewerb um günstige Ressourcen sind Unternehmen mit der richtigen Informationspolitik im Vorteil, meinen Wirtschaftswissenschafter: Die Investoren mit den entscheidenden Informationen auszustatten, scheint die Kapitalkosten für ein Unternehmen zu reduzieren. Indem Vertrauen aufgebaut wird, fallen Risikoprämien vermutlich tiefer aus (Porák et al. 2006: 261).

Doch was sind die entscheidenden Informationen und wie müssen sie dargestellt werden, damit sie von den Finanzmarktteilnehmern günstig beurteilt werden? Um diese Frage zu beantworten, ist die Financial Community differenzierter zu betrachten. Unternehmen stehen verschiedenen ‚Zielgruppen' gegenüber, sie wollen mit anderen Worten Leserinnen und Leser mit unterschiedlichen Interessen ansprechen.

Da gibt es einerseits die Finanzanalysten der Sell-Side, welche zumeist für (Investment-)Banken tätig sind. Sie machen Handlungsempfehlungen an Privatinvestoren, Wertpapiere zu kaufen oder zu verkaufen. Um die Aktienkurse zu prognostizieren, benötigen sie detaillierte, branchenspezifische Informationen und vor allem brandheisse Neuigkeiten. Auf der anderen Seite stehen die Buy-

Side-Analysten, die für institutionelle Investoren wie Versicherungen und Pensionskassen arbeiten und denen ein längerer Zeithorizont zugeschrieben wird.[2]
Im Gegensatz zu den Analysten der Banken suchen und bewerten Ratingagenturen nicht die Chancen, sondern die Risiken eines Unternehmens. Somit interessieren die Agenturen vor allem die Eigentumsverhältnisse und die Verschuldung der Unternehmen. Und schliesslich warten die Wirtschaftsjournalisten auf die Publikation der Jahresergebnisse. Sie tragen dazu bei, dass die Leistungsbeurteilung einer breiten Öffentlichkeit zugänglich wird. Sie lauern auf Abweichungen von der Norm im Sinn von Gregory Bateson's Definition von Information: ‚differences that make a difference' (Bateson 1979: 99).

Das Institut für schweizerisches Bankenwesen der Universität Zürich hat einen „Kriterienkatalog Value Reporting" entwickelt und bewertet jährlich Geschäftsberichte von Schweizer Unternehmen.[3] Das Rating wird im Wirtschaftsmagazin Bilanz publiziert. Dies sind die Kriterien mit Gewichtungsfaktor:

- Allgemeiner Eindruck (5)
- Hintergrundinformationen (20)
- Wichtige Non-Financials (20)
- Trendanalyse (5)
- Risiko-Informationen (10)
- Wertorientierte Führung (10)
- Management-Diskussion und Analyse des Jahresabschlusses (10)
- Zieldaten und Glaubwürdigkeit (10)
- Nachhaltigkeit (Sustainability) (10)

Die Financial Community erwartet Informationen, welche die Prognosegenauigkeit erhöhen, kurzfristig wie langfristig. Die Zahlen der zurückliegenden Rechnungsperiode sind dabei Pflicht und weitgehend durch den Rechnungslegungsstandard bestimmt. Die Kür – das macht die Gewichtung der Ratingkriterien deutlich – liegt in den „Hintergrundinformationen" zu Produkten und Marktanteilen, in den „wichtigen Non-Financials" (z. B. Angaben zu den geplanten Investitionen) sowie in der Art, wie die Informationen aufbereitet sind, so dass den Analysten und Berichterstattern die Arbeit möglichst leicht fällt.

---

2   NZZ   Online: http://www.nzz.ch/finanzen/nachrichten/buy_side_versus_sell_side_1.732526.
    html, 29.1.2011
3   UZH – Swiss Banking Institut der Universität Zürich, Kriterienkatalog Geschäftsberichte-
    Rating 2010: http://www.isb.uzh.ch/cms/publikationen/geschaeftsberichte-rating2010_168_
    1269.html, 29.1.2011; inzwischen hat der Name des Instituts und die Internetadresse gewechselt: http://www.bf.uzh.ch/cms/publikationen/geschaeftsberichte-rating-2010_168_1269.html,
    5.6.2011.

Kontinuität bei der Gliederung des Inhalts und das Einhalten von Konventionen sind geboten. Controller und Finanzchefs schreiben daher gern von ihren Kollegen in vergleichbarer Situation ab, zum Beispiel im Kapitel der Bilanzierungsregeln. Damit beugen sie Missverständnissen vor und erleichtern der Leserschaft den Vergleich.

Informationen, die im Gegensatz zu Bilanzierungsrichtlinien einen echten Unterschied machen, und welche die Menschen im Sinn von Bateson's Definition (siehe oben) berühren, werden hingegen nicht erst mit der Veröffentlichung des Geschäftsberichts, sondern bereits Wochen vor dessen Erscheinung, an den Präsentationen des Managements publik. Dem Geschäftsbericht fällt so nur die Rolle eines Archivs zu.

„Ein Jahrbuch – was soll das heute noch?", fragt der Leiter Kommunikation der Adecco Group. Und gibt die Antwort selber:

> Gerade weil alles, was mit Unternehmenskommunikation zusammenhängt, immer kürzer getaktet und genauer gezielt verbreitet wird, braucht es diese vermeintlich überlebte Darstellungsform. Schliesslich tritt auch der Maler immer wieder einen, zwei Schritte hinter seine Staffelei zurück, um das in Entstehung begriffene Werk wirklich zu überblicken. (Howeg 2010: 3)

Tatsächlich gibt es eine grosse Gruppe von Lesern, für die das ‚Jahrbuch' Geschäftsbericht ein unentbehrlicher Teil eines Rituals ist. Es sind nicht die Profis der Financial Community. Es ist der private Aktionär. Der Archetyp ist mindestens 60 Jahre alt, männlich, hat eine Karriere ausserhalb der Finanzindustrie hinter sich und lässt keine Generalversammlung aus. Nicht nur die traditionsreichen Unternehmen haben mit ihm zu rechnen, sondern auch privatisierte ehemalige Staatsbetriebe (oder solche auf dem Weg dahin). Ihm ist vor allem eines wichtig: Er will die Führung des Unternehmens in den richtigen Händen sehen. Er will wissen, wer die Entscheidungsträger sind, als Mensch und als Führer. Mehr darüber in den folgenden Abschnitten.

2.3   Der Verantwortliche Legal und Compliance an die Regulatoren

In den letzten zehn Jahren muss der Arbeitsaufwand von Unternehmensjuristen, die an der Publikation des Geschäftsberichts mitarbeiten, massiv angestiegen sein. Jedenfalls sind die Regeln, mit denen sie sich herumschlagen, dichter und zahlreicher geworden. Man erkennt es daran, dass der Abschnitt ‚Corporate Governance' in den Geschäftsberichten an Umfang zugenommen hat und weiter zunimmt.

Warum müssen in einem Geschäftsbericht Selbstverständlichkeiten stehen
wie:

Die Konzernleitung trägt die Verantwortung für die Umsetzung der Unternehmensstrategie, die
Setzung der Rahmenbedingungen für das operative Geschäft und die finanzielle Steuerung.

Vielleicht weil sie so im Gesetz stehen oder in gesetzähnlichen Richtlinien, zum
Beispiel zur Corporate Governance. Mit den spektakulären Skandalen nach dem
Börsenboom Ende der 1990er-Jahre wie Enron, WorldCom (USA) oder Swiss-
air (CH) und nach dem Versagen von Führung und Kontrolle der Unternehmen
im Interesse der Aktionäre, entstanden selbstverpflichtende Kodizes[4] und die
Richtlinie Corporate Governance der Schweizer Börse[5]. Die Richtlinie hält die
Emittenten dazu an, den Investoren bestimmte Schlüsselinformationen zugänglich zu machen. Mit dem Hinweis, dass sich die Information auf das Wesentliche zu beschränken hat, ist im Anhang der Richtlinie aufgeführt, was im Geschäftsbericht zu veröffentlichen ist. Die Liste der Punkte umfasst etwas mehr
als vier Seiten. Daraus werden dann 12 (Orell Füssli), 29 (Swiss Life) oder 58
Seiten Berichterstattung (UBS), wie in den Geschäftsberichten 2009 nachzuzäh-
len ist. Dabei übernehmen die Autoren die von der Aufsichtsbehörde vorge-
schlagene Inhaltsgliederung weitgehend.

Je grösser ein Unternehmen, desto mehr ist offenzulegen. Beispielsweise zu
den Verwaltungsratsmitgliedern, von denen die UBS zwölf zählt. Der prominente Präsident der Schweizer Grossbank wird im Geschäftsbericht 2009 wie folgt
vorgestellt:

Berufliche Laufbahn und Ausbildung
Kaspar Villiger wurde anlässlich der Generalversammlung 2009 in den Verwaltungsrat ge-
wählt und zu dessen Präsidenten ernannt. Er ist Vorsitzender des Governance and Nominating
Committee und des Corporate Responsibility Committee. Kaspar Villiger wurde 1989 in den
Bundesrat gewählt, wo er zunächst Verteidigungsminister und Vorsteher des Eidgenössischen
Militärdepartements war. Von 1995 bis zu seinem Rücktritt Ende 2003 war er Finanzminister
und Vorsteher des Eidgenössischen Finanzdepartements. Gleichzeitig war er 1995 und 2002
Bundespräsident. 2004 wurde er in den Verwaltungsrat von Nestlé, Swiss Re und Neue Zürcher Zeitung gewählt. Von diesen Mandaten trat er 2009 zurück, als er die Position des UBS-
Verwaltungsratspräsidenten übernahm. Als Mitinhaber der Villiger-Gruppe leitete Kaspar Villiger von 1966 bis 1989 deren Schweizer Stammhaus, die Villiger Söhne AG. Darüber hinaus
bekleidete er verschiedene politische Ämter, zuerst im Grossrat des Kantons Luzern und ab
1982 im Schweizerischen Bundesparlament. 1966 schloss er als diplomierter Maschineninge-

---

4   http://www.economiesuisse.ch/de/PDFDownloadFiles/pospap_swiss-code_corp-govern_20080
     221_de.pdf, 9.1.2011
5   Richtlinie betreffend Informationen zur Corporate Governance vom 29. Oktober 2008,
     http://www.six-exchange-regulation.com/admission_manual/06_15-DCG_de.pdf, 9.1.2011

nieur an der Eidgenössischen Technischen Hochschule (ETH) in Zürich ab. (UBS, Geschäftsbericht 2009: 203)

Bei allen Verwaltungsräten folgt ein Absatz zu „weitere[n] Tätigkeiten und Interessenbindungen". Mit Ausnahme von Kaspar Villiger. Seine Funktion ist ein Vollzeitjob, und als Verwaltungsratspräsident hat er wohl keine anderen Interessen als jene der Bank zu vertreten.

Die Berichterstattung der UBS folgt dem Grundsatz der Best Practice, wie die Bank deklariert: „Wir streben eine Offenlegung an, die den Branchennormen entspricht, und übernehmen, falls möglich, eine Vorreiterrolle bei der Verbesserung der Offenlegungsstandards." Dies dürfte mit ein Grund sein, warum der Corporate Governance-Teil der Bank derart umfangreich ist.

Das Kapitel zu den Entschädigungen sei das meistgelesene, wird aus den Unternehmen berichtet. Dies ist besonders verständlich in einer Kultur, wie jener der Schweiz, wo man nicht über sein Gehalt spricht. So dürften auch nachfolgenden Zeilen aus dem UBS Geschäftsbericht 2009 auf grosses Interesse gestossen sein:

Da der Verwaltungsratspräsident sein Salär freiwillig reduzierte, ist David Sidwell, Vorsitzender des Risk Committee, mit einer Gesamtvergütung von 725 000 Franken (Basissalär von 325 000 Franken plus Vergütung von 400 000 Franken für den Vorsitz) das höchstbezahlte Verwaltungsratsmitglied. (UBS, Geschäftsbericht 2009: 241)

Das Risk Committee, ein Ausschuss der Verwaltungsräte, prüft die Kontrollgrundsätze und das Risikomanagement der Bank, zum Beispiel bei Kreditvergaben, aber auch die Reputationsrisiken, welche die Bank mit ihren Aktivitäten eingeht. „Der Ausschuss trat 14 Mal zusammen. Die durchschnittliche Teilnehmerquote lag bei 98 %, und die Sitzungsdauer betrug im Schnitt über vier Stunden. Hinzu kommen für David Sidwell 23 Verwaltungsratssitzungen à durchschnittlich dreieinhalb Stunden." Auch diese Details lassen sich im Kapitel Corporate Governance der UBS nachlesen (UBS, Geschäftsbericht 2009).

Der Corporate-Governance-Teil besteht also längst nicht nur aus Kleingedrucktem, sondern hat stellenweise eine Anziehungskraft, welche an die Jahrmärkte erinnert, an denen einst der kleine Mann exotische Tiere zu schauen bekam. Und wer sich von Beruf wegen (oder als Privataktionär) ein Bild des Unternehmens machen will, der findet auf diesen Seiten wertvolle Informationen zur Führungsriege und zu den Persönlichkeiten in einem Unternehmen.

Abb. 1: Mythenbildung im Geschäftsbericht von Straumann 2009: 116–117

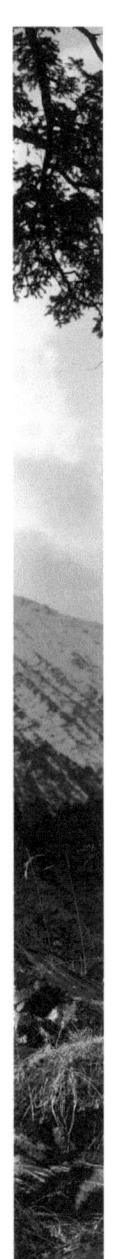

DEM ZAHN DER ZEIT
EIN SCHNIPPCHEN GESCHLAGEN

Die Gebrüder Grimm berichten von einem kleinen Mädchen, das wegen seiner roten Mütze von allen ‚Rotkäppchen' genannt wurde. Eines Tages wurde es von der Mutter zur kranken Grossmutter geschickt, um ihr Kuchen und Wein zu bringen. Wie Rotkäppchen so durch den finsteren Wald ging, begegnete ihm der böse Wolf. „Über Blumen würde sich die Grossmutter doch viel mehr freuen", riet er dem Mädchen hinterlistig, und während sie über die Wiesen streifte, um einen Strauss zum Krankenbett zu bringen, eilte der Wolf schon voraus. Beim Haus der Grossmutter kündigte er sich als Rotkäppchen an, und noch bevor die alte Dame Verdacht schöpfen konnte, verschlang er sie mit Haut und Haaren. Er legte sich in ihr Bett und wartete auf Rotkäppchen. Als sie kurze Zeit später ans Bett trat, erschrak sie beim Anblick der riesigen Zähne. Doch ehe sie fliehen konnte, verspeiste der Wolf kurzerhand auch sie. Der Wolf war noch ganz träge, da kam ein Jäger ins Haus. Dieser erkannte sofort den Ernst der Lage, schnitt dem Wolf den Bauch auf und befreite das Rotkäppchen und seine Grossmutter. Dann füllte er den Magen mit Steinen und nähte ihn wieder zu. Als der Wolf erwachte, war er so durstig, dass er den schweren Magen ganz vergass und sich zum Brunnen schleppte. Dort fiel er kopfüber hinein und ward nie mehr gesehen.

ABER WAS WÄRE, WENN...

...der Wolf gar keine Zähne gehabt hätte? Er hätte Rotkäppchen und die Grossmutter wohl kaum verschlingen können. Vielleicht wäre aus dem bösen Wolf sogar ein lieber Wolf geworden.

Reisszähne zum Zupacken, Schneidezähne zum Knabbern, die vorderen Backenzähne zum Abreissen und hintere Mahlzähne, um Knochen zu zermalmen: Im Tierreich sind Zähne lebenswichtig – nicht nur fürs Fressen, sondern auch für den Angriff und die Verteidigung, die Fellpflege, zum Festhalten und zur Begrüssung. Während ein Zahnverlust für Menschen – anders als bei Tieren – nahezu nie lebensbedrohlich ist, ist ein gesundes Gebiss für beide die Grundvoraussetzung einer hohen Lebensqualität. Straumann-Lösungen schaffen genau diesen Mehrwert für das Leben und die Gesundheit – für junge Menschen und bis ins hohe Alter.

2.4 Der Verantwortliche für Corporate Communications an die ‚Zielgruppen‘

Der Zweck des Geschäftsberichts geht ganz offensichtlich über die Berichterstattung hinaus. Texte in Geschäftsberichten werben um die verschiedensten Stakeholder, und rufen dazu auf, das Unternehmen als besonders attraktiv wahrzunehmen. Zu diesen Stakeholdern gehören neben den oben erwähnten Kapitalgebern und Aufsichtsgremien vor allem auch potentielle Arbeitnehmer, Kunden und andere bedeutende Gruppen, die einen Beitrag zur Wertschöpfung des Unternehmens leisten oder leisten könnten.

Geschäftsberichte bedienen sich dazu Techniken, die Texten aus anderen Genres entnommen werden, zum Beispiel der Reportage im Journalismus oder der Erzählung in der Literatur. Abbildung 1 (s.o., S. 28f.) zeigt eine Seite aus dem Geschäftsbericht 2009 des Dentalimplantate-Herstellers Straumann. Straumann hat sich in diesem Geschäftsbericht der Textur Märchen bedient, um auf unterhaltsame und humorvolle Art und Weise auf die dem Unternehmen eigenen Qualitäten hinzuweisen.

In der Serie – Straumann verfolgt im Geschäftsbericht seit einigen Jahren ein eigenes Rezept – wirkt der Geschäftsbericht stilbildend. Der Aufbau von Marken heisst einen eigenen Stil zu entwickeln, mit dem Ziel ein positives Bild vom Unternehmen entstehen zu lassen. Gutes Branding erschafft einen Mythos. Was eignete sich besser als die Märchenerzählung dazu?

Das sogenannte ‚Story Telling‘, das heisst die Berichterstattung in eine schlüssige Geschichte einbetten, gelingt besonders dann, wenn sich ein roter Faden durch den ganzen Bericht zieht. Straumann beispielsweise leitet seine Geschichte, welche über das Vehikel der Märchen transportiert wird, bereits im Vorwort von Verwaltungsratspräsident und CEO ein:

Thema unseres diesjährigen Geschäftsberichts – ‚Eine andere Geschichte‘ – sind die unerwarteten Folgen, die eintreten können, wenn Zähne verlorengehen, beschädigt werden oder erkranken. Bei jedem vorgestellten Fall stellt sich die Frage ‚Aber was wäre, wenn…?‘ Diese Frage ist auch für die Beurteilung geschäftlicher Risiken von fundamentaler Bedeutung. Die Tatsache, dass viele Unternehmen diese Frage im entscheidenden Moment nicht gestellt haben, führte im vergangenen Jahr zu deren Untergang. Dieselbe Frage hat aber auch die bahnbrechende Innovation und das zupackende Unternehmertum ermöglicht, die unsere Firmenkultur prägen. Straumann hat sich 2009 bei zahlreichen Entscheidungen, welche die Strategie, Firmenübernahmen, Produkteinführungen oder die Führungsnachfolge betrafen, von dieser Frage leiten lassen. Auch im Zusammenhang mit der Sicherheit der Patienten und der langfristigen Zufriedenheit unserer Kunden gehen wir der Antwort auf diese Frage gewissenhaft nach. Gerade, weil sich Straumann diese Frage immer wieder gestellt und sie beantwortet hat, ist es uns 2009 gelungen, die Marktentwicklung zu übertreffen und – trotz schwieriger Bedingungen – zu einem noch stärkeren Unternehmen zu werden. Deshalb ist unsere Geschichte ‚eine andere Geschichte‘. (Geschäftsbericht Straumann 2009: 3)

‚Being informative and accessible' sei das Mantra derzeit in amerikanischen Unternehmen beim Reporting, sagt Miriam Meckel, die sich an der Universität St. Gallen mit Geschäftsberichten befasst (Meckel 2010). Einer der Erfolgsfaktoren dazu sei die Erzählung. Unternehmen müssten Geschichten erzählen, was durchaus auf seriöse Weise geschehen kann, wie das Beispiel Straumann zeigt. Eine gute Geschichte, so Meckel, bewege und motiviere Menschen und lasse sie zu loyalen Partnern werden. In der guten ‚Unternehmensgeschichte' werden Fakten aus unterschiedlichen Geschäftsbereichen miteinander in einen sinnreichen Zusammenhang gebracht, Verbindungen können hergestellt, Strukturen geschaffen werden. Ausserdem, sagt Miriam Meckel, können Geschichten hervorragend visualisiert werden. Die narrative Berichterstattung schafft Integration. Genau das fordern auch die Mitglieder der Financial Community (Phillips 2010).

2.4.1 Die Rolle von Bild und Typographie für das ‚Story Telling'

Das Formale spielt beim ‚Story Telling' eine wichtige Rolle. Eine sorgfältige Typographie zählt ebenso dazu wie kraftvolle und eigenständige Bilder. Der Text lässt sich nicht auf das sprachlich formulierte reduzieren (Gansel & Jürgens 2009: 16). Ganz wichtig ist auch die fotografische Darstellung des Managements in einem Geschäftsbericht. Unternehmen brauchen ein Gesicht. Und dieses entscheidet wesentlich darüber, wie das Unternehmen wahrgenommen wird. Die Fotografie kann die Entschlossenheit der Konzernleitung besser zum Ausdruck bringen als der Text und sie kann die Aussagen im Geschäftsbericht glaubwürdiger erscheinen lassen.

Ein anderer formaler Aspekt ist die Gestaltung der Texte (Typographie). In guten Geschäftsberichten ist sie so beschaffen, dass sie verschiedenen Lesegewohnheiten Rechnung trägt:

- 3-Minuten-Leser: Er nimmt den Inhalt stark über das Formale wahr. Er liest Titel, Vorspann, Randspalten.
- 30-Minuten-Leser: Ein aussagekräftiges Inhaltsverzeichnis hilft ihm bei der Orientierung. Das Wichtigste will er bereits im Vorwort oder im Editorial lesen. Gute Informationsgrafiken erschliessen ihm die Fakten in Sekundenschnelle.
- 3-Stunden-Leser: Bei der vertieften Beschäftigung mit dem Text helfen ihm Querverweise und ein Glossar.

Die von Fachjurys dekorierten Geschäftsberichte fallen oft auf durch grosszügige Bildern von ausgezeichneten Fotografen, durch die Verwendung von Sonderformaten, Sonderfarben und manchmal auch von ausgefallenen Materialien. So druckte die Migros ihren Geschäftsbericht 2009 auf eine Papiertragtasche. Spielereien zugunsten der Markenpositionierung stehen manchmal jedoch im Widerspruch zu den Konventionen in der Financial Community. Hier wird der Geschäftsbericht vor allem als Gebrauchsgegenstand betrachtet. Sowohl in gedruckter Form wie auch als Online-Report muss der Geschäftsbericht seine eigentliche Funktion erfüllen.

2.4.2   Geschäftsberichte online versus Drucksache

In Spezialistenkreisen wird derzeit heiss diskutiert, ob der Geschäftsbericht überhaupt noch gedruckt werden soll. Gegen den gepflegten Offsetdruck in Grossauflage sprechen die damit verbundenen Kosten. Und mit einem einfarbigen Digitaldruck auf Verlangen wäre dem Aktienrecht voll und ganz genüge getan (nach Schweizerischem Obligationenrecht Art. 696). Gegen ein reines Online-Reporting ist einzuwenden, dass gute Geschichten auf allen Kanälen, vom persönlichen Gespräch bis zum Massenmedium, in gedruckter und elektronischer Form, erzählt werden müssen, damit sie Wirkung entfalten. Und damit die Erzählungen sowohl ‚informative' als auch ‚accessible' sind, ist den Gesetzmässigkeiten der Medien Rechnung zu tragen (Meckel 2010), auch in sprachlicher Hinsicht. Das Editorial im Geschäftsbericht des Stromkonzerns Alpiq erstreckt sich in der gedruckten Fassung über drei A4-Seiten (Alpiq-Geschäftsbericht 2009: 5). Im Web richten Verwaltungsratspräsident und CEO ihre Botschaft während eineinhalb Minuten per Video an die Empfänger. Und im Kapitel „interactive graphics" kann sich der Internetbenutzer Balken- oder Kurvendiagramme nach Bedarf zusammenstellen.[6] Das ist durchaus informativ. Der Corporate Governance-Text von Alpiq ist dagegen von der gedruckten Form nahezu unverändert ins Netz kopiert worden, was ihn nicht zugänglicher gemacht hat.

Nach dem Platzen der Dotcom-Blase um die Jahrtausendwende hat sich gezeigt, was im Internet funktioniert und was nicht. Erfolg im WWW baut auf „serendipity", die Fähigkeit, Dinge zu finden, von denen wir nicht wussten, dass wir nach ihnen gesucht haben (Hagel et al. 2010: 94). Webseiten müssen „creation spaces" (130) werden, um Anziehungskraft zu entfalten, schreiben John Hagel und seine Koautoren in ihrem Buch „The Power of Pull" (2010). Auf

---

6   http://reports.alpiq.com/09/ar/index.htm, 29.1.2011

diese Weise finden sich Menschen, die gemeinsam Grosses leisten, wie etwa die Urheber der Internet-Enzyklopädie Wikipedia. Für die Online-Kommunikation von Unternehmen bedeutet dies eine Abkehr vom ‚Push'-Prinzip, das wir von den gedruckten Medien kennen. Welche Auswirkungen dies auf die Wirtschaftssprache hat, dürfte ein Thema für eine wissenschaftliche Arbeit sein (vgl. dazu auch Wagner in diesem Band). Spuren hat das ‚Pull'-Paradigma jedenfalls in der Fachterminologie hinterlassen, da auf „creation spaces" nicht mehr von „Target Groups", die Rede ist, sondern von der „Community". Und diese ist leider nicht so einfach zu ‚managen'.

2.5 Der Verantwortliche für Sustainability an das Gemeinwesen

Der Soziologe Ulrich Beck (1988) hat festgestellt, dass die Ökologie eine Variante der Naturwissenschaften ist. Die Diskussionen der Umweltschützer seien im Kern technokratisch. Beim Blick in die Nachhaltigkeitsberichterstattung von Unternehmen könnte man meinen, dass die Ökologiebewegung nun auch die Sprache der Wirtschaftsprüfer und Controller übernommen hat. Spätestens seit den 1990er Jahren sind Fakten und Zahlen gefragt.

Die folgende Passage aus dem Geschäftsbericht 2009 des Versicherungskonzerns Bâloise (40–41) mag die Behauptung stützen:

> Die Ökoeffizienz im Betrieb
> Die erhobenen Zahlen zu den Stoff- und Energieflüsse beziehen sich auf die grossen, betrieblich genutzten Bürogebäude. Hier arbeiten knapp 60 % der Belegschaft. 2009 stieg der Energieverbrauch pro Mitarbeitenden erstmals seit 2004 wieder leicht an. Grund hierfür war unter anderem die Zunahme der Kühl- und Heiz-Tage. Unser Ziel, den Energieverbrauch bis 2013 um 2–3 % zu senken, verfolgen wir jedoch weiterhin mit vollem Engagement. Die Umweltveränderungen und die steigenden Energiepreise/-kosten verpflichten und motivieren uns als verantwortungsbewusstes Unternehmen, mit gezieltem Ressourceneinsatz einen Beitrag zu leisten.

Effizienz, Verbrauch, Preise, Kosten, Ressourcen: Das hört sich sehr nach der Sprache der Ökonomen an. Der Text wird ausserdem von einer grossen Zahlentabelle begleitet mit der Überschrift „Ökobilanz".

In Geschäftsberichten wird mit dem Begriff „nachhaltig" nicht gegeizt. Die elektronische Suche in zehn Dokumenten mit 2210 Seiten ergab 304 Treffer. Auf jeder siebten Seite kommt er vor. Das Wort „Rendite" zum Vergleich erzielt 421 Treffer.

„Nachhaltig" entstammt der Fachsprache der Forstwirtschaft. Rohstoffe wie Holz sollten – so dachte man bereits im 18. Jahrhundert – möglichst für immer zur Verfügung stehen.[7] Es ist kaum fünfzehn Jahre her, seit der Begriff den Weg endlich in die Geschäftsberichte der modernen Unternehmen gefunden hat. Und sein Aufstieg ist bisher ungebremst. Ungeachtet dessen geht es immer noch um Holz: Kein Geschäftsbericht kann es sich heute leisten, auf Papier ohne das Gütesiegel der Forest Stewardship Council (FSC) gedruckt zu werden.

Nachhaltiges Wirtschaften umfasst heute mehr als ökonomische oder ökologische, nämlich auch soziale Aspekte. Die meisten Unternehmen berichten daher unter diesem Titel auch über Aus- und Weiterbildung, also die Förderung der Mitarbeiter, und ihr Engagement als Bürger, als Corporate Citizens. Dabei werden leider auch oft Sponsorenleistungen genannt, die genau genommen ganz gewöhnliche Geschäftsbeziehungen sind.

Spätestens seit Al Gore's Dokumentarfilm „Inconvenient Truth" bedeutet ‚nachhaltiges' Wirtschaften aber auch das Vermeiden von Emissionen wie Treibhausgas. Deshalb gibt es inzwischen kaum ein Unternehmen mehr, dass den CO_2-Ausstoss beim Druck nicht kompensiert. Was mit der Ablasszahlung passiert, bleibt leider meist unerwähnt. Obwohl die damit unterstützten Klimaschutzprojekte vielleicht sogar eine Verbindung zur Unternehmensstrategie haben könnten (siehe etwa die Seite der Schweizer Stiftung MyClimate, www.myclimate.org).

Es ist eine unbequeme Wahrheit (‚Inconvenient Truth'), dass Wohlstand nicht nur im Einklang mit Ökologie und Gesellschaft zu haben ist. Das mag der Grund dafür sein, dass die Diskussion von Zielkonflikten des nachhaltigen Wirtschaftens in Geschäftsberichten viel zu kurz kommt. Wie erklärt ein Unternehmen eine Lohnschere, wo der am besten Verdienende 140 Mal mehr erhält als der Mitarbeiter mit dem geringsten Lohn?[8] Warum wird in ein Projekt investiert, bei dem die Gesellschaft langfristig verliert? Dilemmas sind die Prüfsteine der Ethik. Von verantwortungsvollen Unternehmen sollten sie folglich ebenso offen gelegt werden, wie die Revisionsberichte.

Noch einmal: Was sind die entscheidenden Informationen und wie müssen sie dargestellt werden, damit sie das Überleben von Unternehmen sichern? Beim Studium von Geschäftsberichten entsteht der Eindruck, dass bei den Autoren – trotz zahlreichen Regeln und Empfehlungen zur Berichterstattung – grosse Unsicherheit darüber herrscht: die Unsicherheit, die richtigen Worte zu finden.

---

7   http://de.wikipedia.org/wiki/Nachhaltigkeit, 29.1.2011
8   Mit den Angaben in einem zufällig ausgewählten Geschäftsbericht lässt sich für einen Verwaltungsrat (VR) ein Stundenlohn von 2500 Franken errechnen. Ein Bekannter im Reinigungsdienst einer Bank gab an, 18 Franken pro Stunde zu verdienen. Natürlich wird der VR ein Vielfaches der Sitzungsstunden für das Unternehmen einsetzen, er hat weitaus mehr investiert, geht vielleicht grössere Risiken ein etc. Doch wird darüber in den Geschäftsberichten kein Wort verloren.

Man verlässt sich in Publikumsgesellschaften auf ‚Best Practice' – also auf andere. Es fehlt die Erweiterung der Principal-Agent-Theorie auf die Kommunikation mit allen Stakeholdern, nicht nur mit den Principals. Und vielleicht fehlt es in den Unternehmen auch an Verantwortungsgefühl, Augenmass und Leidenschaft, nach Max Weber (1992) die wichtigsten Tugenden von Führungspersönlichkeiten.

Literatur

Bateson, Gregory (1979): Mind and Nature – A Neccessary Unity. New York: Dutton.

Beck, Ulrich (1988): Gegengifte. Die organisierte Unverantwortlichkeit. Frankfurt am Main: Suhrkamp.

Gansel, Christina & Jürgens, Frank (2009): Textlinguistik und Textgrammatik. Göttingen: Vandenhoeck & Ruprecht.

Hagel, John / Seely Brown, John & Davison, Lang (2010): The Power of Pull. How Small Moves, Smartly Made, Can Set Big Things in Motion. New York: Basic Books.

Howeg, Stephan (2010): Vorwort in der Broschüre zum Schweizer Geschäftsberichte-Rating 2010: www.harbourclub.ch/Home/Geschaftsbericht-Rating/GZD.aspx, 29.1.2011.

Meckel, Miriam (2010): Geschäftsberichte: Trends in den USA. Videobotschaft am Geschäftsberichte-Symposium 2010 in Zürich: www.gb-symposium.ch/downloads-2010.html, 29.1.2011.

Phillips, David (2010): Drivers of change in reporting – What will matter at board level. Videobotschaft am Geschäftsberichte-Symposium 2010 in Zürich: www.gb-symposium.ch/downloads-2010.html, 29.1.2011.

Porák, Victor / Achleitner, Ann-Kristin / Fieseler, Christian & Groth, Thorsten (2006): Finanzkommunikation – Die Grundlagen der Investor Relations. In: Schmid, Beat F. & Lyczek, Boris (Hgg.): Unternehmenskommunikation – Kommunikationsmanagement aus Sicht der Unternehmensführung. Wiesbaden: Gabler.

Weber, Max (1992): Politik als Beruf. Stuttgart: Reclam.

Quellen

Alpiq, Neuenburg 2009
Bâloise, Basel 2009
Credit Suisse, Zürich 2009
Straumann, Basel 2009
Swiss Life, Zürich, 2009
UBS, Zürich 2009
Zurich FS, Zürich 2009

Textsortenerwartung und ihre Antizipation in der Unternehmenskommunikation – Geschäftsberichte und der „Brief an die Aktionäre"

Marcus Reinmuth

Mit ihrem Geschäftsbericht[1] fügen Unternehmen der eigenen Chronik in jedem Jahr ein weiteres Kapitel hinzu. Denn was rein formal der gesetzlich obligatorischen Rechenschaft über die Geschäftstätigkeit dient, hat sich auch im deutschsprachigen Raum längst zu einem zentralen Medium der Unternehmenskommunikation entwickelt: Nirgendwo sonst wird so umfassend, aufwändig und detailliert beschrieben, wie ein Unternehmen sich selbst erlebt hat. Geschäftsberichte sind ein Spiegel des Unternehmensimages und der Unternehmensphilosophie; sie leisten einen Beitrag zur Schaffung einer unverwechselbaren Identität, und Geschäftsberichte erzählen – im Idealfall spannend und nachvollziehbar – die Geschichte des Unternehmens und seiner wichtigsten Akteure (vgl. auch Rudolf in diesem Band).

Kein Wunder also, dass der Geschäftsbericht in den vergangenen Jahren große Beachtung und eine deutliche Diversifizierung seiner Zielgruppen erlebt hat: Während früher hauptsächlich Investoren und Analysten einen längeren Blick in den Geschäftsbericht warfen, ist er heute für verschiedenste Interessenten oft der erste Zugang zu grundlegenden Informationen über ein Unternehmen. Die Interessenlage ist dadurch von sehr großer Heterogenität geprägt: Geschäftsberichte werden gelesen, um eine Entscheidung darüber zu treffen, ob sich eine Investition in die Aktien des Unternehmens lohnt; Gläubiger wollen wissen, wie sicher ihre Kredite sind oder ob das Unternehmen weitere Kredite verdient; Anwohner lesen den Bericht um zu erfahren, ob die Unternehmensprozesse Einfluss auf das direkte ökologische Umfeld haben oder ob es sich bei dem Unternehmen um einen potenziell interessanten Arbeitgeber handelt – um nur einige Beispiele zu nennen. Mit dem Bericht präsentiert sich das Unternehmen all seinen Stakeholdern mit vergleichsweise hohem Aufwand und im Bewusstsein, dass kaum ein anderes Medium diesem Ziel annähernd gerecht wer-

---

1   Für eine umfassende Betrachtung nicht nur sprachlicher Merkmale von Geschäftsberichten siehe etwa Keller (2006a).

den könnte. Kurz: Was für ein Fotomodel die Sedcard[2] ist, ist für das Unternehmen der Geschäftsbericht. Ein Vergleich, der weniger schräg ist als Sie jetzt vielleicht annehmen: Bereits seit mehr als 20 Jahren existiert in Deutschland ein Wettbewerb, in dem Geschäftsberichte für ihre Sprache, die Darstellung der betriebswirtschaftlichen Fakten und für das Design ausgezeichnet werden – Deutschland sucht den Supergeschäftsbericht!

Der erste Blick des Lesers fällt auf einen der prominentesten Teile: den Brief des Vorstands an die Aktionäre, der heute fast alle Geschäftsberichte einleitet. Im Gegensatz zur Bilanz und zum Lagebericht ist dieser Brief nicht obligatorisch; die Verfasser fügen ihn vielmehr vollkommen freiwillig hinzu. Warum nimmt er dennoch eine so bedeutsame Position ein und wie lässt sich seine Funktion im Gesamttext beschreiben? Die Beschreibung von Bericht und Brief mit dem Vokabular einer allgemeinen Textsortenbeschreibung liefert dazu hilfreiche Hinweise – vor allem bei einer Betrachtung der Textfunktion und der alltäglichen und notwendigen Textsortenbestimmung im Kommunikationsprozess, die sich vor allem durch – eine tatsächliche oder unterstellte – Textsortenerwartungen des Rezipienten auszeichnet.

1.   Textsorten und Unternehmenskommunikation

Auch wenn der Begriff „Textsorten" sich im wissenschaftlichen Diskurs[3] innerhalb der Linguistik etabliert hat, spricht aus meiner Sicht Vieles dagegen, dass so etwas wie ein ausreichend deskriptives oder normatives, wissenschaftlich fundiertes Textsortenkonzept mit einem exhaustiven und disjunkten Textsortenkatalog existiert. Vor allem der Begriff „Sorte" impliziert eine Eindeutigkeit, die aus meiner Sicht unangebracht zu sein scheint. Eine Ursache hierfür sieht Gohr in der Volatilität kommunikativer Bedürfnisse: Denn viele

> Klassifikationen (...) bilden das Sprachsystem aus einer synchronen Perspektive ab. Texte sind jedoch historischem Wandel unterworfen; sie entwickeln sich aus kommunikativen Bedürfnissen, die sich permanent ändern (können). Demnach kann eine Klassifikation von Textsorten nur als ein offenes System mit fließenden Grenzen konzipiert werden, das den aktuellen Veränderungen Rechnung trägt. (Gohr 2002: 62)

Fakt ist, dass heute zahlreiche verschiedene Ansätze einer Textsortenklassifikation konkurrierend, ergänzend und teilweise auch unvereinbar nebeneinander

---

2   Bei der Sedcard handelt es sich um eine aufwändig gestaltete Bewerbungsunterlage für Models, die vor allem Fotos enthält.

3   Eine Zusammenfassung verschiedener Ansätze zur Textsortenlinguistik finden Sie etwa bei Gohr (2002) oder bei Diatlova (2003).

stehen. Je nach Modell werden unterschiedlichste Indikatoren und Texteigenschaften herangezogen, um einen Text nachvollziehbar einer definierbaren Textsorte zuordnen zu können. Dabei wird heute ein sehr breites mehr oder weniger wissenschaftlich fundiertes Instrumentarium[4] angewendet, das unterschiedliche Textmerkmale für die Beschreibung zulässt. Grundlage für eine Textsortenklassifikation sind je nach Ansatz neben formal-linguistischen[5], strukturellen und thematischen Aspekten auch kommunikativ-pragmatische Elemente, bei denen funktionale und situative Elemente eine Rolle spielen (vgl. Brinker 1997: 132f). Der Forschungsstand liefert dabei zahlreiche Hinweise darauf, dass erst eine Kombination dieser verschiedenen Ansätze sinnvolle Ergebnisse zutage fördert.

Was aus meiner Sicht aber außer Frage steht, ist, dass eine allgemeine Textsortenkompetenz jenseits eines wissenschaftlichen Deskriptionsmodells für den Kommunikationsprozess an sich unverzichtbar ist. Textsortenerfahrung ist für die Rezeption von Texten als Teil des kommunikativen Inferenzprozesses notwendig, um Funktion, Inhalt und Bedeutung überhaupt erschließen zu können. Aspekte der Kommunikation können scheitern, wenn ich zum Beispiel einen Brief nicht auf vielen verschiedenen Ebenen als solchen identifizieren kann. Textsortenwissen bildet damit gewissermaßen eine Ausprägung der konversationellen pragmatischen Implikaturen im Grice'schen Sinne. Auch der Verfasser kann seine kommunikativen Absichten nur umsetzen, wenn er bei seinem Rezipienten neben zum Beispiel dem semantischen, dem grammatischen oder dem deiktischen Vorwissen auch ein Textsortenwissen voraussetzen kann. Damit wird deutlich: Textsorten sind keine Erfindung von Linguisten, sondern kommunikationspraktische Notwendigkeiten (vgl. Heinemann 2000: 15). Diese Ansicht teilt auch Brinker, dessen Textsortendefinition in der Fachliteratur weite Verbreitung gefunden hat:

> Textsorten sind konventionell geltende Muster für komplexe sprachliche Handlungen und lassen sich als jeweils typische Verbindungen von kontextuellen (situativen), kommunikativ-funktionalen und strukturellen (grammatischen und thematischen) Merkmalen beschreiben. Sie haben sich in der Sprachgemeinschaft historisch entwickelt und gehören zum Alltagswissen der Sprachteilhaber; sie besitzen zwar eine normierende Wirkung, erleichtern aber zugleich den kommunikativen Umgang, indem sie den Kommunizierenden mehr oder weniger feste Orientierungen für die Produktion und Rezeption von Texten geben. (Brinker 1997: 132).

---

4   Ein prominenter Ansatz ist zum Beispiel eine Textsortenklassifizierung nach Assertiva, Direktiva, Kommisiva, Expressiva und Deklarativa, also angelehnt an die Sprechakttheorie (vgl. Gohr 2002: 61).

5   Textimmanente – zum Beispiel dominierend auftretende morphosyntaktische – Merkmale allein reichen allerdings kaum aus, um einen Text einer Textsorte zweifelsfrei zuordnen zu können (vgl. Gohr 2002: 46).

Neben einem akademischen gibt es demnach einen lebenspraktischen Bedarf für die Beschreibung und das Erkennen von Textsortenmerkmalen. Doch kann man sich einer Textsortenbeschreibung nähern, ohne dass am Ende des Weges ein wissenschaftlich fundiertes[6] Textsorteninventar steht? Einer sinnvollen alltagstauglichen Textsorteneinteilung liegt meiner Ansicht nach zugrunde, dass sie nachvollziehbar eine Operation beschreibt, die ein Leser mit normaler Texterfahrung ohne Kenntnis eines Beschreibungssystems mit Leichtigkeit ausführen kann. Damit gemeint ist, dass ich als Leser eines Briefes den Text auch ohne sprachwissenschaftliches Vorwissen als Brief erkennen kann. Aus meiner Sicht ist Textsortenwissen – wie die Sprache selbst – durch Konventionalität und Arbitrarität, aber auch durch individuelle Rezeptionsprozesse gekennzeichnet. Dies bedeutet, dass Textsortenerfahrung zwar einen individuellen Interpretationsspielraum zulässt, sich aber dennoch in einem Rahmen von Variationen beschreiben lässt, der offensichtlich zuverlässig Kommunikation ermöglicht. Bei Textsorten handelt es sich in dieser Lesart um kognitive Muster prototypischer Formen innerhalb eines gewissen Ermessensspielraums, oder – wie Wawra es nennt – ein Musterwissen (vgl. Wawra 2008). Auch wenn diese Muster nicht idealtypisch sind, helfen sie durch ihre abstrakte Kategorisierbarkeit bei der Konstruktion eines geistig-sprachlichen Interpretationsrasters (vgl. Gohr 2002: 161) und damit bei der Rezeption von Texten auch der Unternehmenskommunikation.

2.   Fakten oder Imagebroschüre: Der Geschäftsbericht als Textsorte

Bei einem Bericht, so Wawra, handele es sich alltagssprachlich und grundlegend um eine Textsorte und der Geschäftsbericht sei als Ableitung eine Sonderform dieser Textsorte (vgl. Wawra 2008: 121). Den Geschäftsbericht als Textsorte zu klassifizieren ist allerdings alles andere als trivial, denn er besteht aus sehr unterschiedlichen Textteilen und verfügt über einen vergleichsweise großen Umfang. Handelt es sich möglicherweise also eher um eine Ansammlung mehrerer Textsorten innerhalb eines Mediums? Gute Geschäftsberichte zeichnen sich jedoch auch dadurch aus, dass sich ein roter Faden durch den gesamten Text zieht. Zusammen mit sprachlichen und formalen Kohärenzmerkmalen bildet dies einen ersten Hinweis darauf, dass sich der Geschäftsbericht als geschlossene Textsorte beschreiben lässt.

---

6   Die Textsortenlinguistik weist hier Desiderata auf, die nicht zuletzt auch in dem vorliegenden Werk diskutiert werden. Für den vorliegenden Beitrag spielen hingegen zunächst die Auswirkungen einer allgemeinen Textsortenerwartung im Rezeptionsprozess eine Rolle.

Dies ist eine Widersprüchlichkeit, die sich bei verschiedenen Indikatoren für eine Textsortenidentifikation finden lässt. Angefangen bei textimmanenten Merkmalen: Vor allem die gesetzlich strenger reglementierten Berichtsteile zeichnen sich so zum Beispiel durch einen recht homogenen fachlichen Wortschatz aus, dessen stringente Nutzung aber am Brief an die Aktionäre oft ein Ende findet. Dies legt den Verdacht nahe, dass – wie einleitend beschrieben – unterschiedliche Zielgruppen mit verschiedenen fachlichen Kenntnisständen durch den Geschäftsbericht angesprochen werden sollen (vgl. Rudolf in diesem Band). Dieser Verdacht bestätigt sich auch bei der Betrachtung der inhaltlichen Komplexität der verschiedenen Textteile. Damit liefert auch die Heterogenität der Zielgruppe einen Hinweis gegen den Textsortenstatus des Geschäftsberichts. Und auch ein identifizierbarer Kommunikator lässt sich nicht durchgehend erkennen: Die Perspektive ändert sich je nach Berichtsteil und schwankt zwischen klar erkennbaren Einzelpersonen, Gruppen von Personen und dem Unternehmen als abstrakter Entität. Konstituierend für den Geschäftsbericht als Textsorte ist hingegen, dass ebendiese Besonderheit den Geschäftsbericht grundsätzlich und typisch charakterisiert. Inhaltlich bildet vor allem das Thema – nämlich die Geschäftätigkeit innerhalb eines definierten Zeitrahmens – eine Klammer um den gesamten Bericht. Die Entfaltung des Themas kann in den verschiedenen Berichtsteilen dabei aber sehr unterschiedlich ausfallen: Narrative, deskriptive, explikative und argumentative Abschnitte wechseln sich in Berichten ab.

Besonders interessant ist aus meiner Sicht und für diesen Beitrag jedoch eine funktionsorientierte Betrachtung des Geschäftsberichts: Offensichtlich hat er eine obligatorische Funktion, nämlich die der Berichterstattung. Eine fakultative Funktion lässt sich darüber hinaus auf den ersten Blick ausmachen: Er soll alle relevanten Aspekte des Unternehmens auf – aus Sicht des Unternehmens – möglichst positive Art und Weise darstellen. Bisweilen übertreiben es die Schöpfer von Berichten mit sehr großen Bildanteilen, marketingartigen Slogans und verspielten Eigenheiten, die sich eher für eine Imagebroschüre als für einen Geschäftsbericht eignen. Dies kann dazu führen, dass der Text seine Glaubwürdigkeit einbüßt. Damit verliert er unter Umständen eine Textfunktion, der ich in diesem Beitrag die Hauptrolle einräumen möchte: Er soll durch seine glaubwürdige Vermittlung von Informationen Vertrauen schaffen. Denn auf den ersten Blick könnte man annehmen, dass ein Leser einem idealtypisch-objektiven Bericht die größtmögliche Glaubwürdigkeit bescheinigt. Wie kaum eine andere Veröffentlichung des Unternehmens steht der Bericht für die ungeschönte Darstellung von Fakten – schließlich ist er mehr oder weniger streng durch Standards der Berichterstattung reglementiert.[7] In seinem förmlichen, oft bürokratischen Duktus vermittelt er Seriosität. Er ist im Idealfall frei vom Anschein der emotionalen Betroffenheit, die von der urteilstrüben Meinung seines Verfassers zeugt, oder von reißerischen oder manipulativen Formulierungen. Der Bericht ist oft im Stil der möglichst faden Stillosigkeit verfasst; kaum lassen sprachliche Details Rückschlüsse auf den Verfasser und dessen Verfassung zu. Eine bildreiche Sprache etwa, die Schilderung von Emotionen oder eine durch den Sprachgebrauch erkennbare regionale Herkunft sind bei einem Bericht normalerweise außen vor.

Tatsächlich wirkt ein solcher Bericht auf Rezipienten nicht in besonderem Maße glaubwürdig und vertrauenerweckend: Durchschnittliche Leser fühlen sich von der Fülle an Details oft erschlagen; interessierte Leser hingegen empfinden Berichte – selbst wenn sie das Sujet in großem Maße fasziniert – bestenfalls auf eher freudlose Art informativ. Wäre es also ein guter Rat, Geschäftsberichte lebendiger und abwechslungsreicher zu gestalten? Einige Unternehmen scheinen davon überzeugt zu sein. Das Ergebnis ist in diesem Falle eher eine Imagebroschüre zur Vermittlung von Werbebotschaften und kein seriöser Geschäftsbericht. Das Dilemma können sie so nicht lösen: Sie können nicht gleichzeitig berichthaft-objektiv und imagebildend-persuasiv sein. In dem Augenblick, in dem der Bericht sprachlich zu sehr den objektiven Modus verlässt, widerspricht er der Textsortenerwartung der Rezipienten und wirkt aus diesem Grunde unglaubwürdig. Und damit nähere ich mich der eigentlichen Aussage dieses Beitrags: Berichte wirken für viele Rezipienten glaubwürdig, wenn sie wie Berichte klingen – wobei ich vermute, dass es sich hierbei in dieser Ausprägung durchaus um ein kulturell bedingtes Phänomen des deutschsprachigen Raumes handelt, das so nicht auf angelsächsische Geschäftsberichte zutreffen muss. Als Textsorte können sie aber deshalb nicht diejenigen Indikatoren verstärkt enthalten, die bei der Zuschreibung von Glaubwürdigkeit in besonderem Maße geeignet sind. Ich greife vorweg: Es liegt auf der Hand, dass der Brief an die Aktionäre genau in diese Bresche springt. Um dies zu verdeutlichen, möchte ich zunächst auf Glaubwürdigkeitsindikatoren eingehen, jene Textmerkmale also, die eine Zuschreibung von Glaubwürdigkeit durch den Rezipienten begünstigen.

---

7   International regeln die Berichterstattung vor allem die International Financial Reporting Standards (IFRS). In Deutschland erfolgt zudem eine Bilanzierung nach dem Handelsgesetzbuch (HGB).

3.   Die Rolle von Glaubwürdigkeitsindikatoren bei der Zuschreibung von Vertrauenswürdigkeit

Unternehmenskommunikation erfüllt immer mehr die Aufgabe der Vertrauens-kommunikation[8], mit dem Ziel, gesellschaftliche und wirtschaftliche Hand-lungsspielräume zu erwirken. Gerade prominente Kommunikatoren auf hohen Führungsebenen werden zu Managern von Vertrauen und Werbern für gesell-schaftliche Akzeptanz – ein Trend, der durch die Finanz- und Wirtschaftskrise deutlich verstärkt wurde. Gerade das Top-Management jedoch hat durch die Krise erkannt, dass diese Aufgabe alles andere als einfach ist: Schließlich wer-ten Stakeholder eine negative ökonomische Entwicklung in einem anspruchs-vollen Umfeld nicht selten auch als Führungsversagen des Managements. Doch nicht nur die ökonomischen Entwicklungen der vergangenen Jahre lassen Ver-trauen zu einem der wichtigsten Ziele der Unternehmenskommunikation wer-den. Auch die stetig wachsende Komplexität wirtschaftlicher Zusammenhänge und von Organisationsstrukturen lässt die Vertrauenskommunikation an Bedeu-tung gewinnen. Denn eines der wichtigsten Merkmale von Vertrauen ist, dass es Komplexität reduziert, Kontrollkosten senkt und Handlungsspielräume eröffnet.[9]

Vertrauen lässt sich durch Kommunikation aufbauen, deren Informations-gehalt der Rezipient als glaubwürdig wahrnimmt. Diesen Zuschreibungsprozess stützt er dabei auch auf sprachliche Indikatoren für die Glaubwürdigkeit des Kommunikators und des Inhalts. Die Kommunikation selbst muss also über Merkmale verfügen, die als Symptome für Glaubwürdigkeit interpretiert werden können. Gleichzeitig muss die Kommunikation möglichst frei sein von solchen Merkmalen, die auf das genaue Gegenteil deuten. Das bedeutet: Auch jenseits der Zahlen lässt der Geschäftsbericht Rückschlüsse auf die Vertrauenswürdig-keit des Unternehmens zu. Im Besonderen gilt dies für Akteure, die persönlich in Erscheinung treten. Der Vorstandsvorsitzende, der Worte an die Öffentlich-keit richtet, gibt mit seinen Worten mehr preis als nur seine Ansicht über den Geschäftsverlauf des vergangenen Jahres. Ein Text liefert symptomatisch immer auch Hinweise auf die kommunikativen und intellektuellen Fähigkeiten seines Verfassers; er lässt Rückschlüsse zu über seine Fähigkeiten, seine Vertrauens-würdigkeit und seine Kompetenz. Dies gilt auch für den Fall, dass die Interpre-tation dieser Symptome vom Kommunikator beabsichtigt war und diese somit keine „echten" Symptome mehr darstellen: Die Kommunikation erfolgt dennoch innerhalb eines „symptomatischen Modus" (vgl. Keller 2006b:11f). Dabei spie-

---

8   Zur Bedeutung von Vertrauen in der Wirtschaftskommunikation und zu seiner Abhängigkeit vom sprachlichen Glaubwürdigkeitsindikatoren vgl. etwa Reinmuth 2009.

9   Zum Phänomen „Vertrauen" empfiehlt sich vor allem die Lektüre von Luhmann (2000) und Lahno (2002).

len nicht nur inhaltliche Merkmale eine Rolle, sondern auch und vor allem sprachliche Besonderheiten: Eine mutige, lebendige und bildhafte Sprache verleitet einen Rezipienten zur Annahme eines mutigen Kommunikators. Eine zaghafte sprachliche Ausdrucksweise hingegen spricht eher für dessen Unsicherheit. Sprachliche Fehler oder unklare Formulierungen führen zu der Annahme, dass es sich um einen wenig kompetenten Kommunikator auch jenseits der Verschriftlichung seiner Gedanken handelt. Abwechslungsreichtum und ein passender Detailgrad, eine nicht zu floskelhafte Ausdrucksweise und Humor, die Fähigkeit, komplexe Zusammenhänge in eine nachvollziehbare Geschichte zu integrieren – all diese Hinweise nutzt ein Rezipient, um ein mentales Bild vom Verfasser eines Textes und über dessen Glaubwürdigkeit zu zeichnen. Besonders herausragende Glaubwürdigkeitsindikatoren sind dabei auch eine wahrgenommene Ähnlichkeit des Kommunikators zum Rezipienten – bezogen zum Beispiel auf Wertvorstellungen und Ziele – und seine persönliche Betroffenheit bezogen auf das Thema in Verbindung mit einer emotionalen Einordnung. Ein Kommunikator sendet permanent neben den beabsichtigten Hinweisen, die ihn als kompetent und sympathisch auszeichnen sollen, auch solche Hinweise, die er nicht oder nur unvollständig im Griff hat.

Die Erkenntnisse aus der Forschung um Glaubwürdigkeitsindikatoren[10], also um sprachliche und außersprachliche Signale, die ein Rezipient bei der Beurteilung der Glaubwürdigkeit eines Kommunikators heranzieht, zeigen, dass Glaubwürdigkeit eben nicht nur durch eine große Objektivität und Detailversessenheit erreicht wird. Die Indikatoren für die Glaubwürdigkeit müssen vielmehr zur Art der Kommunikation, zum Kommunikator und zum pragmatischen Kontext passen. Abgesehen von dieser Besonderheit weisen die Ergebnisse bisheriger Untersuchungen darauf hin, dass Menschen dazu neigen, vor allem anderen Menschen und nicht abstrakten Organisationen Vertrauen entgegen zu bringen. Ich vermute, dass dies der eigentliche Grund für die Existenz und die große Bedeutung des Briefs an die Aktionäre ist: Er lässt ebenjene Glaubwürdigkeitsindikatoren zu, die in einem Bericht nicht problemlos umsetzbar sind, ohne eine Dissonanz zwischen der Textsortenerwartung an den Bericht und seine tatsächliche Ausgestaltung auszulösen.

---

10 Eine größere Anzahl und eine übersichtliche Beschreibung von Glaubwürdigkeitsindikatoren können Sie dem Beitrag „Vertrauen und Wirtschaftssprache: Glaubwürdigkeit als Schlüssel für erfolgreiche Unternehmenskommunikation" (Reinmuth 2009) entnehmen. Weiterführende Literatur zu Glaubwürdigkeitsindikatoren: Reinmuth (2006), Köhnken (1990) oder Nawratil (1997).

4.   Die persönliche Note: Der Brief an die Aktionäre als Textsorte

Ob es sich bei dem Brief an die Aktionäre um eine eigenständige und abgrenz-
bare Textsorte handelt, darf ebenso wie beim Bericht insgesamt angezweifelt
werden. Eher würde ich ihn als ein Exemplar der allgemeinen Textsortenkategorie „Brief" bezeichnen. Er ordnet sich damit neben zahlreichen verschiedenen
Briefsorten ein, die durchaus unterschiedliche Merkmale aufweisen: Briefe sind
einerseits Gebrauchstext, andererseits literarische Ausdrucksform. Letzteres
trifft etwa auf den Briefroman zu, bei dem der Autor, der vermeintliche Empfänger und auch der Kontext fiktional sein können. Aber auch bei nicht-
fiktionalen Briefen kann eine Bestimmung des Empfängers alles andere als
einfach sein (vgl. dazu auch Demarmels & Schaffner in diesem Band): Offene
Briefe zum Beispiel richten sich nur scheinbar an einen Adressaten und suchen
vielmehr die Öffentlichkeit. Manche Briefe werden sogar in der Absicht geschrieben, sie niemals tatsächlich einem Leser zukommen zu lassen. Briefe
können einen formalen Verwaltungsakt darstellen oder Zeugnis über die Gefüh-
le zweier Menschen füreinander ablegen. Einige Briefe oder Briefwechsel füllen
dicke Einbände, andere passen auf eine Serviette. Lassen sich Briefe bei dieser
großen Heterogenität trotzdem als Textsorte beschreiben?

Wie beim Bericht lassen sich auch beim Brief einige formale und sprachliche Indikatoren für seinen Textsortenstatus ausmachen: Bei einem Brief handelt
es sich grundsätzlich um eine schriftliche und damit medienvermittelte und
dialogorientierte Kommunikation. Verbunden ist damit die räumliche und zeitli-
che Distanz zwischen Produktion und Rezeption. Diese Merkmale lassen sich
beim Brief an die Aktionäre festmachen. Im Gegensatz zu vielen anderen Typen
von Briefen ist er allerdings nicht an einen einzelnen oder gar persönlich bekannten Rezipienten gerichtet. Es handelt sich auch nicht wirklich um einen
offenen Brief, denn sein Zweck ist es offenbar nicht, einen Adressaten zum
Eintreten in einen öffentlichen Diskurs herauszufordern. Während der offene
Brief sich nicht an den explizit Adressierten richtet, sind Rezipient und Adressat
im Brief an die Aktionäre tatsächlich identisch. Der Brief an die Aktionäre ist
zugleich ein Vorwort beziehungsweise eine Einleitung für den Geschäftsbericht.
Seine Einbettung in den Bericht ist damit ein beschreibendes Merkmal. Ein
deutliches Merkmal des Briefs an die Aktionäre ist seine Begrüßungs- und Ver-
abschiedungskultur: Üblich sind dabei oft handschriftliche Textteile, häufig die
Begrüßung und die Abschiedsklausel. Oft befindet sich zudem ein Foto des
vermeintlichen Verfassers, also des Vorstandsvorsitzenden, im Kontext des
Briefes. Der Ausdruck „vermeintlich" beschreibt dabei eine weitere interessante
Besonderheit: Der Brief an die Aktionäre wird als Brief erkannt und gelesen,
obwohl er bekanntermaßen nicht vom Absender stammt – denn der Vorstands-

vorsitzende wird in den seltensten Fällen selbst am Text feilen (zur Musterhaftigkeit des Aktionärsbriefs vgl. auch Kesselheim in diesem Band).

Auch beim Brief an die Aktionäre ist es wieder eine funktionsorientierte Sicht, die für diesen Beitrag von besonderer Relevanz ist: Warum ist es wichtig für einen Vorstandsvorsitzenden, welchen Eindruck der Brief an die Aktionäre bei einem Leser verursacht? Die Antwort habe ich im vorangegangenen Abschnitt gegeben: Die persönliche Kommunikationsfähigkeit ist ein wichtiger Indikator für Managementfähigkeiten: Durch seine Kommunikation kann sich ein Kommunikator auf verschiedenen Ebenen als kompetent und glaubwürdig erweisen.[11] Der Brief erlaubt es, inhaltlich und sprachlich Indikatoren für eine persönliche Glaub- und Vertrauenswürdigkeit des Kommunikators zu transportieren, oder, aus der Perspektive des Rezipienten: Bei einem Brief ist es Teil der Textsortenerwartung, dass die sprachlichen und inhaltlichen Merkmale mit den Eigenschaften eines personellen Verfassers verbunden werden.

5.   Antizipation von Textsortenerwartung – auf halbem Wege festgefahren?

Was wird der Textfunktion des Vertrauenserwerbs durch glaubwürdige Kommunikation nun eher gerecht: ein Brief oder ein Bericht? Spontan werden tatsächlich viele zum Bericht tendieren, da er im Stile größtmöglicher Neutralität und Objektivität verfasst zu sein scheint. Auch die gesetzlichen Vorgaben, die den Inhalt des Berichts maßgeblich mitbestimmen, stützen diese Annahme. Diese oberflächliche Einschätzung ist allerdings nicht unbedingt zutreffend: Der Geschäftsbericht ist, wie oben beschrieben, nicht mehr allein ein auf Informationsvermittlung spezialisierter Text. Die ihm unterstellte Objektivität ist durch das Wissen um dessen Bedeutung als Mittel der Imagebildung einem ernstzunehmenden Erosionsprozess ausgesetzt. Die Textsortenerwartung an den Bericht wird zugleich enttäuscht, wenn er nicht mehr wie ein Bericht klingt und der Leser den Text stattdessen als persuasiv erkennt. Diese Erkenntnis scheint bei vielen Verfassern von Geschäftsberichten Einfluss auf die Produktion des Druckstücks zu haben. Wider besseres Wissen oder in Unkenntnis über tatsächliche Rezeptionsprozesse nutzen sie die sprachlichen Signale in Geschäftsberichten, von denen sie meinen, dass sie in besonderem Maße Zeugnis über die Objektivität und Sachlichkeit des Kommunikators ablegen würden: Durch Geni-

---

11   Ebert & Piwinger (2009) unterscheiden hier zahlreiche Kompetenzdimensionen, wie die Sprachkompetenz, die Interaktionskompetenz oder die emotionale Kompetenz. Für die Autoren sind die verschiedenen Kompetenzmerkmale ausschlaggebend für die Zuschreibung von der Fähigkeit zum „Leadership" (5f).

tivkonstruktionen, Nominalkette, Passivkonstruktionen und ähnliche Merkmale klingen die Texte teilweise sehr verklausuliert und bürokratisch. Das „Behördendeutsch" scheint hierzulande noch immer als ein Indikator für Vertrauenswürdigkeit zu gelten – was unter Umständen einen eher soziologischen Anschlussdiskurs zulässt, den ich an dieser Stelle aber nicht vertiefen möchte. Der – eventuell nur antizipierten aber nicht tatsächlichen – Textsortenerwartung kommen die Schöpfer der Geschäftsberichte damit durchaus entgegen, sie leisten der Zuschreibung von Glaubwürdigkeit und dem Aufbau von Vertrauen allerdings einen Bärendienst. Der Grund: Wie oben beschrieben, sind Indikatoren für Glaubwürdigkeit oft gerade eindeutig subjektive oder sogar emotionale Anzeichen von Beteiligung und persönlichem Interesse. An dieser Stelle tritt die Textsortenerwartung an einen Bericht also in Konflikt mit den erweiterten Kommunikationszielen des Geschäftsberichts als Medium der Unternehmenskommunikation – ein Dilemma. Ein Bericht darf den objektiven Modus und den eher bürokratischen Duktus nicht verlassen, ohne dass ihm manipulative Absichten unterstellt werden. Er kann aber nicht bürokratisch bleiben, wenn er viele Indikatoren für die Glaubwürdigkeit der Akteure im Unternehmen enthalten soll.

Diese Situation lässt aber deutlich werden, warum dem Brief an die Aktionäre so eine große Aufmerksamkeit auf Seiten der Verfasser und der Leser zuteilwird. Denn was im Bericht vermeintlich unpassend ist, ist für einen Brief nicht nur passend sondern sogar notwendig: Er ist persönlich, anekdotenhaft, emotional gefärbt. Er eignet sich damit wie keine zweite Textsorte für den Aufbau von Vertrauen durch die Installation eines glaubwürdigen Kommunikators. Die Textsortenerwartung setzt Rezeptionsprozesse in Gang, die nur teilweise bewusst ablaufen und die Zuschreibung von Glaubwürdigkeit maßgeblich beeinflussen. Verstöße gegen diese Erwartungen wirken sich auf den Rezeptionsprozess aus. Wenn man die Briefform wählt, dann sollten deshalb auch die formalen und sprachlichen Eigenheiten des Briefstils eingehalten werden. Es sollte eine direkte und möglichst persönliche Ansprache durch einen erkennbaren Kommunikator stattfinden (Keller 2006a: 163).

Wie schaut der Brief an die Aktionäre in der Realität aus? Wird er dem Anspruch gerecht, dem schnöden Bericht eine persönliche, lebendige und vertrauenerweckende Note hinzuzufügen? Wird er von den Vorständen dazu genutzt, Verantwortung zu übernehmen und ihr Innenleben zu beschreiben? In vielen Fällen lautet die Antwort auch nach fast 20 Jahren, in denen der Wettbewerb „Der beste Geschäftsbericht" existiert, schlicht und ergreifend: nein. Die sprachliche Qualität – vor allem bei Briefen in Geschäftsberichten großer Unternehmen – ist zwar deutlich besser geworden, dennoch schöpfen sie nicht das volle Potenzial aus, das die Textsorte Brief auszeichnet. Besonders in den Jahren der

Wirtschafts- und Finanzkrise muss es ein primäres Ziel sein, das zerstörte Vertrauen durch eine persönliche, transparente und glaubwürdige Kommunikation wiederherzustellen. Noch immer lese ich aber selten etwas über persönliche Verantwortung, Lehren, die aus Fehlern gezogen werden und persönlich-emotionale Einschätzungen. Zu häufig hingegen über die widrigen Umstände, denen die Schuld an nicht erreichten Unternehmenszielen zugeschrieben werden. Gerne wird diese Schuldzuweisung mit dem Hinweis garniert, dass die Leistungen des Unternehmens in Anbetracht der gegebenen Umstände das Optimum darstellen und damit wenigstens ein Grund für Stakeholder des Unternehmens seien, zufrieden und glücklich zu sein. Positive Nachrichten hingegen kommen überdurchschnittlich oft vor.

Anstatt die Freiheit zu nutzen, die der gesetzlich nicht reglementierte Brief bietet und damit gleichzeitig der Textsortenerwartung der Leser entgegenzukommen, lesen sich viele Exemplare wie eine Zusammenfassung des folgenden Berichts – trocken, langweilig, unpersönlich. Die Briefe zeichnen sich vielfach durch eine nicht vorhandene Dramaturgie, ihre monotone Wortwahl und Syntax und ihren vorhersehbaren Aufbau aus.[12] Wenn sich die Schöpfer überhaupt dazu durchringen können, einen emotionalen Bezug zum Leser herzustellen, dann versuchen sie dies viel zu häufig, indem sie ein manisches anmutendes Stereotypeninventar und einen Duktus bemühen, der zu euphorisch ist um vom Leser nicht als euphemistisch enttarnt zu werden: Ohne das Mantra des profitablen Wachstums, der Innovationsführerschaft und der fortlaufenden Neupositionierung im Markt scheint sich kaum ein Unternehmen die Beschreibung der eigenen Leistung zuzutrauen. Und selbst wenn doch einmal schlechte Nachrichten in den Brief hineinfinden, dann zeugt schon die umständliche Sprache vom Versuch der Verschleierung: Es ist bezeichnend, dass Aktionärsbriefe von Unternehmen mit schlechtem Ergebnis auch schlechter lesbar sind, als solche von erfolgreichen Unternehmen (Ebert & Piwinger 2009: 11). Der Brief an die Aktionäre bleibt in vielen Fällen also auf der halben Wegstrecke hin zu einer echten Vertrauenskommunikation stecken.

Literatur

Brinker, Klaus (1997): Linguistische Textanalyse. Eine Einführung in Grundbegriffe und Methoden. Berlin: Erich Schmidt.
Diatlova, Irina (2003): Unternehmenstexte: Textsorten, Textcluster, topische Muster. Frankfurt am Main: Lang.

---

12   Typische Schwächen von Unternehmenstexten diese Art werden detailliert von Keller (2006a) und zusammenfassend von Ebert & Piwinger (2009) dargestellt. Beide Texte zeigen auch auf, welche Formulierungen und sprachlichen Merkmale empfehlenswert sind.

Ebert, Helmut & Piwinger, Manfred (2009): Riskante und Kompetente Kommunikation in Aktionärsbriefen. In: Bentele, Günter (Hg.) (2001): Kommunikationsmanagement. Neuwied: Luchterhand, Art. Nr. 3.64.

Gohr, Martina (2002): Geschäftsbericht und Aktionärsbrief – Eine textsortenlinguistische Analyse mit anwendungsbezogenen Aspekten. Düsseldorf: Dissertation.

Heinemann, Wolfgang (2000): Textsorten. Zur Diskussion um Basisklassen des Kommunizierens. Rückschau und Ausblick. In: Adamzik, Kirsten (Hg.): Textsorten. Reflexionen und Analysen. Tübingen: Stauffenburg, 9–31.

Keller, Rudi (2006a): Der Geschäftsbericht. Überzeugende Unternehmenskommunikation durch klare Sprache und gutes Deutsch. Wiesbaden: Gabler.

Keller, Rudi (2006b): Unternehmenskommunikation und Vertrauen. http://www.phil-fak.uni-duesseldorf.de/uploads/media/Unternehmenskommunikation_und_Vertrauen.pdf, 5.6.2011.

Köhnken, Günter (1990): Glaubwürdigkeit – Untersuchungen zu einem psychologischen Konstrukt. München: Psychologie-Verlag-Union.

Lahno, Bernd (2002): Der Begriff des Vertrauens. Paderborn: Mentis.

Luhmann, Niklas (2000): Vertrauen. Ein Mechanismus zur Reduktion sozialer Komplexität. Stuttgart: UTB.

Nawratil, Ute (1997): Glaubwürdigkeit in der sozialen Kommunikation. Opladen: Westdeutscher Verlag.

Reinmuth, Marcus (2006): Vertrauen schaffen durch glaubwürdige Unternehmenskommunikation: Von Geschäftsberichten und den Möglichkeiten und Grenzen einer angemessenen Sprache. Düsseldorf: Dissertation.

Reinmuth, Marcus (2009): Vertrauen und Wirtschaftssprache: Glaubwürdigkeit als Schlüssel für erfolgreiche Unternehmenskommunikation. In: Moss, Christoph (Hg.): Die Sprache der Wirtschaft. Wiesbaden: VS Verlag für Sozialwissenschaften, 127–146.

Wawra, Daniela (2008): Public Relations im Kulturvergleich. Die Sprache der Geschäftsberichte US-amerikanischer und deutscher Unternehmen. Frankfurt am Main: Lang.

Die Textsorte Brief für Direct-Marketing und die Anleitung zur Erstellung solcher Briefe

Andrea Hirschi

Dieser Beitrag befasst sich mit zwei Textsorten aus dem Wirtschaftsalltag. Zum einen geht es um den Werbebrief im Direct-Marketing und seine Textsortenmerkmale, beziehungsweise darum, wie man einen solchen Werbebrief erstellt, damit er eine möglichst grosse Wirkung erzielt. Zum anderen geht es um Texte, welche Zielpersonen dazu befähigen, einen solchen Werbebrief zu erstellen. Es sind also Lehrtexte für die Praxis, welche möglichst verständlich, praxis- und handlungsorientiert sowie motivierend daherkommen sollen. Zu vergessen ist auch nicht, dass die Textsorte und ihre Umsetzung in einen Kontext eingebettet werden muss: Die Zielpersonen der Lehrtexte sind oft keine Berufsschreiberinnen und -schreiber (vgl. dazu auch Schwender in diesem Band), sie brauchen auch für den Schreibprozess selber und für grundlegende Schreibaufgaben eine angemessene Anleitung.

Der Beitrag ist folgendermassen aufgebaut: Nach der Beschreibung der Textsorte „Lehrtext für die Praxis" folgt das Schwerpunktkapitel zum Werbebrief, welches zunächst den Prozess des Schreibens reflektiert und dann auf die Konzeption, die Strukturierung und die Überarbeitung eingeht.

1. Lehrtexte für die Praxis

Das Geschäftsfeld Direct Marketing der Schweizerischen Post bietet verschiedene Onlinekurse zu typischen Direct-Marketing-Themen an. Die Schweizerische Post transportiert mit den Onlinekursen DirectPoint auf eine glaubwürdige Art und Weise den Kundennutzen des Dialogmarketings gegenüber den klassischen Werbeformen wie beispielsweise Plakate, Inserate oder Fernsehen. Mit der Positionierung „Für ein erfolgreiches, messbares Marketing" gewinnt die Post Kunden für das Direct Marketing.

Die Onlinekurse richten sich an Marketing-Verantwortliche und Direct-Marketing-Interessierte aus KMU-Betrieben und Grossunternehmen aller Branchen. Die Empfänger sind Personen mit hoher Entscheidungskompetenz für

Kommunikations- und Marketingbudgets. Aber auch Mitarbeiter aus den Bereichen Verkauf, Werbung, Sponsoring, Personalentwicklung und PR. Die Inhalte richten sich an eine heterogene Zielgruppe (Einsteiger, Fortgeschrittene und Profis im Bereich Direct-Marketing) und sollen den verschiedenen Nutzungsebenen gerecht werden (z. B. Auftraggeber oder Agentur).

Mit dem kostenlosen Onlinekurs „Werbebriefe texten" wird sowohl Grundwissen wie auch vertieftes Fachwissen zum Thema Mailingtexten vermittelt. Die Kursinhalte wurden für Kundinnen und Kunden entwickelt, die ihre Werbebriefe selber texten möchten. Der Kurs bietet aber auch das nötige Rüstzeug, damit Werbe-Auftraggeber vorgelegte Texte besser beurteilen können. Die Beiträge sind sehr praxisnah aufgebaut.

Registrierte Teilnehmende erhalten während fünf Wochen jeweils einmal wöchentlich per E-Mail einen Kursteil in leicht verdaulichen Häppchen serviert. Die Nutzer vertiefen sich in diejenigen Beiträge, die sie besonders interessieren (selektive Nutzung). Dies können verständliche Hintergrundinformationen, praktische Schreibtipps aber auch inspirierende Mailing-Ideen sein. Die Onlinekurse sind auf die Bedürfnisse von Unternehmen ausgerichtet und berücksichtigen stets auch die neusten Erkenntnisse und Entwicklungen im Direct-Marketing.

Die einzelnen Kursteile werden den Teilnehmern als E-Mail-Nachricht übermittelt. 79 % der Leser ziehen das gestaltete HTML-Format dem Text-Format vor. Die verschiedenen Elemente Text, Abbildungen, Grafiken, Tabellen sowie grafische Gestaltungsmittel werden in geeigneter Weise kombiniert. Sie sind schlicht aber ansprechend gestaltet. Auch multimediale Elemente kommen zum Einsatz (z. B. Podcast). Für den Kunden entsteht so ein medienübergreifendes Erlebnis, welches den Eindruck der Marke, des Produkts und der Dienstleistung stärkt. Das Layout ist einspaltig, die Gliederung der Seite und des Textes sowie das Mengenverhältnis von Schrift zu Bildern wird optimal abgestimmt. Die Gestaltung orientiert sich an den Vorgaben der Gesamtkommunikation und berücksichtigt das Unternehmens-CI/CD der Schweizerischen Post.

Die Texte müssen formal und inhaltlich so gestaltet sein, dass die Besucher sie schnell erfassen können und leicht verstehen: Die Texte sind scannbar, kurz und präzis geschrieben sowie objektiv und sachlich gehalten. Untersuchungen haben gezeigt, dass mehr als 80 Prozent aller Internetnutzer Texte nicht sequentiell, sondern selektiv lesen (z. B. Atre 2008). Sie „überfliegen" die Texte also lediglich, lesen sie „quer" und picken die für sie relevanten Informationen rosinenartig heraus. Das Lesen im Internet ähnelt also auf gewisse Weise dem Lesen einer Tageszeitung, allerdings sind die Selektionsmechanismen im Internet noch viel extremer.

2. Werbebriefe im Onlinekurs

Ein Brief ist persönlich und enthält individuelle, für den Empfänger bestimmte Informationen. Dies gilt nicht nur für private Korrespondenz, sondern auch für Werbebriefe. Von allen Mailing-Bestandteilen hat der Brief die grösste Chance, von A bis Z gelesen zu werden. Und selbst wenn er vom Empfänger nur gescannt wird, vermittelt er ihm dennoch das Signal, eine persönliche Botschaft zu erhalten.

Im Auftrag der Post führte die IHA-GfK im Jahr 2004 eine Studie über die Briefkommunikation durch. Diese zeigt die Stärken des Briefs auf und belegt, dass diese Art der zwischenmenschlichen Kommunikation weiterhin Erfolg haben wird. Sogar bei Werbesendungen bevorzugen 60 Prozent der Befragten den persönlichen Brief.[1]

Doch um diesen Erfolg tatsächlich realisieren zu können, muss der Brief gewisse Funktionen wahrnehmen. Er muss die Empfängerin oder den Empfänger beim Namen ansprechen und ebenfalls sofort klar machen, wer die Absenderin ist. Dadurch schafft er eine persönliche Kommunikation und ersetzt damit ein direktes Gespräch. Er vermittelt der Empfängerin oder dem Empfänger den Eindruck, dass es sich um eine persönliche Botschaft und beim beworbenen Produkt oder der beworbenen Dienstleistung um ein persönliches Angebot handelt. Dabei muss er den Nutzen des Angebots auf den Punkt bringen und über die Vorteile (z. B. Wettbewerb, Preisvorteile usw.) bei der Kontaktaufnahme klar informieren. Wichtig ist auch, dass er genau sagt, was die Empfängerin oder der Empfänger jetzt konkret tun soll, um in den Genuss dieser Vorteile zu kommen.

Damit der Brief seine Aufgaben wahrnehmen kann, muss er zahlreiche Anforderungen erfüllen. Denn Werbung gehört zur Kategorie „ungeliebter Lesestoff" und muss deshalb in Sekundenschnelle die richtigen Argumente liefern, um das Interesse des Empfängers zu wecken.

2.1 Texten als Prozess

Im Onlinekurs zum Werbebrief wird Wert darauf gelegt, das Texten als Prozess wahrzunehmen. Schreiben heisst auch zuhören, beobachten, spüren. Dabei sollen alle Sinne miteinbezogen und den Gedanken freien Lauf gelassen werden.

---

1   Vgl. Medienmitteilung Post vom 15.10.2004, http://www.post.ch/post-startseite/post-konzern/
    post-medien/post-medienmitteilungen?year=2004&checksum=72F12FED12BA3DEB99B35A
    66CB8BDC94&viewId=3828&newsId=20380, 11.6.2011

Wir sind alle viel zu wenig daran gewöhnt, beim Schreiben zu hören, zu sehen und zu fühlen. Weil wir meist so schreiben lernen, als ginge es dabei um eine Tätigkeit, die mit unseren fünf Sinnen nichts zu tun hat. In dem Masse, in dem wir uns die herkömmlichen Regeln des Schreibens aneignen, verlieren wir die naive Freude an der Rhythmik der Sprache. Wenn sich Ihr bildliches Denken am Schreibvorgang beteiligt, gewinnt auch Ihr Schreiben an Echtheit. Denn Sie hören dann zugleich mit dem inneren Ohr und sehen mit dem inneren Auge. (Rico 2004: 142)

Diese spontanen, ungeordneten Gedanken soll man aufschreiben ohne sie zu hinterfragen oder zu strukturieren, denn im Rohtext darf man alle Fehler des Textens begehen. Durch kreatives Schreiben kann man einen gehaltvollen Rohtext kreieren, welcher erst in einem nächsten Schritt formal angepasst wird.

Ein guter Text ist das Resultat harter Arbeit; man darf sich nicht zu schnell zufrieden geben, sonst wird ein Text nicht überzeugen und nicht die gewünschten Reaktionen hervorrufen. Für viele ungeübte Schreiberinnen und Schreiber herrscht aber die Vorstellung vor, gleich im ersten Wurf einen griffigen Werbetext aufs Papier zaubern zu müssen.

Vier wichtige Schritte im Prozess lassen sich folgendermassen zusammenfassen:

– Informationen sammeln
– Informationen beiseitelegen und kreativ an einem Rohtext schreiben
– sich in die Zielgruppe hineinversetzen
– alles aufschreiben, was einem einfällt

Über den Schreibprozess gibt es jede Menge Literatur (z. B. Gottschling 2007, Zimmer-Pietz 2000). Und jede Schreiberin, jeder Schreiber hat für sich ein eigenes Vorgehen entwickelt. Es gibt nicht ein richtiges Vorgehen, sondern es gibt Vorgehen, die mehr oder weniger zu einem Individuum passen.

2.2   Konzipieren als Grundlage für das Redigieren

Bevor sich der Texter an die Arbeit machen kann, muss das Grobkonzept des Mailings stehen. Selbst wenn eine Werbeaktion nur aus Brief, Antwortelement und Couvert besteht, lohnt sich die Ausarbeitung eines Konzepts. Nur so lässt sich der rote Faden konsequent durchs Mailing ziehen. Und nur so wirken alle Bestandteile wie aus einem Guss – die beste Voraussetzung für eine klare Leseführung und einen überzeugenden Auftritt.

Folgende Punkte gehören ins Mailing-Konzept:

1. Ziele des Mailings – Welches sind die Ziele der Aktion? Die quantitativen (z. B. Rücklaufmenge) und qualitativen Ziele (z. B. Kundenpflege) der Kampagne müssen gesteckt sein, damit der Brief danach ausgerichtet werden kann.
2. Zielgruppe – Wer sind die Ansprechpartner? Das Kennen der Zielgruppe gehört zu den wichtigsten Voraussetzungen für die Arbeit. Dabei muss man wissen, wer die Zielpersonen sind (z. B. nach Kriterien wie Alter, Geschlecht, Beruf, Interessen usw.), welches deren Wünsche und Bedürfnisse sind und wo die Hemmschwellen liegen. Nur so kann der Text Interesse wecken und auch die Tonalität passt auf die Zielgruppe.
3. Angebotsmix – Was wird den Empfängerinnen und Empfänger geboten? Damit die Leserinnen und Leser den Nutzen des Angebots aufgezeigt werden kann, muss der Mix definiert sein: Grundangebot (Produkt oder Dienstleistung), Ersatzangebot (z. B. Probefahrt, Messeeinladung), Angebotsverstärker (z. B. Rabatte, Gutscheine, Verlosungen, Spezialangebote) und Reaktionsverstärker (z. B. Geschenke für schnelle Reagierer, limitierte Angebote) sind die Zutaten für einen wirkungsvollen Angebotsmix.
4. Kernidee – Welche Idee liegt dem Mailing zugrunde? Die Kernidee dramatisiert den Kundennutzen, erzeugt Aufmerksamkeit und motiviert die Zielpersonen zum Handeln. Sie bildet die Grundlage für die kreative Umsetzung der Kampagne. Der Text nimmt die Idee thematisch und durch passenden Jargon respektive durch die passende Wortwahl auf.
5. Reaktionsmedien – Wie kann der Empfänger reagieren? Telefon, E-Mail, Internet, Fax, Antwortkarte oder SMS: Um die Leserinnen und Leser zum Reagieren motivieren zu können, muss vorher bestimmt werden, welche Antwortwege zur Verfügung stehen.
6. Mailingbestandteile – Aus welchen Elementen besteht das Mailing? Sind die Mailingbestandteile definiert, kann der Brief die Leserinnen und Leser durchs Mailing führen und auf weitere Informationen verweisen.

2.2.1 Die Vorbereitung

Das Konzept liefert wichtige Angaben für den Brief, und zwar aus der Sicht des Anbieters. Die Verfasserin oder der Verfasser eines Briefes soll sich dabei in die Leserin und den Leser versetzen: Welche Sprache sprechen sie? Welches Problem kann das Angebot im Brief lösen? Gibt es möglicherweise Einwände?

Den Kundinnen und Kunden bietet die Schweizerische Post mit dem Schulungsmaterial einen Fragekatalog, der ihnen hilft, die relevanten Informationen zusammenzutragen (vgl. Abb. 1). Diesem Fragekatalog ist auch zu entnehmen, dass die Schulungsunterlagen sehr direkt formuliert sind.

Fragekatalog für die Vorbereitung

Das Konzept liefert wichtige Angaben für Ihren Brief. Und zwar aus der Sicht des Anbieters. Versetzen Sie sich jetzt in die Lage Ihrer Leser: Welche Sprache sprechen sie? Welches Problem kann mein Angebot lösen? Gibt es Einwände? Unser Fragekatalog hilft Ihnen, die relevanten Informationen zusammenzutragen. Danach können Sie die Feder zücken!

Machen Sie sich zu diesen Fragen Gedanken, bevor Sie zu texten beginnen:

— Wer ist die typische Zielperson?

— Welche Sprache, welche Wortwahl eignet sich, um mit ihr zu kommunizieren?

— Wie lange darf der Brief sein, damit meine Zielperson ihn liest? Hat sie tendenziell viel oder wenig Zeit?

— Welches sind typische Wünsche oder Bedürfnisse meiner Zielperson? Wo liegen ihre Interessen?

— Welches könnten die Kaufmotive meiner Zielperson sein?

— Welches «Problem» kann mein Angebot lösen?

Abb. 1: Ausschnitt aus dem Fragekatalog

Natürlich können nicht alle Informationen in den Brief verpackt werden, die auf diese Weise zusammenkommen. Beim Beantworten der Fragen wird aber ein einigermassen geübter Briefschreiber spüren, welche Themen für einen bestimmten Brief relevant sind.

2.2.2 Das Kaufmotiv

Würden Sie einen Luxuswagen kaufen, um schnell genug von A nach B zu kommen? Wohl kaum. Die wirklichen Kaufmotive sind andere: Fahrgefühl, Prestige, Ästhetik, Markenverbundenheit, Technik und so weiter. Für den Brief im Direct-Marketing muss überlegt werden, welche Motive die Adressaten dazu bewegen könnten, das Produkt zu kaufen oder den Service zu nutzen. Denn die Kundschaft interessiert sich nicht für das Produkt und seine Qualitäten, sondern in erster Linie für den persönlichen Nutzen. Die Verfasserin oder der Verfasser des Briefes muss also die Perspektive wechseln und nach dem Nutzen suchen, der aus Sicht der Käuferin oder des Käufers am meisten zählt. Für diesen Perspektivenwechsel muss man aber die entsprechenden Kaufmotive kennen.

Um die tatsächlichen Kaufmotive zu ergründen, braucht es keine teure Marktforschung. Durch einfaches Überlegen kann man erkennen, welche Werte für die Zielgruppe in Zusammenhang mit dem Angebot wichtig sind. Beispiele von Kaufmotiven sind „Geld sparen", „Zeit sparen", „es bequemer haben", „Hunger oder Durst stillen" oder „die Familie beschützen".

2.3 Strukturieren als Ordnung der Textbausteine

Sprachliche Konventionen ändern sich ständig und müssen immer einmal wieder angepasst werden. Es ist darum nicht immer ganz einfach zu entscheiden, welche Elemente in einen guten Brief gehören und wie man diesen kreativ texten kann. Sinnvoll und wichtig ist, Gewohntes zu hinterfragen und Briefe mit zeitgemässen und kreativen Formulierungen „aufzufrischen". Damit man den Ton der Zielgruppe trifft, ist es sinnvoll, sich in seine Zielgruppe zu versetzen. Ältere Personen beispielsweise schätzen das Bekannte, weshalb man hier vorsichtig sein sollte im Umgang mit neuen Schreibweisen. Auch Anrede und Grussform sollen immer zur Tonalität eines Briefes passen.

2.3.1 Briefkopf

Für den Werbebrief ist es wichtig, den Text zu personalisieren, das erhöht das Interesse der Leserschaft deutlich. Dazu gehört aber die korrekte Adresse. Nur so fühlt sich der Empfänger auch ernst genommen. Bei der Werbung an Geschäftskunden ist es am besten, den Namen des Empfängers unter den Firmennamen zu schreiben. Ist der Name nicht bekannt, ist eine Einschubzeile mit der entsprechenden Funktion (z. B. „Leiter/in Marketing") eine gute Alternative.

Bei der namentlichen Ansprache ist die korrekte Schreibweise und die passende Anrede wichtig (vgl. dazu auch Demarmels & Schaffner in diesem Band). Gängige Anreden sind heute „Sehr geehrte Frau Keller", „Guten Tag Herr Koller" oder auch „Liebe Frau Keller". Die Anrede „liebe/r" soll allerdings nur dann verwendet werden, wenn das Unternehmen bereits in einer Beziehung mit der Leserin oder dem Leser steht. Wenn der Name der Zielperson nicht bekannt ist, haben sich folgende Möglichkeiten bewährt: „Sehr geehrte Damen und Herren", „Liebe Kundin, lieber Kunde" oder „Liebe Gartenfreunde" (bei einem Angebot, das sich auf den eigenen Garten bezieht).

Zum Briefkopf gehören auch die Angaben zum Absender. Neben dem Firmennamen und dem Logo sollen dort auch Absenderadresse, E-Mail-Adresse und Website sowie Telefon- und Faxnummer stehen.

2.3.2   Headline

Die Headline ist ein besonders wichtiger Textbaustein des Werbebriefes. Ihr muss darum beim Verfassen eines Briefes besondere Aufmerksamkeit gewidmet werden.

Headline-Technik	Beispiele	Anmerkungen
Wie- oder So-Headline	„Wie Sie abends wieder pünktlich aus dem Büro kommen." „So werden Sie Profi-Texter"	Headlines, die mit „Wie..." oder „So..." beginnen, sprechen die Leserschaft persönlich an.
Einbezug der Zielgruppe	„Für Unternehmensberater unter Zeitdruck: Wie Sie Ihre Präsentationen blitzschnell grafisch aufbereiten"	Vorangestellte Berufsbezeichnungen oder eines spezielle Interessengebiete signalisieren dem Leser auf Anhieb: „Hier geht es um dich!".
Wenn-Dann-Technik	„Präsentieren Sie häufig? Dann können Sie jetzt beruhigt aufatmen."	Die Wenn-Frage thematisiert eine Problematik oder eine Tätigkeit aus dem Leben der Zielgruppe. Der Dann-Satz verspricht dazu eine Lösung, verrät aber nicht zu viel.
Frage	„Wann sind Sie das letzte Mal pünktlich aus dem Büro gekommen?"	Fragen müssen so gestellt werden, dass sie nicht mit „Nein" beantwortet werden können.
Aufforderung	„Nutzen Sie..." „Texten Sie..." „Probieren Sie..."	Der Aufforderungs-Form fehlt zwar die Führung zum Vorteil, dafür sagt sie klipp und klar, was die Leserin oder der Leser tun soll.
News-Wert	„Jetzt steht der neue XY erstmals zur Probefahrt bereit!" „Ab sofort können Sie..." „Neu: ..."	Headlines mit Nachrichten- oder News-Charakter zielen auf das Bedürfnis der Leserin oder des Lesers, zu den ersten zu gehören, auf dem Laufenden zu sein.

Tab. 1: Techniken zum Texten von Headlines

Die Liste in der Tabelle 1 fasst prototypisch die wichtigsten Techniken zum Texten von Headlines zusammen. Natürlich gibt es unzählige weitere Arten, gute Headlines zu entwickeln.

2.3.3 Hauptteil

Der Brieftext hat die Aufgabe, eine Reaktion auszulösen. Dabei soll die Leserschaft logisch und konsequent auf dieses Ziel hin geführt werden. Wichtig dabei ist, dass sie dem Brief gedanklich folgen kann und will. Spannung bis zum letzten Satz ist gefragt. Zwei einfache Techniken können dabei unterstützen. Das Ziel der beiden Techniken ist dasselbe: Das Interesse der Leserin und des Lesers zu wecken und wach zu halten und sie durch einen logischen Textaufbau zur Handlung zu führen. Die Techniken helfen beim Textaufbau, sie sind aber auch ideal zum anschliessenden Strukturieren und Kontrollieren.

Zwei Strukturierungsmethoden haben sich heute durchgesetzt: Die AIDA-Formel und die PPPP-Methode. AIDA steht für *Attention, Interest, Desire* und *Action*. Zuerst muss Aufmerksamkeit geschaffen werden, so dass die Leserin und der Leser tiefer in den Brief einsteigen. Dies kann beispielsweise mit einer gelungenen Headline geschehen. Dann muss das Interesse geweckt werden, das heisst, die Leserin und der Leser müssen neugierig gemacht werden auf das Angebot, so dass sie unbedingt mehr wissen wollen. Dies sollte im ersten Abschnitt des Werbebriefs passieren. Anschliessend muss ein Besitzwunsch generiert werden. Dazu soll das Angebot im Mittelteil des Briefes so vorteilhaft wie möglich beschrieben werden. Schliesslich müssen die Leserinnen und Leser zu einer konkreten Handlung aufgefordert werden. Dies kann am Ende des Briefes erfolgen oder sogar in einem nachgestellten P.S. (Post Scriptum).

PPPP steht für *Picture, Promise, Proof* und *Push*. Diese Methode eignet sich besonders gut für Briefe an Privatkunden und überall dort, wo emotionales Schreiben Wirkung verspricht. Zunächst soll in der Picture-Phase der Leserschaft mit anschaulichen Worten ein positives Bild gemalt werden, beispielsweise von einer sorgenfreien Zukunft. Im Mitteilteil folgt das Versprechen, dass das vorliegende Angebot diese Wünsche erfüllen kann. Bewiesen wird dies durch Zitate von zufriedenen Kunden, Marktstudien, Textresultaten und konkreten Erfahrungen rund um das Produkt. Schliesslich werden am Ende oder auch wieder im P.S. die Leserinnen und Leser zu einer Handlung aufgefordert.

2.3.4 Schluss

Beim Gruss soll auf das langweilige „Mit freundlichen Grüssen" verzichtet werden. Mögliche Grussworte sind heute: „Freundliche Grüsse" (besser als „Mit freundlichen Grüssen"), „Freundlich grüsst Sie", „Herzliche Grüsse" oder „Herzlich" (allerdings nur, wenn das Unternehmen bereits in einer Beziehung mit der angeschriebenen Person steht) und Kombinationen mit Verweisen auf die aktuelle Situation wie beispielsweise Ort oder Wetter (z. B. „Sonnige Grüsse nach Zürich", „Sommerliche Grüsse aus Bern", „Frohe Ostergrüsse" usw.). Je nach Umständen kann der Schlussgruss auch mit Dank („Vielen Dank und freundlichen Grüsse") oder mit weiteren Wünschen (z. B. „Einen schönen Tag wünscht Ihnen") verbunden werden.

Die Unterschrift wird begleitet von ausgeschriebenem Vor- und Nachname, welche unterhalb der Unterschrift gedruckt werden. Hinzugefügt wird auch die Funktion der unterzeichnenden Person. Die Wirkung ist persönlicher, wenn nur eine Person einen Werbebrief unterschreibt.

Schon seit langem ist es üblich, dass Werbebriefe mit einem „P.S." enden. Die Chancen sind gross, dass das P.S. gelesen wird, darum sollte es unbedingt genutzt werden. Es können an dieser Stelle noch einmal die wichtigsten Nutzen wiederholt werden und falls der Angebotsmix einen Angebots- oder Reaktionsverstärker enthält, ist hier auch der Ort, um diese zu erwähnen (z. B. „P.S.: Dabeisein lohnt sich für Sie jetzt doppelt: Alle Teilnehmerinnen und Teilnehmer erhalten ein XY geschenkt!"). Das P.S. eignet sich auch für die Empfehlung von Filialen, zur Bekanntmachung der Website oder für eine zusätzliche Dienstleistung wie Gratis-Musterversand.

2.4 Überarbeiten als Krönung des Textes

Wenn der Rohtext steht, muss er noch in die gewünschte Form gegossen werden. Dazu gehören redaktionelle Tätigkeiten wie strukturieren, ausbauen, ergänzen, umformulieren, bearbeiten und überarbeiten. Verfasserinnen und Verfasser werden jetzt zu Künstlerinnen und Künstlern und malen mit dem Text ein Bild. Sie geben ihm Farbe und Tiefe, betrachten ihn aus verschiedenen Blickwinkeln.

Die Überarbeitung beinhaltet verschiedenste Facetten:

Ein Satz sollte keine überflüssigen Wörter, ein Absatz keine überflüssigen Sätze enthalten. Wie auch eine Zeichnung keine überflüssigen Striche und eine Maschine keine überflüssigen Teile enthalten sollte. Das heisst nicht, dass der Autor nur kurze Sätze schreiben und auf alle Einzelheiten verzichten muss (...) sondern, dass jedes Wort bedeutsam sein soll. (Strunk 1918)

Der Text soll in erster Linie verständlich und anregend sein. Dies kann durch optimale Lesbarkeit, Rechtschreibung, Gestaltung und Hervorhebung erzielt werden.

2.4.1 Lesbarkeit

Die Lesbarkeit hängt dabei unter anderem von der Satzlänge und -komplexität ab. Als Faustregel für Werbebriefe gilt das Maximum von 14 Wörtern pro Satz, wobei sich kurze und längere Sätze abwechseln sollen, damit der Text einen Rhythmus erhält. Schachtelsätze und zu viele Nebensätze sollten grundsätzlich vermieden werden. Ausserdem sollte das Passiv durch aktive Formulierungen ersetzt werden (z. B. statt „Die neue Produktlinie wird geschätzt." besser „Die Kundschaft schätzt die neue Produktlinie.").

Auch die Wortlänge spielt für die Lesbarkeit eine Rolle: Hier gilt die Faustregel von maximal vier Silben pro Wort. Damit ist garantiert, dass die Wörter optisch schnell erkennbar sind. Abkürzungen sowie Mode-, Fach- und Fremdwörter sollten vermieden werden, denn vielleicht sind sie nicht allen Zielpersonen bekannt.

Neben der Wortlänge kommt es auch auf die Wörter selber an: Zu vermeiden sind Floskeln wie „Sie erhalten in der Beilage", „unter Zuhilfenahme" oder „als Erstunterzeichner teile ich Ihnen mit" und Füllwörtern wie „doch", „nun" oder „eigentlich". Bildleere Substantive sollten durch anschauliche Wörter ersetzt werden und der Einsatz von Hilfsverben wie „können", „müssen", „möchten", „dürfen", „wollen", „sollen" oder „würden" sollten immer überprüft werden.

Während negative Begriffe wie „kein Problem", „nein", „nicht" und Wörter mit der Vorsilbe „un-" vermieden werden sollten, kann durch den sorgfältigen Einsatz von positiven Begriffen wie „ja", „gerne", „selbstverständlich", „gratis", „gut", „schnell", „Geschenk" oder „Gewinn" ein leichter Druck erzeugt werden. Durch ausgewählte Adjektive erhält ein Text ausserdem Farbe.

Schliesslich strukturieren Satzzeichen den Text weiter und machen ihn dadurch übersichtlicher. Doppelpunkte, Gedankenstriche, Aufzählungszeichen und Fragezeichen können an passender Stelle eingesetzt werden. Auch Ausrufezeichen dürfen verwendet werden, allerdings nur sparsam. Satzzeichen am richtigen Ort verleihen dem Text Spannung und machen ihn lesefreundlich.

2.4.2   Rechtschreibung

Wenn es die Zeit erlaubt, legt man den Text am besten eine Nacht zur Seite und liest ihn am nächsten Tag mit etwas mehr Abstand noch einmal. So fallen einem Dinge auf, die man vorher nicht bemerkte, weil man durch die Detailarbeit den Text als Ganzes etwas aus den Augen verloren hat.

Die Rechtschreibung ist wichtig, sie steht für die Kompetenz der Verfasserin oder des Verfassers. Nachdem der Werbebrief in Strukturierung und Formulierung vollendet ist, ist der Zeitpunkt gekommen, den Brief zu lektorieren, respektive lektorieren zu lassen. Nichts ist ärgerlicher, als im verschickten Mailing Fehler zu entdecken. Besondere Beachtung ist auch auf die Kontaktdaten wie Telefonnummer, E-Mail-, Web- und Postadresse zu richten.

2.4.3   Gestaltung

Nicht nur inhaltlich, sondern auch optisch soll der Brief zum Lesen einladen. Die Grafik hat zum Ziel, den Brief leicht leserlich zu gestalten und die Leserin oder den Leser zu führen. Alle anderen grafischen Kriterien müssen sich diesen Zielen unterordnen. Schliesslich möchte man mit einem Mailing keinen Schönheits-Wettbewerb gewinnen, sondern etwas verkaufen.

Ein Werbebrief ist ein Brief, mit allem, was dazugehört. So soll er auch gestaltet werden. Damit signalisiert er, dass er eine persönliche Botschaft für die Leserin oder den Leser bereit hält. Weiter müssen auch die Gesetzmässigkeiten des Blickverlaufs beachtet werden: Alle Augen-Haltepunkte müssen positive Signale senden. Ein Foto des Absenders ist sympathisch, allerdings nur, wenn die Person freundlich zum Leser lächelt und den Kopf in Richtung Briefmitte neigt. Ansonsten gilt die Regel: Weniger ist mehr. Alle grafischen Elemente sollen die Aussage des Textes unterstützen.

Auch die Auswahl der Schrift nimmt Einfluss auf die Wirkung: Wichtig ist in erster Linie, dass die Schrift gut leserlich ist. Die Schrift ist teilweise auch von den Vorgaben des Corporate Designs eines Unternehmens abhängig, welche unbedingt zu beachten sind. Ideal sind Schriften mit Serifen (Füsschen) und mit deutlichen Ober- und Unterlängen, wie beispielsweise die Antiqua-Schrift Times. Die Serifen bilden eine feine Leselinie, die dem Auge hilft, in der Zeile zu bleiben. Zur zweiten grossen Schriftfamilie gehören die Grotesk-Schriften wie Arial, Helvetica oder Univers. Viele Unternehmen entscheiden sich heute für eine dieser moderneren Schriften. Wichtig bei Groteskschriften ist, dass der Zeilenabstand gross genug ist. So entsteht zwischen den Zeilen eine weisse Linie, die den Zweck der Leselinie erfüllt.

2.4.4 Hervorhebungen

Hervorhebungen tragen nicht gerade zur Ästhetik von Briefen bei. Sie sind aber eine wichtige Orientierungshilfe für die Leserin und den Leser. sie können so schneller abwägen, ob das Angebot für sie interessant ist und ob sie weiter lesen sollen. Es erhöht die Erfolgschancen, wenn es dem Brief gelingt, das Interesse der Leserschaft durch das Hervorheben positiver Aussagen zu wecken.

Für die Hervorhebung von Textpassagen im Werbebrief sollte man sich auf eine Variante beschränken. Am gebräuchlichsten sind Fettdrucke; für ältere Zielpersonen eignen sich Unterstreichungen. Auf Kursivschriften sollte verzichtet werden – sie sind meist schlechter leserlich.

Weil Leserinnen und Leser zuerst nur die hervorgehobenen Texte lesen, muss darauf geachtet werden, dass diese Textstellen auch genügend aussagen. Sie sollen ausserdem positiv sein und auf Lösungen und Nutzen hinweisen. Vermieden werden sollten dafür wenn immer möglich Umbrüche in den hervorgehobenen Textpassagen. Sollte sich ein Umbruch nicht vermeiden lassen, ist darauf zu achten, dass Aussagen vor und nach dem Umbruch ebenfalls immer noch positiv sind. Insgesamt gilt: Je weniger Hervorhebungen, desto stärker ihre Wirkung.

3. Fazit

Das Konzept der Onlinekurse für die Praxis ist erfolgreich. Kundinnen und Kunden loben die Themen, den Informationsgehalt und die Struktur. Sie seien nicht nur lehrreich, sondern machen auch Spass. Das schwierige an diesen Kursen ist, dass sie sich mit Sprache auseinandersetzen und dass sie darum an ihrem eigenen Inhalt gemessen werden. Umso erfreulicher sind die positiven Rückmeldungen von Kunden.

Im Jahr 2004 wurde der erste Onlinekurs lanciert. Die Kursthemen wurden seither laufend ausgebaut. Die Onlinekurse sind eine innovative Art der Wissensvermittlung (E-Mail-basiertes Lernen) und finden bei den Zielgruppen grossen Anklang. Mittlerweile gibt es unter www.post.ch/dm-onlinekurse 14 Kurse mit mehr als 40'000 Registrierungen. Die Schweizerische Post befähigt damit Ihre Kundinnen und Kunden, selber gute Texte zu verfassen, ihre dialogischen Kompetenzen zu verbessern und letztendlich erfolgreich ihre eigenen Produkte und Dienstleistungen vermarkten zu können.

Literatur

Atre, Jyotsana (2008): Skim, Scan, Scroll. A quick Guide to Web Writing. Petaluma: Unicorn.
Gottschling, Stefan (2007): Stark Texten, mehr verkaufen. Kunden finden, Kunden binden mit Mailing, Web & Co. Wiesbaden: Gabler.
Herschell, Gordon Lewis (2000): Werbebriefe mit Power, 4. Aufl. Landsberg: Moderne Industrie.
Onlinekurs „Werbebriefe texten: http://www.post.ch/dm-onlinekurse, 2.6.2011.
Rico, Garbiele L. (2004): Garantiert Schreiben Lernen. Sprachliche Kreativität methodisch entwickeln – ein Intensivkurs. Reinbek bei Hamburg: rororo.
Strunk, William (1918): III. Elementary Principles of Composition. The Elements of Style. New York: o. V.
Zimmer-Pietz, Helga (2000): Professionelles Texten. Wien: Ueberreuter Wirt.

Gebrauchsanleitungen als Unternehmenskommunikation – Kommunikatoren, Medien und Rezipienten

Clemens Schwender

Gebrauchsanleitungen gehören – gemocht oder nicht – sicher zu den meist gelesenen Texten der Unternehmenskommunikation. Es gibt verschiedene Typen von Lesern: Die Gründlichen arbeiten vor dem ersten Einschalten des neu erworbenen Gerätes die Anleitung durch, die Intuitiven probieren aus und greifen erst zur Anleitung, wenn sie nicht mehr ohne Hinweise auskommen, die Verweigerer greifen nie zur Anleitung, denn sie überlassen auch den Umgang mit der Technik anderen. Wer mit Technik umgeht, kommt an der Anleitung nicht vorbei. Jeder Fahrkarten-, jeder Bankautomat gibt dem Nutzer Hinweise, was er zu tun hat.

Irgendwer muss die Texte schreiben und die Abbildungen herstellen. Nach einer aktuellen Studie (Straub 2010) sind allein in Deutschland über 80.000 Personen damit befasst. Der jährliche Bedarf der Branche liegt bei etwa 3.000 qualifizierten Mitarbeiterinnen und Mitarbeitern. Das Marktvolumen lässt sich mit 9 Milliarden Euro beziffern. Dabei ist zu bedenken, dass der größte Anteil für die industrielle Kommunikation im so genannten „Business to Business" nötig ist. Konsumgüter fallen in diesem Volumen kaum ins Gewicht.

Dass eine Gebrauchsanleitung zum Kauf eines Produktes motiviert, ist unwahrscheinlich, denn der Blick in die beigefügten Druckerzeugnisse kommt meist erst beim Auspacken. Im Rahmen der unternehmerischen Marketing-Strategien kann man Gebrauchsanleitungen der Nachkaufkommunikation (vgl. Mayer & Illmann 2000) zurechnen, deren primäres Ziel die Kundenzufriedenheit ist, die letztlich in Markentreue, Wiederkauf und Weiterempfehlungen münden sollen. Nur ein Kunde, dessen Erwartungen mit dem erworbenen Produkt erfüllt wurden, wird ein Produkt empfehlen. Zufriedenheit kann letztlich nur über die erfolgreiche Nutzung des Produktes erreicht werden. Dabei ist die Anleitung ein idealer Kommunikationsträger ohne Streuverluste, da man praktisch jeden Nutzer damit erreicht. Die erste Begegnung zwischen Produkt und Nutzer ist ein zentraler und heikler Moment, der von den Herstellern und Vertreibern meist ungenügend kommunikativ begleitet wird. Es ist einzig die Gebrauchsanleitung, die den Nutzer in die Handhabung einführt und damit dessen Einstellung zum Produkt beeinflusst. Vom Spielzeugauto bis zum Kraftwerk, vom Überraschungsei bis zum Verkehrsflugzeug, technische Artefakte erklären sich nicht selbst und bedürfen der Erläuterung – auch wenn dies Hersteller und Anwender gerne anders sehen würden. Soweit leibhaftige Lehrer fehlen, müssen Gebrauchsanleitungen die Einführung übernehmen. Lange bestand das Vorurteil, dass diese Textsorte bei den Lesern ein eher schlechtes Image hat und dass und sie von Unternehmern oft stiefmütterlich behandelt wird. Beide Stereotype lassen sich empirisch heutzutage nicht mehr bestätigen.

Technische Dokumentation ist die schriftlich oder bildlich fixierte Darstellung über die Handhabung komplexer Artefakte. Meist, aber nicht notwendig, sind diese Fixierungen dem Gerät gleich beigegeben auf Papier, auf der Verpackung oder als Aufdruck auf dem Gerät selbst. Beim Auspacken erwarten wir die obligate und mittlerweile auch vom Gesetzgeber geforderte Gebrauchsanleitung. Manchmal kann man die Dokumentation auch in einem Buchgeschäft erwerben. Dieser Distributionsweg wird vor allem bei Standard-Software genutzt. Aber was allen Formen, Stilen und Medien gleich ist, ist der enge Bezug zu einem einzelnen Produkt und dessen Handhabung.

Im Folgenden soll der Versuch unternommen werden, Gebrauchsanleitungen im Kontext der Unternehmenskommunikation zu betrachten. Die Aspekte betreffen die oft konfligierenden Rollen mit den komplexen Anforderungen an die Textsorte. Kommunikator, Medium und Rezipienten müssen unterschiedlichen Anforderungen und Erwartungen gerecht werden.

1.   Die Rolle des Kommunikators

Die Sender im Technik-Kommunikationsprozess sind meist Unternehmen. Wie in der Einleitung angedeutet, besteht deren kommunikatives Interesse nach dem Kauf in der Bindung des Käufers an die Marke mit dem Ziel, weitere Zuwendungen zu motivieren. Gleichzeitig ist das Unternehmen verantwortlich für die Einführung in den Umgang mit der Technik, wo auch die Gefahren angesprochen werden müssen. Technikeuphorie, die durch Werbung und andere Marketingmaßnahmen befördert werden soll, steht der Technikangst unversöhnlich entgegen, die sich aus den Gefahren der Nutzung begründet.

1.1 Rechtliche Rahmenbedingungen

Ob ein Unternehmen eine Anleitung dem Produkt beilegt oder nicht, ist ihm nicht überlassen. Es gibt rechtliche Rahmen, die den Unternehmer dazu zwingt. Insofern haben die rechtlichen Rahmenbedingungen Einfluss auf die Arbeit des Kommunikators. Die Bedingungen, dass eine Ware sicher benutzt werden kann, sind im Produkthaftungsgesetz niedergelegt. Damit kommen juristische Dimensionen ins Spiel. Nicht nur die Probleme der Vermittlung sind dabei zu beachten, sondern auch das Problem der Haftung und der Verantwortung bei fehlerhaften Anleitungen stellt sich und muss gelöst werden. Erstmals formuliert sind die juristischen Rahmenbedingungen im „Gesetz über die Haftung für fehlerhafte Produkte" (Produkthaftungsgesetz), das seit dem 1. Januar 1990 in der Bundesrepublik Deutschland in Kraft getreten ist:

> § 3 Fehler. Ein Produkt hat einen Fehler, wenn es nicht die Sicherheit bietet, die unter Berücksichtigung aller Umstände, insbesondere
> a) seiner Darbietung,
> b) des Gebrauchs, mit dem billigerweise gerechnet werden kann,
> c) des Zeitpunktes, in dem es in den Verkehr gebracht wurde,
> berechtigterweise erwartet werden kann.

Das Gesetz bezieht europäische Normen bereits mit ein und wurde in Hinblick auf die Europäisierung des Marktes formuliert

Unter § 3 a) ist der entscheidende Ausdruck, denn unter die „Darbietung" fällt die Präsentation in schriftlicher und bildlicher Form – also in Form der Gebrauchsanleitung. Die möglichen Fehler werden im Weiteren einzeln aufgeführt. Unter der Beschreibung der Fehlerkategorien findet sich folgende Definition, die sich auf Gebrauchsanleitungen bezieht. Die juristische Fachliteratur führt aus:

> Instruktionsfehler fallen unter den Begriff Darbietung in Abs. I Buchstabe a. Sie bestehen in mangelhaften Gebrauchsanweisungen und/oder nicht ausreichender Warnung vor gefahrbringenden Eigenschaften, die in der Wesensart der als solche fehlerfreien Sache begründet sind. Aus diesem Grund muss der Benützer auf die korrekte Handhabung und auf bestehende Gefahr, die entstehen kann, hingewiesen werden. Die Instruktionen müssen deutlich und ausreichend sein, das heißt gegebenenfalls dem Produkt selbst beigegeben werden, und sie müssen vollständig sein, das heißt, gegebenenfalls muss außer dem Hinweis auf Gefahr auch angegeben werden, wie das Produkt gefahrfrei zu verwenden ist, welche Vorsorgemaßnahmen zu treffen und welche Verwendungsart zu unterlassen ist. Dabei ist nicht nur auf den bestimmungsgemäßen Gebrauch, sondern darüber hinaus auf den naheliegenden Gebrauch, also auch auf eine nicht ganz fernliegende versehentliche Fehlanwendung und naheliegenden Missbrauch abzustellen. Was auf dem Gebiet allgemeinen Erfahrungswissens liegt, braucht nicht zum Inhalt einer Gebrauchsanweisung oder Warnung gemacht zu werden; gilt auch für Montageanweisung. Auf die Gefahr einer missbräuchlichen, völlig zweckfremden Anwendung muss nicht hingewiesen werden. Eine Warn- und Hinweispflicht kann schon dann bestehen, wenn ein zur

Abwendung von Gefahr bestimmtes Produkt nicht gefährlich, sondern unter bestimmten Voraussetzungen nur wirkungslos ist, den Benutzer aber im Vertrauen auf die Wirksamkeit von der
Verwendung eines anderen, wirksamen Produktes zur Gefahrenabwendung absieht. (Polandt
1991: 2531)

Hier findet sich ausdrücklich der Begriff der Produktdarbietung als Überbegriff
der Instruktion. Darüber hinaus werden Anleitungen für Zusammenbau und
Wartung sowie die Anweisung für den Gebrauch des Produktes explizit genannt. Konkrete Ausführungen, wie die Gestaltung zu erfolgen hat, damit den
Anforderungen Rechnung getragen ist, kann man von Juristen nicht erwarten.
Erst vor Gericht ist im Streitfall zu klären, ob die Darbietung den Forderungen
gerecht wird. Die Definition ist zielgerichtet. Die Bedingungen sind erfüllt,
wenn der Schaden, der ausgeschlossen werden soll, nicht eintritt. Für Juristen ist
der Fall damit abgeschlossen.

1.2   Die Intentionen des Kommunikators

Die Gebrauchsanleitung ermöglicht eine Begegnung von Unternehmen und
Käufer nach dem Kaufakt. Auf Seiten des Unternehmens steht das ökonomische
Interesse weiter im Fokus. Immerhin kann die Anleitung als Wettbewerbsvorteil
im After-Sales-Bereich genutzt werden. Denn nur die Anleitung ist noch bei
dem Kunden, wenn der Verkäufer keine Argumente mehr nachlegen kann. Die
Betreuung nach dem Kauf ist gerade bei teuren Prestigegütern von besonderem
Interesse, denn die Kaufreue, die Frage: „Habe ich auch das richtige Produkt
erworben?" quält so manchen, der sich zwischen mehreren Produkten entscheiden musste (Petersen 1984: 29). „Wir gratulieren Ihnen zum Kauf Ihres neuen
Gerätes" steht immer wieder mal auf der ersten Seite der Anleitung und bezieht
genau diesen Aspekt ins Kalkül. Die Kaufentscheidung soll bestätigt werden.
Wenn der Rest des Textes dann Zweifel aufkommen lässt, war die Vorrede
vergebens. Ein anderer Aspekt konkurrierender Hersteller ist die Wichtigkeit
des ersten emotionalen Eindruckes, der über den weiteren Umgang mit dem
Gerät entscheidet. Vermittelt eine Anleitung Unübersichtlichkeit, undurchdring-
liche Fülle und unvermittelbare Komplexität, kann sich dieser Eindruck schnell
auf das Gerät übertragen. Der Kommunikator sollte daher die Sichtweisen,
Emotionen und Motive des Rezipienten in die Endverbraucherdokumentation
einbeziehen.
    Die Gebrauchsanleitung hat im Marketing-Mix eine wichtige Rolle, da sie
in der entscheidenden Phase der Produkteinführung und der Produktnutzung den
Kunden begleitet (Schmidt 1996: 86). Bereits für den Moment des Auspackens
noch vor der Inbetriebnahme liefern die ersten Seiten der Anleitungen bisweilen

eine komplette Checkliste der Teile, die mitgeliefert werden sollten. Eine erste Vergewisserung kann auf Seiten des Kunden stattfinden. Unterschiedliche Abteilungen der betrieblichen Struktur könnten bei der Erstellung eingebunden sein: Neben der Rechtsabteilung hat das Marketing ein großes Interesse an einer Gestaltung, die ihre Bedürfnisse umsetzt. Meist ist die Abteilung, die die Texte erstellt, in der organisatorischen Nähe der Produkte angesiedelt. Im Rahmen der Produktnutzung sind verschiedene Abteilungen mit der Technischen Dokumentation befasst (Straub & Schmitz 2010). Dazu gehören im engeren Sinn Montage- und Installationsanleitung, Inbetriebnahmeanleitung, Bedienungs- und Gebrauchsanleitung, Handbuch und Online-Hilfe, aber auch Trainings- und Schulungsunterlagen, oder Benutzeroberfläche der Geräte mit Bedienelementen und deren Beschriftungen bis zu Softwarebeschreibungen bei Computerprogrammen.

1.3   Der technische Redakteur

Die Personen, die die Anleitungstexte letztendlich schreiben und gestalten, sind die technischen Redakteure. Sie hinterlassen ihre Spuren im Kommunikationsprozess. Darum greifen Definitionen, die diese Seiten ungenügend reflektieren, zu kurz. Auf sich gestellt, stellt der Autor der technischen Beschreibungen über das Unwissen der Techniknutzer Vermutungen an. Er macht sich und sein Wissen zum Maßstab. Gebrauchsanleitungen merkt man allzu oft – und das kann die historische Betrachtung belegen – die geistige Verfassung ihres Urhebers an (Schwender 1997). Dessen Ausbildung und Vorstellung über Technik fließen in Formulierung und Gestaltung ein. Diese ist in der Regel nicht identisch mit dem Bewusstsein der Käufer und Nutzer technischer Geräte. Die Schwierigkeit besteht darin, dass der technische Redakteur, von dem man annehmen kann, dass er die Technik, die er beschreibt, gut verstehen, sich nur schwer in Nutzer hineinversetzen kann, die nur geringes oder kein Verständnis für die technischen Hintergründe haben.

Der technische Autor hinterlässt seine Spuren manchmal explizit, manchmal mehr subtil. Spannend ist die Rolle, die er sich selbst zuschreibt. Wie taucht er in der Anleitung auf? Mit welchem Selbstverständnis erteilt er Instruktionen? Als Quelle können die Anleitungen selbst dienen oder es gibt Dokumente in Aktenbeständen, in denen die Verfasser idealerweise ihre Gedanken, Zweifel und Motivationen niedergelegt haben. Dazu können Richtlinien der Geschäftsführung zählen, Anordnungen, welche Schlussfolgerungen aus Beschwerden zu ziehen sind oder Ergebnisse aus Tests und Befragungen (Schwender 1997).

Zudem bietet die Methode der „oral history" Zugänge in Form der Befragung von Verantwortlichen und Ausführenden (Schwender 1993).

Prinzipiell stellt sich die Frage, wo Technische Redakteure ihre Kompetenz erworben haben, denn eine Ausbildung gab es nicht. Es gab das Vorurteil, dass es strafversetzte Mitarbeiter anderer Abteilungen waren, die dort Misserfolg hatten. Auch andere Gründe sind denkbar. Dazu zählen betriebliche Umstrukturierungen, das Auslaufen von Produktlinien, das Schließen von Abteilungen oder andere Maßnahmen, die Mitarbeiter freisetzten. Ihnen wurde dann das Angebot gemacht, in die Dokumentationsabteilung zu wechseln. Beispiele konnten das belegen (Schwender 1993). Ein weiterer Grund, die Verantwortung für das Verfassen von Anleitungstexten zu übernehmen, lag in der erworbenen Expertise. Wer sich einmal bereit erklärte, die Dokumentation zu verfassen, galt das nächste Mal bereits als Experte und bekam die Aufgabe erneut zugewiesen. Die ersten technischen Redakteure waren in aller Regel die Produktentwickler Sobald der eine oder andere Erfahrungen auf dem Gebiet hatte, wurde er regelmäßig für die Erstellung der Texte angefragt. Erfahrung heißt in diesem Fall nicht, dass die Mitarbeiter Kompetenzen entwickelt haben, sondern lediglich, dass sie die Arbeit zuvor schon einmal erledigt hatten. Im Vergleich zu denen, die keinen Bezug zur Texterstellung hatten, waren sie Experten. Die einzige Konsequenz die die Mitarbeiter mitbrachten, war ihr technisches Wissen. das die Grundlage für die Texte lieferte. Die Mitarbeiter schufen sich ihre Standards selbst. Weiterbildungsmöglichkeiten wurden kaum angeboten, da auch hier ein entsprechendes Angebot fehlte.

Diese Situation hat sich erst 1978 mit der Gründung der tekom, der Gesellschaft für technische Kommunikation (www.tekom.de), geändert. Der Berufsverband mit Sitz in Stuttgart vertritt seitdem die Anliegen der Branche. Ende der 1980er Jahre gab es die ersten Tagungen, wo sich die Kollegen treffen und fachlich austauschen. Eine Zeitschrift wurde gegründet, die aktuelle Trends vorstellt und diskutiert (Hennig 1997). 1999 begann die tekom zwei Buchreihen unter der Leitung von Jörg Hennig und Marita Tjarks-Sobhani herauszugeben: „Schriften zur Technischen Kommunikation" und „Hochschulschriften". Dort werden Hinweise für die praktische Arbeit gegeben, Studienergebnisse publiziert, aber auch herausragende Abschlussarbeiten auf dem Gebiet veröffentlicht. Seit 1991 gibt es einen universitären Studiengang, wo man „Technische Redaktion" belegen kann.

Ein wichtiges Anliegen des Verbandes ist die Aus- und Weiterbildung aller, die im Bereich tätig sind (Fritz & Noack 2007: 61). Eine ganze Reihe von Berufsfeldern gehören zum Kompetenzspektrum der Technischen Dokumentation: Neben Technischen Redakteuren und Illustratoren auch Übersetzer, Lektoren, Fachjournalisten, Fachleute für Multimedia und Video, sowie Typografen (Fritz

& Noack 2007: 117f.). Die Fachhochschule Hannover war die erste, die das Fach akademisch fundiert anbot. Im Jahre 2010 finden sich im deutschen Sprachraum mehr als zehn grundständige Studiengänge, die sich explizit mit Technischer Dokumentation befassen. Bis auf zwei Ausnahmen an der RWTH Aachen und an TU Chemnitz sind die meisten davon an Fachhochschulen zu finden, was Konsequenzen hat: Zum einen liegt der Schwerpunkt eher auf technischen als auf sprachlichen und kommunikativen Studieninhalten. Die Philosophie ist dabei, dass man Techniker mit Schreibkompetenzen ausbildet. Auch eine andere Vorgehensweise wäre denkbar, nämlich die kommunikativen medienvermittelnden Kompetenzen in den Vordergrund zu stellen und die Technik als Inhalt zu begreifen, der mit journalistischen Methoden zu erschließen ist. Diese beiden paradigmatischen Sichtweisen erfordern jeweils unterschiedliche Lehrkonzepte. Im ersten Fall würde man Fächer wie Maschinenbau, Elektrotechnik oder Mathematik als Pflicht ausweisen, im zweiten Fall würden Fächer wie visuelle Kommunikation oder Medien- und Kommunikationswissenschaft im Zentrum stehen. Im ersten Fall würde man sich an Ingenieure richten, im zweiten an Lehrer oder Journalisten.

Zum anderen wird durch das höhere Deputat der Lehrenden an Fachhochschulen mehr Wert auf Lehre als auf Forschung gelegt, was einer praxisnahen Berufsausbildung zuträglich ist. Grundlagenforschung kommt dann meist zu kurz. In der Tat ist die Forschungsliteratur zur Technischen Dokumentation überschaubar. Auf kommunikationswissenschaftlichen Tagungen und in der Fachliteratur kommt das Thema kaum vor. Auf Tagungen der Technischen Redakteure und in deren Fachpublikationen geht es eher um praktische Tipps als um Ergebnisse von Grundlagenforschung.

2. Die Gebrauchsanleitung als Medium – Aspekte einer Definition

Vom kleinen Zettel bis zur vielbändigen Dokumentation sind die Anleitungen den Produkten beigefügt. Sie gehören zum Lieferumfang. Man bezeichnet sie in ihrer Printversion als Gebrauchsanleitung. Die Definition der Textsorte ist dennoch nicht trivial, denn die Abgrenzungen zu ähnlichen Formen scheinen kleinlich, sind aber nützlich, um die Rolle im Kontext der Unternehmenskommunikation zu beschreiben.

Gebrauchsanleitungen sind Sonderfälle von Handlungsanweisungen (Schwender 1999). Es handelt sich nicht um Gesetze, Gebote und allgemeine Verhaltensregeln. Einig wird man sich sein, dass einerseits immer ein Bezug zu einem Artefakt gegeben sein muss, dessen Verwendung beschrieben ist, und anderseits eine Fixierung auf einem Speichermedium gegeben sein muss, um die direkte mündliche Weitergabe in einer Lehrer-Schüler-Situation aus der Definition auszuschließen. Der Oberbegriff Technische Dokumentation umfasst auch Stücklisten und Ersatzteilkataloge, doch auch die sollen außen vor bleiben. Das Erlernen einer Technik ist ausschlaggebend. Damit wird man den Ursprung der Gebrauchsanleitung da zu suchen haben, wo die Rolle des Lehrers von bildlich oder schriftlich fixierten Zeugnissen übernommen ist. Dabei ist die Form der Darstellung ziemlich gleichgültig. Ob in schriftlicher oder in bildlicher Form, ob dialogisch, in Reimen oder gesungen; all dies spielt – wie noch zu zeigen sein wird – keine Rolle. Die Gebrauchsanleitung definiert sich über den Verwendungszusammenhang und die Intention sowohl des Kommunikators als auch des Rezipienten.

„Technische Dokumentation", schreiben Hoffmann und Schlummer (1990), „ist die strukturierte Sammlung aller notwendigen und zweckdienlichen Informationen über ein auf technischem Wege hergestelltes Produkt und seine Verwendung." Diese Definition ist weit gefasst. Grenzbereiche sind eingeschlossen.

Wo fängt die Gattung an? Beim Kochbuch? Der erste Zugang scheint viel versprechend, denn immerhin wird eingeführt in den Umgang mit Zutaten. Auch von Kochgeräten und Kochmaschinen ist die Rede, und dass das Produkt – etwa ein Kuchen – auf technischem Wege erstellt ist, ist nicht zweifelhaft. Jedoch wird nicht gesagt, wie man mit ihnen umgeht. Dass zum Beispiel der Herd auf 200 °C vorzuheizen ist, wird erwähnt, aber nicht, wie man diese Einstellung vornimmt. Das „Wie" des Umgangs ist offenbar der Inhalt der Gebrauchsanleitung.

Auch Klaviernoten scheinen dem ersten Anschein nach einige Bedingungen der Definition zur Gebrauchsanweisung zu erfüllen. Steht da nicht, welche Taste man wie lange drücken soll? Geht es nicht um Handlungsanweisungen im Umgang mit einem Artefakt? Die Art der schriftlichen Fixierung mag für manche zwar etwas fremd scheinen: Schlüssel, Noten, Pausenzeichen. Möglicherweise kommt man auch wieder über die Intention zum Unterschied: Beim Spielen eines Musikinstrumentes ist das Ziel beim Spielen erreicht. Der Prozess ist das Ziel. Anders bei einer Anleitung zu einem technischen Artefakt. Man setzt dort das Gerät ein um eines Ergebnisses willen. Ein Output scheint ein wesentliches Kriterium zu sein. Man liest die Anleitung, um mit einer Kamera Bilder machen zu können, sich mit einem Rasierapparat rasieren zu können, mit einer Nähmaschine die Beine einer Hose kürzen zu können.

Wesentlich ist, dass Technik erlernt werden muss. Ihr Gebrauch ist in der Regel nicht angeboren. Sie ist also erklärungsbedürftig. Technik und die Anweisung zu deren Gebrauch gehören notwendig zusammen. Lehrer vermitteln den Lernenden mit allen mündlichen oder visuellen Mitteln, die der Technik-Vermittlung offenstehen. Vor allem das Vormachen ist ein wichtiges didaktisches Mittel.

Also ein Problem der Sprache? Helfen die Linguisten weiter mit einer Einordnung in Textsorten, die die Merkmale der Instruktionstexte als „monologisch, schriftlich fixiert, fachextern, pluralistisch adressiert, nichtverbales Handeln als Ziel, Warencharakter" (Möhn 1991: 196) aufzählen? Diese Definitionen sind in mancherlei Hinsicht zu kurz gegriffen, denn weder monologisches noch nichtverbales Handeln, noch die schriftliche Textfixierung sind notwendige Bestandteile einer Gebrauchsanleitung, wie sich leicht an Gegenbeispielen aufzeigen lässt: Anleitungen enthalten mitunter Bilder und Piktogramme und verzichten bisweilen weitgehend auf Text. Anleitungen zum Telefonieren enthielten zu Beginn auch Hinweise zum verbalen Handeln, Anleitungen für einen Bosch-Kühlschrank der 50er Jahre richteten sich dialogisch an die Hausfrau, eine Audio-Cassette mit Anleitungen für einige Funktionen des Mercedes Benz der S-Klasse hat keine pluralistische Erzählhaltung, sondern adressiert einen einzelnen Zuhörer als Rezipienten, der die beschriebenen Handlungen ausführt, während er hört: „Herzlich willkommen in Ihrem neuen Mercedes. Wenn Sie jetzt in Ruhe Platz genommen haben, die Passform der neuen Sitze und die Griffigkeit Ihres Lenkrades spüren, dann stellt sich wahrscheinlich sehr schnell das Gefühl ein: Alles passt – dass man alles mühelos in der Hand hat. Und wenn Sie die vielen Details um sich herum wirken lassen, werden Sie merken: Alles sitzt optimal, ergonomisch richtig, wie unsere Konstrukteure sagen." – Danach Musik, die den unterhaltsamen Charakter der Anleitung unterstreicht (Audio-Cassette Mercedes Benz S-Klasse).

Nicht einmal ein prosaischer Stil ist notwendiges Erkennungsmerkmal: 1883 gab es eine Gebrauchsanleitung zum Telefonieren als Gedicht in Reimen. Damit wird ein allgemeines Problem der Technikvermittlung angegangen: Wie kann man sich all die komplexen Inhalte besser merken? Eine mögliche Antwort ist das durch Reime unterstützte Auswendiglernen von Handgriffen, Verfahren und Begriffen für Geräteteile, die in keinem selbsterklärenden Zusammenhang stehen.

Zum Hören stellst Du Dich davor
Und hältst dabei Dein rechtes Ohr
Vor jene Oeffnung an der Wand,
Dieweil Du mit der linken Hand
Das lose Instrument erfaßt
Und links ans Ohr geführet hast.
Beim Sprechen bleibet, wie zuvor,
Das lose Instrument am Ohr;
Gesprochen wird in jenes Loch,
Das am Gehäuse gähnt; jedoch
Darf man das süße Lippenpaar

Nicht gegen drücken ganz und gar:
Man läßt dazwischen klüglich frei
An Centimetern fünf bis drei.
(Fernsprechregeln oder der Angeschlossene, wie er sein soll, 1983.)

Eine andere Lösung schlägt der unbekannte Schreiber des 1420 erschienenen „Feuerwerkbuches" vor: „der maister sol auch kunden schreiben vn lesen" (Plaumann 1997). Die Begründung ist einfach:

> weil der Stücke so viel sind, die dazu gehören, die ein jeglicher guter Büchsenmeister können soll und die ein Meister ohne Schrift nicht in seinem Sinn behalten kann, darum so steht hernach geschrieben alles, was dann dazu nützlich und notdürftig ist. Das Buch dient also der Gedächtnisstütze, da das Wissen eines guten Büchsenmeisters so umfassend sein muss, dass es ohne schriftlich fixierte Hilfe nicht behalten werden kann. (Plaumann 1997: 58f.)

Eines der wenigen erhaltenen Exemplare weist auf einigen Seiten Brandspuren auf: ein Hinweis darauf, dass es vor Ort in der Werkstatt aufgeschlagen benutzt wurde. Dies ist ein deutlicher Zusammenhang von Technik und Technischer Dokumentation und damit ein wichtiger Hinweis zur Definition dessen, was eine Gebrauchsanleitung ist, nämlich zielgerichtet und ergebnisorientiert. Wenn die Technik so komplex ist, dass man sich nicht mehr alles merken kann, legt man die Anleitung eben daneben und lässt sich Schritt für Schritt instruieren.

Bei der Abgrenzung der Fachtextsorte Gebrauchsanweisungen suchten Linguisten nach dem Anteil von fachsprachlichen Begriffen. Doch eine Definition dessen, was ein Fachwort sein soll, ist kaum möglich. Es gibt wohl keinen Bereich, in dem man keine Fachwörter findet, ob in der Küche, auf dem Schulhof oder auf dem Fußballplatz. Es wird bei der Beschreibung versucht, Fachleute von Laien abzugrenzen, was genauso scheitern muss. Bei der Vermittlung von Technik kommt noch ein Aspekt hinzu: Es mag sein, dass jemand auf einem Gebiet Fachmann oder Fachfrau ist, in einem Bereich ist er oder sie aber Laie, nämlich in der Anwendung des neues Gerätes. Als Fachkraft in einem Supermarkt ist der EAN 13 ein geläufiger Fachbegriff, aber die Bedienung der Maschine, die eine dreizehnstellige „Europäische Artikel Nummer" auf einen Aufkleber druckt, ist unbekannt und erfordert das Erlernen der Handhabung. Wenn man ein Gerät vor sich hat, kennt man möglicherweise die Ziele und hat Vorstellungen vom Ergebnis, aber keine Idee vom Umgang und den richtigen Bedienschritten, die zum Ergebnis führen. In gewisser Hinsicht ist man Fachfrau oder -mann, und in einer anderen Hinsicht ist man Laie. Und der Adressat einer Gebrauchsanleitung ist in einer Hinsicht auf jeden Fall ein Laie, nämlich im Hinblick auf den Umgang des beschriebenen Gerätes.

Das heißt, nicht so sehr Form und Inhalt bestimmen darüber, was eine Gebrauchsanleitung ist, sondern vielmehr, was der Schreiber intendiert und was der Leser erwartet. In Anlehnung an die kommunikativ-pragmatische Fachtext-typologie von Susanne Göpferich (1995) muss man Gebrauchsanleitungen primär als pragmatische Einheiten sehen, die erfüllt sind, wenn ihre kommunikative Funktion erfüllt ist.

Ein wichtiger Schub in der Verbreitung der medial fixierten Anleitung stellt sicherlich die Industrialisierung dar. Die Nutzung der Dampfkraft brachte eine Vielzahl von Maschinen hervor, deren Beschreibung von den Erfindern zunächst aus patentschutzrechtlichen Gründen angefertigt wurden und dann Grundlage für die gedruckten Beigaben zu den Maschinen waren, die aufgrund der räumlichen Trennung von Produzent und Konsument erforderlich waren. Zusätzlich wurden die Betreiber noch intensiv vom Hersteller in den Gebrauch der Maschinen eingeübt. Als die erste Eisenbahn in Deutschland 1835 zwischen Nürnberg und Fürth verkehrte, sorgte der englische Lokführer und Maschinenmeister William Wilson für den kompetenten Umgang mit der Dampfkraft (Schwender 1999: 12).

Nicht immer war der Hersteller oder ein Repräsentant für Rückfragen zu erreichen. Durch die industrielle Massenproduktion von technischen Gütern waren die Produzenten gezwungen, neue didaktische Wege zu beschreiten. Die Anleitung wurde zum Massenmedium (vgl. Maletzke 1963): Disperses Publikum, zeitlich versetzte und ein nicht örtlich gebundener Konsum der Waren und Rezeption der Beilagen wurden für Produkte immer mehr die Regel.

Aus heutiger Sicht lassen sich weitere entscheidende Einflüsse bei der Dynamik der Verbreitung und Gestaltung ausmachen. Eine besondere Notlage im Anlernen von Arbeitskräften ist als Meilenstein zu betrachten. Der Siemens-Angestellte und Hobby-Historiker Walter Ganz berichtet:

> Wir bekamen schon zu Anfang der sechziger Jahre Betriebsanleitungen von US-Firmen. Diese haben wir sorgfältig studiert und festgestellt, dass wesentlich genauere Angaben mit sehr vielen Bildern gemacht wurden. Für uns fast selbstverständliche Dinge wurden dort sehr genau erläutert. Nun ist das auch darauf zurückzuführen, dass während des Zweiten Weltkrieges die Rüstungsproduktion in den USA sehr stark angekurbelt wurde, und dass man mit angelernten Arbeitskräften auskommen musste. Diese hatten nicht jene gründliche handwerkliche Ausbildung wie bei uns, sondern sie mussten nach Vorschrift, nach Anleitungen arbeiten. Um Fehler zu vermeiden, wurden damals in den USA sehr ausführliche Arbeitsanweisungen für jeden Arbeitsplatz erstellt, mit zahlreichen Abbildungen, die mehr oder weniger fast jeden Handgriff genau zeigten, vor Gefahren warnten und auf mögliche Fehler hinwiesen. Das galt nicht nur für die Herstellung von Teilen im Werk, sondern auch für die Montage innerhalb und außerhalb des Werkes. Auf diese Erscheinung ist es zurückzuführen, dass die Anleitungen so ausführlich geworden sind. Da sie sich bewährt hatten, wurde das beibehalten. (Schwender 1999: 13)

Einen weiteren Bedarf nach Instruktionstexten löste die fortschreitende Elektrifizierung der Städte und privaten Wohnungen und die damit einhergehende Ausstattung der Haushalte mit Elektrogeräten aus: Kühlschrank, Waschmaschine und elektrischer Herd in der Küche, Radio, Plattenspieler und Telefon in der Wohnstube. Damit musste auch eine neue Zielgruppe medial erschlossen werden: Der technische Laie, der neue Anforderungen an die Autoren von Instruktionstexten stellte.

Erwähnt werden sollte noch eine wichtige Triebfeder, die zu mehr Bewusstsein bei den Produktherstellern für die Technische Dokumentation geführt hat. Das unabhängige Institut „Stiftung Warentest" untersucht in vergleichenden Experimenten die Qualität von Produkten. Unter der Kategorie „Handhabung" findet sich die Bewertung der Gebrauchsanleitung. Die Note, die das Institut vergibt, ist ein – vielleicht sogar der entscheidende – Faktor, mit dem ein Unternehmen seine positiv beurteilten Produkte vermarkten kann. Schlechte Noten bieten Anlass, die entsprechenden Aspekte zu optimieren.

3.   Technik-Nutzer und Käufer als Rezipienten der Gebrauchsanleitung

Die Grundlage der bisherigen Definitionsversuche waren Kommunikator und Inhalt der Texte. Die Rolle des Rezipienten ist definiert als die eines Lesers, der die Anleitung nicht zum Selbstzweck oder zur Unterhaltung liest, sondern um sich in die Lage zu versetzen, mit einem Artefakt umzugehen. Sie beschreiben, was sein soll, aber nicht das, was ist. So besagt ein Spruch aus der Beschreibungsbranche: „Nachdem man das Gerät versteht, kapiert man endlich die Anleitung." Nicht nur die Witze, die man über Anleitungen macht, auch die empirischen Arbeiten zum Verstehen der Technikerläuterungen bestätigen, dass die Benutzer oft ratlos vor den Texten und Abbildungen sitzen. Offensichtlich gibt es einen Widerspruch zwischen den Absichten des Verfassers einer Anleitung und dem, was der Rezipient versteht. Diese Diskrepanz scheint den Texten immanent zu sein.

Bei der Frage nach dem Rezipienten muss an die Kontextabhängigkeit von Kommunikation und Verstehen erinnert werden. An einem Beispiel sei dies demonstriert: Der Ausruf „Mutter! Salz!" ist nur im Zusammenhang der Situation zu decodieren und bietet ohne diesen Verweis die Möglichkeit einer Vielzahl von Missverständnissen. Es könnte sich um die Aufzählung und um das Verlangen nach zwei Dingen handeln. Wobei das Gegenstück zu einer Schraube in einer Eisenwarenhandlung und Salz in einem Chemielabor als Allgemeinbegriffe zu unspezifisch sind und erst durch Nachfrage konkretisiert werden können. Oder der erste Teil des Ausrufes spricht eine Person in Hörweite an, die den Auftrag erhält, Salz zu beschaffen. Wenn weibliche Personen, die den Begriff auf sich beziehen, anwesend sind, müssen diese entscheiden, welche gemeint ist. Ob leibliche oder Adoptivmutter oder gar Mutter Oberin muss aus der Situation – einem erklärenden Fingerzeig oder Blick – erschlossen werden. Nicht weniger vielfältig ist der Schrei nach Salz. Geht es ums Frühstücksei, um das Nachfüllen einer Spülmaschine oder bei Neuschnee um das Streuen von Gehwegen. Man entschuldige die ökologisch unkorrekte Verwendungsweise, aber als Beispiel ist die Verwendung unbedenklich. Es geht also nicht nur um Objekte, sondern auch um das, was diese an Vereinbarungen, Emotionen und sonstigen Deutungen implizit mittragen. Damit ist ein weiteres Feld für Missverständnisse aufgezeigt, denn Menge und Darreichungsform von Salz sind auch kulturabhängig. Der Adressat der Botschaft muss nämlich wissen, wie man normalerweise mit dem Objekt umgeht. Damit erfolgt ein Verweis auf das allgemeine Hintergrundwissen. Gemeint ist die Möglichkeit zu kommunizieren, ohne ständig bekanntes Wissen zu zitieren, das, was wir bisweilen bereits als Kinder lernen und das durch kulturelle Kommunikation ständig revidiert und erweitert wird. Es geht um ein Wissen, das so selbstverständlich scheint, dass es nicht einmal im Lexikon verzeichnet ist. Zentral sind für Handeln und Verstehen im Zusammenhang mit Technik auch Situation und Kultur, also Umstände, die in der medial fixierten Form der Technikdarbietung schwer zu vermitteln sind und allzu oft unterschlagen werden. Der Kommunikator muss entscheiden, was dem Rezipienten an Hintergrundwissen mitzuteilen ist. Unterschiedliche Kulturen, ja unterschiedliche Welten begegnen sich. In Seminaren, die in Technische Dokumentation einführen, machen sich die Dozenten den Spaß, die Teilnehmer beschreiben zu lassen, wie man ein Streichholz aus einer Schachtel nimmt und es anzündet. Ein Vorgang, der eigentlich keiner Beschreibung bedarf, wird zum Problem. Offenbar fällt es dem Beschreiber schwer, alltägliches Verhalten adäquat zu fixieren und didaktisch aufzubereiten.

„Die Welt des Glücklichen ist eine andere als die des Unglücklichen", schreibt Ludwig Wittgenstein (2001: Satz 6.43) und es ist zu ergänzen: „Die Welt des Technikers ist eine andere als die des Laien". In der Welt des Technikers sind Schrauben und Muttern alltägliche Gegenstände, die keiner besonderen Erklärung bedürfen. In der Welt des Laien ist der Umgang mit Knöpfen und Schaltern nicht als selbstverständlich vorauszusetzen. Damit ist die Beschreibung und Handlungsanweisung in Bezug auf Technik zentral ein Darstellungs- und Vermittlungsproblem.

Eine gültige Definition der Gebrauchsanleitung muss diesen Umstand mit bedenken. Denn die bloße Aussage, dass die medialen Fixierungen den Umgang mit Technik beschreiben, unterschlägt das mögliche Scheitern. Erkennbar ist mitunter das Bemühen des Redakteurs, in einen didaktischen Diskurs mit dem Leser zu treten. Er wählt die Informationen aus, bereitet sie so auf, wie er es für angebracht hält. Nicht alles ist beschrieben, nicht die Grundlagen der Technik erklärt, sondern unter vielen Voraussetzungen beschreiben tech-

nisch gebildete Autoren einem technisch ungebildeten Publikum Dinge, die sie
für wichtig und neu halten. Sie ergänzen dabei das vermeintliche Wissen um
aktuelle Aspekte. Doch woher soll ein Technischer Autor wissen, was sein Publikum nicht weiß? Er ahnt es oft nicht einmal.

Der Adressat einer Gebrauchsanleitung ist der Nutzer des beschriebenen
Gerätes: der technische Laie, der mit Hilfe der schriftlichen Anleitung in die
Lage versetzt werden soll, Technik zu handhaben. Auch er hat im Laufe der
Geschichte viele Veränderungen erfahren, eine gravierende etwa in der unterschiedlichen Leseerfahrung, der Schulausbildung oder dem alltägliche Techni-
kumgang. Es geht dabei weniger um den realen, empirischen Adressaten. Darüber gibt es bislang noch zu wenig experimentelle Forschung. Selbst wenn vereinzelt Reaktionen zu finden sind, für eine systematische Beschreibung sind die
Daten in aller Regel nicht ausreichend, um ein umfassendes Bild des Gegen-
standes zu liefern. Was dem Nachdenken und der Forschung bislang blieb, war
der intendierte Adressat, der implizite Leser, so wie er in der Vorstellung des
Kommunikators existiert und wie er in den Texten und Abbildungen repräsen-
tiert ist. Wen hatte der Verfasser des Textes im Sinn, als er ihm ein Artefakt und
eine Anleitung zum Gebrauch übergab? Er gab ihm den Apparat und Hinweise,
wie er ihn zu gebrauchen habe. So erscheint der Mensch in dreifacher Form in
den Anleitungstexten: Er ist zugleich Adressat, Subjekt und Objekt. Er wird
angesprochen, er soll handeln und erdulden. Die kultur- und mediengeschichtli-
che Einordnung von Jasmin Meerhoff (2011: 9) fasst die Rollen zusammen:

> Die Bedienungsanleitung trägt also nicht nur zur Beschreibung des Produktes bei, sondern
> auch zur Bestimmung desjenigen, der es gekauft hat. Der Mensch, der in der einen Hand die
> Anleitung studiert und in der anderen sein neues Gerät begutachtet, ist Leser, Betrachter und
> Besitzer, Kunde des Unternehmens, der erst zu einem Benutzer werden muss. (Meerhoff
> 2011: 9)

Der Leser der Anleitungstexte hat einen Anspruch auf Verständlichkeit. Diese
lässt sich in Bezug auf Text, Bilder und Gestaltung beschreiben. Man kennt
einige der Bedingungen, die die Lesbarkeit beeinflussen. Vor allem so genannte
Lesbarkeitsindexe definieren Kriterien, die anhand des Textes auszuzählen sind.
Das Hintergrundwissen des Lesers, seine Motivation und Emotion beeinflussen
ebenso den Zugang zu den Inhalten. Bei empirischen Untersuchungen ist Verständlichkeit leicht zu operationalisieren. Je schneller ein Proband die ihm ge-
stellte Aufgabe mit Hilfe einer Anleitung lösen kann, desto einfacher ist ein
Text zu verstehen. Varianten können mit unterschiedlichen Zielgruppen getestet
werden. Eine eigene Forschungsrichtung, zu der man auch die Tests zum Verständnis der Gebrauchsanleitung zählen darf, hat sich unter dem Begriff der

Usability gebildet, die den Umgang in der Mensch-Maschine-Interaktion untersucht (Hennig und Tjarks-Sobhani 2007).

4. Fazit

Die Definition dessen, was eine Gebrauchsanleitung im Rahmen der Unternehmenskommunikation ist, muss um den Kommunikationsprozess erweitert werden. Eine vorläufige Umschreibung könnte damit lauten: In einer Gebrauchsanleitung ist das an Informationen medial fixiert, was ein Kommunikator glaubt, was einem Rezipienten beim Umgang eines (technischen) Artefakts an Wissen für den Umgang fehlt und das zur Anschlusskommunikation hilfreich sein kann. Dies benötigt ein Medium, was den Rezipienten in die Lage versetzt, zufrieden, sicher und erfolgreich mit einem Produkt umzugehen. Damit gehören zu einer neuen Definition dessen, was eine Gebrauchsanleitung ist und was sie von anderen Texten unterscheidet, unabdingbar vier Merkmale:

– Technik eines einzelnen Produktes als Gegenstand
– Laien als Adressaten
– zielgerichtete Rezeptionsintention
– didaktische Haltung des Textproduzenten

Die Erwartungen an die Textsorte Gebrauchsanleitung sind geprägt von den praktischen Anforderungen der herstellenden Unternehmen einerseits und dem Verhältnis zwischen Lehre und Forschung. Die dabei auftretenden Unstimmigkeiten sind zu erklären aus der Besonderheit des Gegenstands, dessen Geschichte und Image. Lehr- und Lernforschung findet meist im schulischen Kontext statt, und die dort gewonnenen Ergebnisse sind nur schwer zu übertragen auf die Lernsituation bei der Technikaneignung. Andere Fragen und andere Schwerpunkte ergeben sich. Michael Fritz (ohne Jahr), der Geschäftsführer der tekom, sieht eine Reihe von Themen für die wissenschaftliche Beschäftigung:

– Verständlichkeit von Texten für Anwender
– Qualität Technischer Kommunikation in Bezug auf die Anforderungen der Kunden
– Gebrauchstauglichkeit von Informationsprodukten (Usability)
– Medieneinsatz in der Technischen Kommunikation
– Wirkung von Kommunikation auf die Adressaten
– Betriebswirtschaftliche Fragestellungen in Zusammenhang mit der Technischen Kommunikation

- Management von Informationen im Unternehmen
- juristische Fragestellungen

Die wissenschaftlichen Disziplinen, die beteiligt sein können bei der Erforschung des medial fixierten Vermittlungsprozesses der Technik sind breit gefächert:

- Psychologie kann zum rezeptiven, kognitiven, emotionalen und motivationalen Verarbeiten und Handeln Erkenntnisse liefern.
- Soziologie kann Gedanken über das Image und die Verwendungsweisen der Technik beitragen.
- Linguistik und Semiotik kennen Verfahren sprachliche und gestalterische Aspekte zu analysieren.
- Literaturwissenschaft befasst sich ebenfalls mit Texten und kann auch die Rolle des Urhebers einschätzen.
- Technikgeschichte, -soziologie und -philosophie kümmern sich um historische Entwicklungen um Umgang mit Technik, die Hinweise über Standards liefern können.
- Kommunikationswissenschaft, ein Fach, das seinerseits viele Teildisziplinen vereinigt, ist in der Lage, die Medialität der Botschaften zu berücksichtigen. Zudem gibt es Verfahren, die Rezeption zu beobachten.
- Betriebswirtschaft schließlich kann mit den Aspekten des Managements, des Marketing und der Public Relations die Intentionen der Unternehmen verständlich machen.

Im Zusammenspiel der Disziplinen sind die zentralen Fragestellungen anzugehen. Positive Auswirkungen sind nicht nur in Bezug auf die Ausbildung der zukünftigen Technische Redakteure zu erwarten. Das Ziel wird auch eine Optimierung der Unternehmenskommunikation sein.

Literatur

Fernsprechregeln oder der Angeschlossene, wie er sein soll (1883). Separatabdruck aus dem „Berliner Fremdenblatt", Berlin. Nachdrucke: Berlin 1884 und Heidelberg 1983.

Fritz, Michael & Noack, Claus (2007): Die Gesellschaft für technische Kommunikation e. V. – tekom. Lübeck: Schmidt Römhild.

Fritz, Michael (ohne Jahr): Technische Kommunikation als Karriereberuf? Nr.: 2389, http://www.tekom.de/index_neu.jsp?url=/servlet/ControllerGUI?action=voll&id=2389, 15.05.2011.

Göpferich, Susanne (1995): Textsorten in Naturwissenschaften und Technik. Pragmatische Typologie, Kontrastierung, Translation, Tübingen: Narr.

Hennig Jörg (1997): tekom – der Verband der technischen Redakteure. In: Schwender, Clemens & Kallinich, Joachim (Hgg.): Erst lesen – dann einschalten! – Zur Geschichte der Gebrauchsanleitung. Eine Publikation des Museums für Post und Kommunikation Berlin anlässlich der gleichnamigen Ausstellung. Berlin: Museum für Kommunikation.

Hennig Jörg & Tjarks-Sobhani, Marita (Hgg.) (2007): Usability und Technische Dokumentation. Lübeck: Schmidt Römhild.

Hoffmann, Walter & Schlummer, Werner (1990): Erfolgreich beschreiben – Praxis des Technischen Redakteurs, Berlin: vde.

Maletzke, Gerhard (1963): Psychologie der Massenkommunikation: Theorie und Systematik. Hamburg: Hans Bredow-Institut.

Mayer, Hans & Illmann, Tanja (2000): Markt- und Werbepsychologie. Stuttgart: Schäffer-Poeschel.

Meerhoff, Jasmin (2011): Read me! Eine Kultur- und Mediengeschichte der Bedienungsanleitung. Bielefeld: transcript.

Mercedes Benz S-Klasse: Einige interessante und nützliche Hinweise. (Audio-Casette) 140 584 21 96, Bestell-Nr. 6550 5947 00, ohne Jahr, ohne Ort.

Möhn, Dieter (1991): Instruktionstexte. Ein Problemfall bei der Textidentifikation. In: Germanistische Linguistik 106/107, 183–212.

Petersen, Dörte (1984): Die Gebrauchsanweisung als kommunikatives Mittel. Hamburg: Universität Hamburg.

Plaumann, Susanne (1997): Der maister sol auch kunden schreiben vn lesen. Das Feuerwerkbuch von 1420. In: Schwender, Clemens & Kallinich, Joachim (Hgg.): Erst lesen – dann einschalten! – Zur Geschichte der Gebrauchsanleitung. Eine Publikation des Museums für Post und Kommunikation Berlin anlässlich der gleichnamigen Ausstellung. Berlin: Museum für Kommunikation.

Polandt, Otto (1991): Bürgerliches Gesetzbuch, München: Beck.

Schmidt, Ute (Hg.) (1996): Bedienungsanleitung als Kommunikationsmittel. Eine Einführung. Essen: Stamm.

Schwender, Clemens (1993): „Früher haben wir die Anleitungen nebenbei gemacht ...“ Ansätze zu einer Oral History der Technischen Dokumentation. Frankfurt am Main: Lang.

Schwender, Clemens (1997): "Wie benutze ich den Fernsprecher?" Die Anleitung zum Telefonieren im Berliner Telefonbuch 1881–1996/97. Berlin: Lang.

Schwender, Clemens (1999): Die Gebrauchsanleitung – eine Anleitung zum Gebrauch. In: Schwender, Clemens (Hg.): Zur Geschichte der Gebrauchsanleitung. Theorien – Methoden – Fakten. Berlin: Lang.

Straub, Daniela (2010): Ergebnisse tekom-Frühjahrsumfrage „Branchenkennzahlen für die Technische Dokumentation 2010". Stuttgart: TC and more GmbH.

Straub, Daniela & Schmitz, Klaus-Dirk (2010): An Bedeutung gewonnen. Studie über Terminologiearbeit in Unternehmen. In: technische kommunikation, (32) 6, 12.

Wittgenstein, Ludwig (2001): Logisch-philosophische Abhandlung. Tractatus logico-philosophicus. Frankfurt am Main: Suhrkamp.

Sprachliche Charakteristika von Wirtschaftstexten in neuen Medien

Franc Wagner

1.   Einleitung

In ihrer Literaturstudie haben van Gemert und Woudstra (1997) festgestellt, dass „Schreiben von Dokumenten in Betrieben eine wichtige Tätigkeit ist", und dass das Schreiben am Arbeitsplatz einem fortlaufenden Wandel unterliegt. Diese Feststellung dürfte heute, zu einem Zeitpunkt, da die neuen Medien den betrieblichen Alltag durchdrungen haben, umso mehr gelten. In den neuen Medien haben sich zahlreiche neue Kommunikationsformen herausgebildet, in welchen teilweise neue Textsorten entstehen, teilweise aber auch herkömmliche Textsorten sprachlich neu realisiert werden. Das hat zur Folge, dass sich die AutorInnen auf neue Schreibstile und Schreibkonventionen einstellen müssen und dass sich im Schreiben in den neuen Medien ein deutlicher Wandel manifestiert. Der Schwerpunkt dieses Beitrags liegt entsprechend auf dem Schreiben von Wirtschaftstexten in neuen Medien.

Wenn gezeigt werden soll, wie sich wirtschaftliche Praxis und textlinguistisches Wissen zu einer produktiven Einheit verbinden lassen, so sollten Texte nicht isoliert, sondern in Zusammenhang mit ihrer Entstehungssituation betrachtet werden. Die Einbettung in die Entstehungssituation bestimmt über die Funktionen, die ein Text erfüllen soll und über die kommunikativen Ziele, die damit erreicht werden sollen. Nur im Kontext der Entstehungssituation erschließt sich die Sinnhaftigkeit der Textgestaltung und die Angemessenheit der stilistischen Ausprägung.

Eine Lehre, die das Wissen aus der wirtschaftlichen Schreibpraxis und aus der Textlinguistik kombinieren möchte, sollte sich daher nicht an prästabilierten Textsortenkonzepten orientieren. Vielmehr sollte ein Text im Kontext seiner Entstehungssituation analysiert und charakterisiert werden. Daraus lassen sich Hinweise für dessen adäquate Realisierung ableiten, die für die Vermittlung des Schreibens von Texten gerade in neuen Medien unerlässlich sind. Der Vergleich von Texten, die in unterschiedlichen Medien realisiert wurden, hat deutlich gemacht, dass erst die Analyse von Texten im Kontext der medialen Bedingungen eine Didaktik der Schreibkompetenz ermöglicht (vgl. Dürscheid / Wagner & Brommer 2010). In diesem Beitrag sollen exemplarisch zwei Arten von Wirtschaftstexten aus den neuen Medien herausgegriffen und charakterisiert werden, die sich bezüglich ihrer medialen Bedingungen sehr unterscheiden. Einerseits sollen Texte mit eindeutig schriftlicher Konzeption analysiert werden. Hierzu sollen Firmenhomepages im WWW analysiert werden. Andererseits sollen Texte mit hohem konzeptionell mündlichem Anteil untersucht werden. Hierfür eignen sich besonders Texte auf Social Networking Sites, da diese Kommunikationsform ursprünglich für die private dialogische Kommunikation konzipiert wurde und sich darin ein konzeptionell stark mündlicher Stil herausgebildet hat.

Die Auswahl soll in beiden Kommunikationsformen auf Texte beschränkt werden, in welchen sich Firmen selbst präsentieren. Dies können explizite Werbetexte sein, aber auch unauffälligere Selbstdarstellungen wie Promotionsankündigungen oder positive Kommentare von KundInnen. So kann eine thematische Vergleichbarkeit sichergestellt werden, auch zu Texten in klassischen Medien, in welchen sich oft Texte finden, die ähnliche Funktionen erfüllen. Dennoch gelten für Texte aus neuen Medien teilweise andere Anforderungen als für herkömmliche Wirtschaftstexte, da die medialen Realisierungsbedingungen andere sind. Der Vergleich soll zeigen, wie sich die unterschiedlichen Rahmenbedingungen auf die Textrealisierung auswirken, ob etwa die Einhaltung der sprachlichen Normen verschieden gehandhabt wird. Zugleich soll an den Unterschieden der Texte auf WWW-Seiten und auf Social Networking Sites aufgezeigt werden, dass auch Texte in neuen Medien einer differenzierten Betrachtung unterzogen werden müssen und nicht – unabhängig von der Kommunikationsform – pauschal als neues Textmuster betrachtet werden können.

2. Das Zürcher Textbeschreibungsmodell

Ziel dieses Beitrages ist es somit, aufzuzeigen, wie Wirtschaftstexte in neuen Medien sprachlich und strukturell charakterisiert werden können. Die Analyse soll aus textlinguistischer Perspektive erfolgen und auch textstilistische Aspekte integrieren. Als Beschreibungsrahmen wird hier das „Zürcher Textbeschreibungsmodell" verwendet.[1] Das Modell basiert in Teilen auf dem Textanalyseraster von Sieber (1994) wurde aber um wesentliche Bestandteile erweitert. Das

---

1 Das Modell wurde vom Autor in Zusammenarbeit mit Prof. Dr. Christa Dürscheid, Prof. Dr. Ulla Kleinberger und Sarah Brommer im Rahmen des linguistischen Forschungsprojekts „Schreibkompetenz und neue Medien" an der Universität Zürich konzipiert und validiert. Zur Konzeption des Projekts vgl. Wagner (2007a).

Modell wurde erstellt, um Textsorten wie Schulaufsätze und private Online-Kommunikation zu charakterisieren und miteinander zu vergleichen. Es hat daher den Vorteil, sehr unterschiedliche Arten von Texten, die unter unterschiedlichen medialen Bedingungen – wie in unserem Fall auf Webpages und auf Social Networking Sites – entstanden sind, mit einem einheitlichen Rahmen systematisch analysieren und vergleichen zu können. Eine detaillierte Beschreibung des „Zürcher Textbeschreibungsmodells" ist in Dürscheid / Wagner & Brommer (2010) nachzulesen. Für den Zweck dieses Beitrags soll folgende (vereinfachte) Version verwendet werden (Abb. 1):

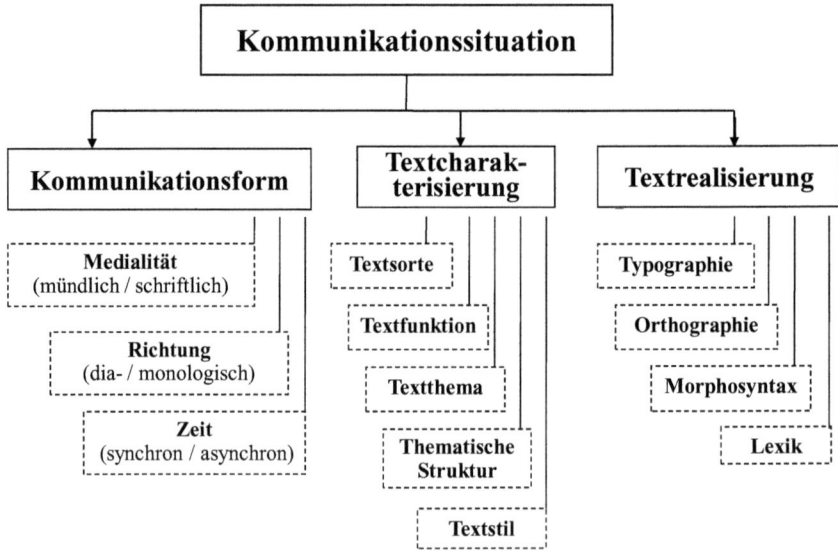

Abb. 1: Die Hauptkategorien des Zürcher Textbeschreibungsmodells (vgl. Dürscheid / Wagner & Brommer 2010)

Das Modell umfasst vier Dimensionen: die Kommunikationssituation, die Kommunikationsform, die Textcharakterisierung und die Textrealisierung. Die Kommunikationssituation ist die zentrale Dimension des Modells, von der die anderen drei Dimensionen direkt beeinflusst werden. Die einzelnen Dimensionen können analytisch getrennt betrachtet werden. In konkreten Texten werden sich einzelne Elemente der drei abhängigen Dimensionen allerdings auch gegenseitig beeinflussen. So wirken sich etwa textstilistische Merkmale direkt auf Realisierungsmerkmale wie Satzbau oder Wortwahl aus.

2.1 Die Kommunikationssituation

Die wichtigste Modelldimension, die Kommunikationssituation, beinhaltet sämtliche Merkmale der Entstehungssituation eines Textes wie die Schreibaufgabe (writing task), die Adressaten und die Produktionsmittel (zum Beispiel DTP- oder Content-Management-Systeme). Mit den Bestandteilen der Schreibaufgaben befasst sich Rothkegel (2005). Welchen Einfluss der Einsatz von firmenspezifischen Autorensystemen auf das Schreiben hat, beschreibt Schmidt (2005). Weitere Bestandteile sind die in einzelnen Firmen existierenden Normvorgaben für Texte wie Corporate-Identity-Vorgaben oder verbindliche Textmodule für bestimmte Textsorten. Für einzelne Textsorten existieren auch firmenübergreifende Normen, so unterliegen etwa Anwenderdokumentationen einer DIN-Norm. Insgesamt prägen die Merkmale der Kommunikationssituation die Merkmale der abhängigen Beschreibungsdimensionen durch starke Vorgaben bezüglich der anzuwendenden Schreibkonventionen.

Der wirtschaftliche Textproduktionsprozess ist in ein komplexes Situationsgefüge eingebunden, wie auch das Komponentenmodell des Schreibens in Jakobs (2005: 17) deutlich macht: die Gegebenheiten des Arbeitsplatzes des/r ProduzentIn und des Betriebs, für den ein Text geschrieben wird, die Domäne, respektive die Branche, in der der Betrieb tätig ist, die lokalen und nationalen Besonderheiten des Standorts und das sprachliche und kulturelle Umfeld, in welches der Text eingebettet ist.

2.2 Die Kommunikationsform

Die Kommunikationsform ist die Beschreibungskategorie für medial bedingte Charakteristika von Texten und Textsorten. Sie wurde in ihrer heute noch gebräuchlichen Form von Brinker (1985) definiert, der dabei auf eine Analyse von Briefen von Ermert (1979) zurückgriff. Brinker ordnet jedem Medium eine Kommunikationsform zu: der Face-to-Face-Kommunikation das direkte Gespräch, dem Telefon das Telefongespräch, dem Rundfunk die Rundfunksendung und dem Fernsehen die Fernsehsendung. Der Schrift ordnet er die Kommunikationsformen ‚Brief‘ und ‚Zeitungsartikel‘ beziehungsweise ‚Buch‘ zu. Dabei handelt es sich allerdings um eine Inkonsistenz, da es sich bei Schrift um ein semiotisches Medium handelt, im Unterschied zu den anderen von Brinker genannten Medien, welche den technisch-organisatorischen Träger der Kommunikation bezeichnen (vgl. hierzu Wagner 2007b). Wichtig ist für Brinker, dass die Kommunikationsform funktional offen ist: sie kann für beliebige Kommunikati-

onszwecke eingesetzt werden. Darin können beispielsweise unterschiedliche
Textsorten realisiert werden.

Als Unterscheidungsmerkmale für die einzelnen Kommunikationsformen
nennt er eine Reihe von Merkmalen, von denen die wichtigsten als Unterkategorien in das Textbeschreibungsmodell eingegangen sind. So bezeichnet die Kategorie ‚Medialität' das semiotische Medium, das heißt die Tatsache, ob es sich
um einen schriftlichen oder um einen mündlichen Text handelt. Die zweite
Unterkategorie umfasst die Kommunikationsrichtung. Dabei wird unterschieden, ob es sich um monologisch oder dialogisch konzipierte Texte handelt. Anwenderdokumentationen wie Handbücher sind beispielsweise prinzipiell monologisch konzipiert, da keine unmittelbare Rückmeldung eingeplant ist. Texte
können allerdings auch dialogische Konzeptionen miteinschließen: Handlungsanweisungen in Bedienungsanleitungen (vgl. dazu auch Schwender in diesem
Band) enthalten einen expliziten Adressatenbezug und sind daher als dialogisch
einzustufen.

Die dritte Unterkategorie bildet die Zeit. Dabei geht es darum, ob eine
Kommunikationsform vorliegt, die synchron erfolgt wie im Face-to-Face-
Gespräch, quasisynchron wie im Chat oder asynchron wie in einem E-Mail-
Dialog.

2.3   Die Textcharakterisierung

Die dritte Dimension umfasst die Textcharakterisierung, welche die stilistischen
Kriterien zur Analyse von Texten in Anlehnung an die Textstilistik von Ulla Fix
und Barbara Sandig subsumiert. Fix (2007) bestimmt Stil funktional als »die
Arten von Formulierungen (…), die Sender Adressaten gegenüber zu bestimmten Zwecken gebrauchen« (ebd.: 401). Auch Sandig (1996, 2006) sieht als zent-
rales Bestimmungsstück von Stil nicht dessen formale Eigenschaften, sondern
dessen kommunikative Funktion. Die sprachlichen und formalen Stileigenschaf-
ten betrachtet sie aus Benutzersicht als „Phänomene, mit deren Hilfe in Kom-
munikationskontexten intersubjektiv Sinn vermittelt und interpretiert werden
kann (…)" (Sandig 2006: 7). In unserem Modell wird die Textcharakterisierung
mittels der Kategorien ‚Textsorte', ‚Textfunktion', ‚Textthema', ‚thematische
Struktur' und ‚Textstil' bestimmt.

Der Begriff der Textsorte, der im Modell zur Anwendung kommt, geht
ebenfalls auf Brinker (1985) zurück. Dieser betrachtet Textsorten als verfestigte
kommunikative Muster. Im Unterschied zur Kommunikationsform ist eine Textsorte aber zweckgebunden: Mit ihr wird ein bestimmtes Texthandlungsziel verfolgt. Jede Textsorte verfügt nach Brinker über eine dominante Textfunktion.

Diese wird danach bestimmt, wozu der Text primär dient: Zur Information wie in Nachrichten und Berichten, zur Realisierung eines Appells wie in einer Werbeanzeige oder einer Obligation wie im Falle eines Vertrags, zur Aufrechterhaltung eines Kontakts mit einer Ansichtskarte, oder zum Vollzug einer Deklaration in einem Testament.

Die dritte Kategorie der Textcharakterisierung, das Textthema, definiert Brinker (1985), ausgehend vom alltagssprachlichen Gebrauch von Texten, als den „Kern des Textinhalts, wobei der Terminus ‚Textinhalt' den auf einen oder mehrere Gegenstände (...) bezogenen Gedankengang eines Textes bezeichnet" (ebd.: 56). Das Thema kann nicht immer frei gewählt werden. Durch die Entstehungssituation kann ein Thema auch durch die Schreibaufgabe vorgegeben sein. So etwa in einem Erörterungsaufsatz in der Schule. Weiter kann unterschieden werden, ob ein Thema eher von öffentlichem oder von privatem Interesse ist.

Bei der vierten Kategorie – der Textstruktur – wird unterschieden, ob die Themenstrukturierung deskriptiv, argumentativ oder narrativ aufgebaut ist, was unmittelbare Auswirkungen auf die Textplanung und -strukturierung zeitigt. Die fünfte, die Kategorie des Textstils, beschreibt zunächst, ob ein Text in sich kohäsiv, kohärent und logisch konsistent ist. Dies ist eine wichtige Bedingung etwa für Bedienungsanleitungen, spielt in privater Chatkommunikation aber kaum eine Rolle. Weiter wird verzeichnet, ob ein Text stilistische Besonderheiten aufweist, wie beispielsweise einen verständlichen Stil, Fachjargon oder jugendsprachliche Merkmale. Nicht vergessen werden sollte, dass sich hier auch der individuelle Stil der an der Erstellung eines Textes beteiligten AutorInnen niederschlägt.

2.4   Die Textrealisierung

Die vierte und letzte Dimension ist diejenige der Textrealisierung. Diese umfasst die Ausgestaltung eines Textes durch die Wahl der konkreten sprachlichen Mittel. Die Textrealisierung kann mit den Unterkategorien ‚Typographie', ‚Orthographie', ‚Morphosyntax' und ‚Lexik' beschrieben werden.

Unter Typographie wird hier die Mikrotypographie verstanden. Diese umfasst auch die graphostilistischen Mittel, so zum Beispiel die normabweichende Verwendung typographischer Elemente wie Satzzeichen und Emoticons. Ausrufezeichen können beispielsweise verdoppelt werden, um einem Satz eine Emphase zu verleihen.

Die Kategorien ‚Orthographie' und ‚Morphosyntax' verzeichnen den Grad der Normkonformität der verwendeten sprachlichen Mittel sowie die Komplexität des Satzbaus. Bei Wirtschaftstexten ist zu erwarten, dass diese weitgehend normkonform gestaltet sein sollten.

Die Kategorie der Lexik beschreibt die Wortwahl eines Textes: ob beispielsweise viele Fachausdrücke oder jugendsprachliche Ausdrücke verwendet werden. In Wirtschaftstexten sind eher sach- und fachbezogene Ausdrücke zu erwarten. Allerdings sollte die Lexik immer aus der Anwenderperspektive konzipiert sein, da bei zu vielen fachbezogenen Ausdrücken die Verständlichkeit eines Textes leidet. Auf diese Problematik hat Wichter (1994) unter dem Gesichtspunkt der lexikalischen Vertikalität hingewiesen. In die Kategorie ‚Lexik' fällt auch die Verwendung auffälliger Metaphern und Phraseologismen. Die Rolle von Phraseologismen in Wirtschaftstexten hat Kleinberger Günther (2003c) untersucht. Die Metaphern und Phraseologismen erleichtern den Wiedererkennungswert einer Werbung in ähnlicher Weise wie Bildmuster, welche Demarmels (2011) untersucht hat.

3.   Präsentationsseiten von Wirtschaftsunternehmen im Internet

Nach der Vorstellung des Beschreibungskategorien des Zürcher Textbeschreibungsmodells soll dieses nun dazu verwendet werden, die oben skizzierten beiden Arten von Wirtschaftstexten aus den neuen Medien zu charakterisieren und miteinander zu vergleichen. Die dabei vorgestellten Beispiele stammen aus einem kleinen für diesen Zweck zusammengestellten Korpus und haben exemplarischen, aber keinen repräsentativen Status.

Bei der linguistischen Analyse von Texten aus der Wirtschaft fällt das breite Spektrum an Textsorten auf. Kleinberger Günther (2003b) umschreibt das Textspektrum, das Gegenstand der Wirtschaftslinguistik ist, wie folgt:

(...) angefangen von betriebsinternen linguistischen Fragestellungen im mündlichen Bereich (Teamsitzungen, Gruppendiskussionen, Informationen von Belegschaften) über den schriftlichen (Informationsweitergabe, Instruktionen, Anstellungen, Kündigungen, Lohnkürzungen, Memos etc.) zu betriebsexternen mündlichen und schriftlichen Bereichen in der Kommunikation (mit AussendienstmitarbeiterInnen, anderen Firmen, Banken, Versicherungen, mit KundInnen sowie mit der Konkurrenz). (ebd.: 26)

Diese Aufzählung ist noch um diejenigen betriebsexternen Texte zu ergänzen, welche der Kommunikation mit potenziellen Kunden und Interessenten gelten und die damit in unmittelbarer Nähe zu Public-Relations- und Werbetexten stehen. Hierzu gehören die hier zu untersuchenden Selbstdarstellungen von Firmen im Internet. In der Terminologie von Kleinberger Günther handelt sich bei der Selbstdarstellung von Firmen um Texte aus dem Bereich der „Aussenkommunikation" (ebd.: 29). Betriebsinterne hierarchie- und statusbedingte Kommunikationscharakteristika[2] fallen damit weg. Stattdessen richten sich diese Texte an eine disperse betriebsexterne Teilöffentlichkeit, von deren Identität lediglich eine grobe lokale Situierung bekannt ist. Sämtliche soziodemographischen Daten wie Alter, Geschlecht, Beruf oder gar Interessen sind unbekannt. Dennoch sollen die Texte auch diese Teilöffentlichkeit ansprechen und auf den Auftraggeber und dessen Angebote aufmerksam machen.

3.1   Die Kommunikationssituation

Diese kurze Charakterisierung der Selbstdarstellungstexte im Internet umschreibt grob die Schreibaufgabe, die mit dem Erstellen solcher Texte verbunden ist: Den Mangel an Information über die NutzerInnen gilt es durch allgemeine Annahmen und allgemeingültige Werte auszugleichen. Die InternetnutzerInnen können über das Design der Seiten und mittels Themen von allgemeinem Interesse angesprochen werden. In den einzelnen Branchen gelten spezifische Werte und es werden den NutzerInnen bestimmte Bedürfnisse und Interessen unterstellt. So erwarten zum Beispiel Firmen aus dem Unterhaltungs- und Freizeitbereich bei ihrem Publikum eher eine konsum- und unterhaltungsorientierte Grundhaltung und gestalten ihre Texte entsprechend so, dass sie mit vielen Neuigkeiten und Events aufwarten können. Finanzdienstleister treten hingegen eher seriös auf, da deren potentielle KundInnen über ein erhöhtes Sicherheitsbedürfnis verfügen.

3.2   Die Kommunikationsform

Die beiden Arten von Beispielstexten gehören zwei unterschiedlichen Kommunikationsformen an. Die Selbstpräsentationstexte aus dem Web sind klassische Webseiten mit dem gesamten Spektrum an Gestaltungsmöglichkeiten, die für WWW-Seiten zur Verfügung stehen. Es handelt sich um Hypertexte, deren Hauptmerkmal die Vernetzungsmöglichkeit der einzelnen Teile einer Site durch Links darstellt, wie in Endres (2004) gezeigt wird. Die daraus resultierenden sprachlichen, typographischen und die Layout-Besonderheiten von WWW-Seiten wurden linguistisch bereits gut erforscht: Die textlinguistischen Aspekte

---

2   Zu den Auswirkungen von Status- und Hierarchieunterschieden in der innerbetrieblichen Kommunikation in neuen Medien vgl. Kleinberger Günther (2003a); zur hierarchischen Kommunikation in neuen Medien im akademischen Kontext vgl. Kiesendahl (2011).

beispielsweise in Thome (2004), Textdesign und -wirkung in Roth und Spitzmüller (2007) und die Beziehung zwischen Bild und Text in Schmitz (2006).

Im Unterschied zu WWW-Seiten wurden Social Networking Sites wie etwa
Facebook, Netlog und Myspace nicht für die Distribution von offen zugänglicher Information entworfen, sondern für die private Kommunikation mit Freun-
den. Anders als Websites, die von einem breiten Publikum besucht werden,
gelten Social Networking Sites als bevorzugt von einem jugendlichen Publikum
genutzte Kommunikationsplattformen. Diese Präferenz weisen die JIM-Studie
(2010) für Deutschland; und die Studie von Willemse / Waller & Süss (2010)
für die Schweiz nach. Dabei scheint es sich allerdings um eine temporäre Erscheinung zu handeln, da in den USA nachgewiesen werden konnte, dass ältere
Nutzer zunehmend häufiger Social Networking Sites nutzen. So wiesen dort
zwischen 2008 und 2010 die älteren Nutzer die höchsten Steigerungen bei der
Nutzung dieser Dienste innerhalb ihrer Altersgruppe auf: die Altersgruppe ‚56–
64' eine Steigerung von 9 % auf 43 % und die Altersgruppe ‚74+' von 4 % auf
16 %, wie Zickuhr (2010) nachweist.

Die Medialität der beiden untersuchten Kommunikationsformen ist primär
die schriftliche, da es ich in beiden Fällen um geschriebene Texte handelt. In
beiden Kommunikationsformen können auch Audios oder Videos eingebunden
werden, die gesprochene Sprache enthalten, wodurch auch medial mündliche
Elemente möglich sind. Die Kommunikationsrichtung der beiden Dienste unterscheidet sich hingegen. Liegt bei Websites eine primär monologische Struktur
mit dem Schwerpunkt auf der Informationsvermittlung vor, zeichnen sich die
kommunikationsorientierten Texte der Social Networking Sites durch eine ausgeprägt dialogische Struktur aus. Auch auf Websites kann mittels einer Kommentarfunktion ein Rückkanal eröffnet werden – dieser muss aber für jede Seite
eigens erstellt werden. Auf Social Networking Sites ist die Antwortmöglichkeit
bereits in Form einer Kommentarfunktion integriert und kann von allen Freun-
den genutzt werden. Entsprechend ist die Ausrichtung dieser Dienste stark dialogisch: Die Bedeutsamkeit eines Beitrags wird über die Anzahl der dazu er-
stellten Kommentare eingestuft.

Die Unterkategorie ‚Zeit' ist für beide Kommunikationsformen gleich ausgeprägt: Bei beiden handelt es sich um asynchrone Kommunikation.

3.3   Die Textcharakterisierung

Textsorte und Textfunktion resultieren bei Selbstpräsentationstexten weitgehend
aus der Schreibaufgabe: Bestehende und potenzielle Kunden sollen für die Firmen, respektive für deren Produkte und Dienstleistungen interessiert werden

und eine positive Einstellung dazu gewinnen. Die positive Einstellung wird über die Aktivierung positiver Werte evoziert. Dabei kann es sich einerseits um allgemein positiv konnotierte Werte wie zum Beispiel Erfolg, Fortschrittlichkeit, soziale Akzeptanz und so weiter handeln, andererseits um domänenspezifisch relevante Werte wie Sicherheit, Stabilität und Servicefreundlichkeit in der Domäne technischer Produkte.

Aufgrund der oben genannten Schreibaufgabe haben solche Texte häufig informativen oder appellativen Charakter. Zugehörige Textsorten sich entsprechend Informationstexte, PR- und Werbetexte, aber auch Pressetexte sowie Anwender- und Erfahrungsberichte. Neben Endkunden werden auch Geschäftskunden als NutzerInnen angesprochen. Für diese werden weitere Textsorten wie zum Beispiel Geschäftsberichte[3] oder Informationen zur Börsennotation[4] bereitgestellt.

Das Textthema und die thematische Struktur der Selbstdarstellungsseiten werden bestimmt durch die in der jeweiligen Domäne relevanten Diskurse. So stehen bei einem Reiseunternehmen die Qualitäten der Reiseziele im Vordergrund wie etwa Sehenswürdigkeiten, Attraktivität und die Erlebnisqualität der angebotenen Produkte (Urlaubsreisen).[5] Allgemein finden sich oft Themen zur Kundenbindung wie spezielle Angebote, News und Wettbewerbe. Bei Finanzunternehmen stehen eher Themen wie Sicherheit, Seriosität und die erfolgreiche Geldanlage im Fokus.[6]

Als letzte Unterkategorie soll der Textstil untersucht werden. Bei den Selbstdarstellungsseiten im WWW treten selten auffällige stilistische Varianten auf, vielmehr ist eine einfache und verständliche Sprache die Regel, die teilweise auch werbenden Charakter haben kann. Bei Selbstdarstellungen auf Social Networking Sites steht, wie bereits gesagt, der kommunikative Charakter im Vordergrund. Entsprechend sind dort auch Teiltexte zu lesen, welche die NutzerInnen direkt ansprechen und einen konzeptionell mündlicheren[7] Stil verwenden als Websites. Ein wesentliches Element bilden die Kommentare der NutzerInnen, die oftmals in eher alltagssprachlichem, teilweise auch in familiärem oder jugendsprachlichem Stil gehalten sind. Auch Dialektpassagen treten auf, wie

---

3   Die SBB stelle ihren Geschäftsbericht online: http://sbb-gb2009.mxm.ch/?lang=1, 5.6.2011.
4   Novartis präsentiert auf ihrer Eingangsseite Kurse der eigenen Aktie: http://www.novartis.ch/, 5.6.2011.
5   Vgl. z. B. die Facebooksite von SBB RailAway: www.facebook.com/sbbrailaway, 5.6.2011.
6   Vgl. z. B. die Website von Crédit Suisse: www.creditsuisse.com/ch, 5.6.2011.
7   Vgl. dazu die Diskussion um die Arbeiten von Koch & Oesterreicher (1985, 1994, 2007).

zum Beispiel in einem Kommentar auf der Facebooksite der Schweizer Ferienmessen: „und jeede wo e blaggedde drait kunnt am frytig graatis iine!"[8].

3.4   Die Textrealisierung

Die sprachliche Realisierung eines Textes ist geprägt von der Kommunikationssituation. Die Schreibaufgabe und die Schreibumgebung legen fest, ob eine eher
formelle, das heißt normkonforme Sprache verwendet wird –wie es in einem
Schulaufsatz der Fall sein sollte – oder ob große Abweichungen von der Norm
zu erwarten sind – wie zum Beispiel in der privaten Kommunikation im Chat.
Weiter entwickeln sich in den einzelnen Kommunikationsformen unterschiedliche Schreibkonventionen, die auch stark von der verwendeten stilistischen Cha-
rakteristik abhängig sind. Entsprechend werden Texte auf Websites eher normkonform verfasst. Auf Social Networking Sites finden sich häufiger Schreibstile,
die sich manche Freiheiten gegenüber der Norm erlauben; in den Kommentaren
auch ziemlich normferne Schreibweisen, die sich eher an den Schreibkonventionen von stark dialogisch ausgerichteten Kommunikationsformen wie zum
Beispiel Chat oder Instant Messaging orientieren. Die normferneren Schreibweisen treten teilweise nicht in den (von den Firmen verfassten) Beiträgen,
sondern nur in den Kommentaren dazu auf.[9] Die Kommentare der NutzerInnen
sind ebenfalls Teil der Selbstdarstellung der Firma, da diese von den Firmen-
Beiträgen evoziert werden. Dass möglichst viele und positive Kommentare
abgegeben werden, stellt das eigentliche Ziel einer Firmenpage auf Social Networking Sites dar. Da die Kommentare das Image einer Firma – im Guten wie
im Schlechten – dokumentieren, sollten diese nicht manipuliert werden.[10] Da
auch die Kommentare einen wichtigen Bestandteil der Firmendarstellung bilden,
werden in der Folge Firmenbeiträge und Nutzerkommentare zwar unterschieden, aber beide bei der Analyse berücksichtigt.

---

8   „Jeder, der ein Fastnachtsabzeichen trägt, hat am Freitag freien Eintritt"; vgl. http://www. face
     book.com/SchweizerFerienmessen#!/SchweizerFerienmessen?v=app_2309869772; Kommen-
     tar vom 2 2.2011 um 03:00, 5.6.2011.
9   Diese sollten eigentlich von den NutzerInnen und nicht von den Firmen selbst verfasst sein. Es
     werden aber immer wieder Fälle bekannt, in welchen Firmenmitarbeiter in Folge von missver-
     standenem „viral marketing" selbst positive Kommentare verfassen oder solche in Auftrag ge-
     ben. Beispielsweise verfasste bei der Markteinführung des Tabletcomputers „WeTab" ein Mit-
     arbeiter der mit dem Hersteller verbundenen Marketingfirma unter seiner privaten Kennung
     positive Kommentare dazu, wurde aber bald enttarnt.
10   Eine andere Form der Manipulation nahm die Deutsche Bahn vor: Nach zahlreichen negativen
     Kommentaren wegen anhaltenden Verspätungen löschte sie Ende 2010 sämtliche Kommentare
     auf ihrer Website.

3.4.1   Typographie

In den Selbstdarstellungstexten auf Social Networking Sites fallen zahlreiche graphostilistische Besonderheiten auf. So werden etwa Ausrufezeichen gesetzt, wo grammatikalisch keine nötig wären, um dem Geschriebenen Nachdruck zu verleihen, wie etwa im folgenden Beispiel B1:

B1   SBB RailAway Diesen Samstag mit dem Mister Schweiz Jan Bühlmann im Schneezug ins Wallis!
     Jetzt am Wettbewerb teilnehmen und mit etwas Glück bist Du und eine Begleitperson dabei![11]

Weitere Mittel der Emphase sind die Wiederholung von Frage- und Ausrufezeichen und die durchgängige Majuskelschreibung einzelner Worte, die eine Hervorhebung im Stile von laut reden oder schreien signalisiert, wie in Beispiel B2:

B2   K. G. Und wir BASLER haben gewonnen, Danke dem ganzen MUBA-TEAM sowie Heinz Margot für die moderation. Es war ein mega toller Tag, unvergesslich!!![12]

Auch die Simulation einer gedehnten Aussprache durch die Wiederholung von Vokalen wie zum Beispiel in B3 stellt eine Form der stilistisch motivierten Emphase dar.

B3   Schweizer Ferienmessen und dran denken: gaaaanz langsam ein- und ausatmen – trotz aben-teuer ozean![13]

Das typographische Mittel, das typischerweise den neuen Medien zugeschrieben wird, aber nicht in den neuen Medien entstanden ist, sind die Smileys. Diese traten erstmals in E-Mails auf, und danach auch in den folgenden neuen Kommunikationsformen, so auch auf Social Networking Sites. Sie können dazu verwendet werden, emotionale Zustände zu kommunizieren, aber auch um kontextgebunden Äußerungsbedeutungen zu modifizieren (vgl. Wagner 2010). Smileys sind auch in den Kommentaren auf den Selbstpräsentationsseiten zu beobachten, am häufigsten die ASCII-Variante, welche aus Klammern und Satzzeichen zusammengesetzt wird, wie zum Beispiel in B4, das direkt auf B2 folgt. Weitere Varianten wie etwa die japanischen Kawaicons (O_O) treten eher selten auf.

---

11   www.facebook.com/sbbrailaway; 14. Februar um 00:25, 5.6.2011
12   Kommentar auf der Facebooksite der Mustermesse Basel AG (MUBA): http://www.facebook.com/muba1917; 13. Februar um 12:14, 5.6.2011.
13   Beitrag auf der Facebooksite der Schweizer Ferienmesse: http://www.facebook.com/SchweizerFerienmessen#!/SchweizerFerienmessen?v=app_2309869772; 26.1., 03:52, 5.6.2011.

B4   Danke auch allen Basler Fan`s
      s`Kerstin :-))))[14]

Hier wird der ironische Charakter der Äußerung, dass die Autorin, die selbst
Baslerin ist, sich bei den Baslern bedankt, durch Anfügen eines „lachenden"
Smileys mit dreifacher Wiederholung des Zeichens für die lachende Mundpartie
stark betont.

3.4.2   Orthographie

Die Orthographie auf Websites ist, wie oben bereits erwähnt, außer in einigen
Ausnahmen, relativ normkonform. Bei Beiträgen auf Social Networking Sites
stellt sich die Situation hingegen nicht einheitlich dar und kann von Beitrag zu
Beitrag variieren. In Einigen ist die Orthographie weitgehend normkonform, in
Anderen finden sich unterschiedliche Normabweichungen; so zum Beispiel
gemäßigte oder durchgängige Kleinschreibung wie in B3. Bei einzelnen Beiträ-
gen ist eine spontane Kleinschreibung von Substantiven festzustellen, so zum
Beispiel bei ‚moderation' in B2.

3.4.3   Morphosyntax

Häufig weicht in Beiträgen auf Social Networking Sites die Interpunktion von
der Norm ab. Manche Beiträge enthalten falsch gesetzte, andere gar keine
Kommata. Öfters zu beobachten ist auch die normabweichende Verwendung der
angelsächsischen Genitiv-Bildung wie zum Beispiel in ‚Fan's' in B4. Die Syntax der Beiträge ist im Allgemeinen nicht sehr komplex. Darin gleicht sie derjenigen in Texten auf Websites, da auch dort – wie bereits erwähnt – eine einfache
und verständliche Sprache verwendet wird.

3.4.4   Lexik

Die Lexik von Selbstdarstellungstexten auf Websites ist stark themenabhängig
und kann mit positiv konnotierten Schlüsselwörtern wie zum Beispiel ‚erneuer-
bare Energien' oder mit allgemein verständlichem Fachvokabular wie etwa
‚Kompetenz' oder ‚Performance' durchsetzt sein. Diese Speziallexik wird aller-

---

14   Kommentar auf der Facebooksite der Mustermesse Basel AG (MUBA): http://www.facebook.
     com/muba1917; 13. Februar um 12:14, 5.6.2011.

dings nicht allzu ausgeprägt verwendet, da sonst die Verständlichkeit der Texte leiden würde.

In Selbstdarstellungstexten auf Social Networking Sites herrscht eine Alltags- und teilweise auch Umgangssprache vor, die derjenigen ähnlich ist, die in der täglichen Konversation genutzt wird. Auch diese hat ihre Besonderheiten, so enthält sie Ausdrücke aus verschiedenen Sprachvarietäten, wie etwa die in Abschnitt 3.3 erwähnte Verwendung von Dialekten. Häufig ist auch die Verwendung von jugendsprachlichen Ausdrücken zu beobachten, so etwa von Verstärkungspartikeln wie ‚mega' in B2.

4.   Fazit und Ausblick

Die Analyse der Firmenselbstdarstellungen in den neuen Medien hat deutlich gemacht, wie sehr die Kommunikationssituation die Ausprägung weiterer Texteigenschaften bestimmt. So hat die Schreibaufgabe direkten Einfluss auf die Wahl der Textsorte, der Textfunktion und der relevanten Themen, die oft in der Schreibaufgabe bereits festgelegt sind. Aber auch die Wahl der Kommunikationsform bedingt eine ganze Reihe von Konsequenzen für die sprachliche Realisierung: Unterschiedliche Nutzergruppen favorisieren bestimmte Kommunikationsformen. Dadurch entwickelt sich ein unterschiedliches Nutzungsverhalten und es bilden sich verschiedene sprachliche Konventionen heraus.

Durch die Verwendung des „Zürcher Textbeschreibungsmodells" konnte gezeigt werden, dass die Selbstdarstellungstexte von Firmen im WWW und auf Social Networking Sites neben vielen Gemeinsamkeiten auch signifikante Unterschiede aufweisen. So unterscheiden sich die Selbstdarstellungen in den beiden Kommunikationsformen sowohl hinsichtlich der Textcharakterisierung als auch hinsichtlich der Textrealisierung erheblich. Besonders in der graphostilistischen und in der lexikalischen Realisierung wirkt sich die kommunikative Orientierung der Social Networking Sites deutlich aus. Die Texte sind wesentlich dialogischer gestaltet als diejenigen der Websites, der Adressatenbezug ist enger und die Adressaten werden teilweise direkt angesprochen, wie beispielsweise mit dem ‚Du' in B1. Der Sprachduktus ist inoffizieller, umgangssprachlicher und die Themen sind oft auch privaterer Natur. Dies gilt auch dann, wenn Mitarbeiter der Betreiberfirma an der Kommunikation beteiligt sind wie beispielsweise in B1 und B3. In Social Networking Sites haben sich Konventionen herausgebildet, die zu einem locker und freundschaftlich, beinahe familiär anmutenden Schreibstil führen. Einige dieser Facetten erinnern an den in Sieber (1998) als Parlando bezeichneten Schreibstil von SchülerInnen, andere an das kultursoziologische Konzept der Bricolage. Der Begriff wurde von Clarke und

Honneth (1979) geprägt und von Neuland (1987) in die Jugendsprache-Diskussion eingebracht, und bezeichnet die Kombination unterschiedlicher stilistischer Versatzstücke zu einem neuen Ganzen.

Die hier vorgestellte Analyse kann nur Tendenzen aufzeigen und beansprucht keine statistische Repräsentativität. Es handelt sich dabei lediglich um eine Momentaufnahme der Sprach- und Medienverwendung im deutschsprachigen Raum. Gerade die Kommunikationsformen der neuen Medien sind sehr dynamisch und werden immer wieder für neue Zwecke eingesetzt, wodurch sich auch laufend neue Nutzungsformen etablieren. Beispiele hierfür lieferte unter anderem die Mediennutzung der japanischen Regierung nach der Erdbeben-, Tsunami- und AKW-Katastrophe: Die Regierung ließ auf den Facebook-Seiten japanischer BenutzerInnen die Bitte einblenden, auf Hamsterkäufe zu verzichten und nutzte so eine ursprünglich für die private Kommunikation entworfene Kommunikationsform für die Verbreitung einer offiziellen Mitteilung des Ministerpräsidenten.[15]

Wenn, wie eingangs erwähnt, gezeigt werden soll, wie sich wirtschaftliche Praxis und textlinguistisches Wissen zu einer produktiven Einheit verbinden lassen, dann kann das „Zürcher Textbeschreibungsmodell" dazu einen wertvollen Beitrag leisten. Anhand des Modells können unterschiedliche Arten von Texten, welche unter unterschiedlichen situativen und medialen Bedingungen entstanden sind, mit einem einheitlichen, bereits validierten Beschreibungssystem charakterisiert werden. Es müssen nicht für jede neue Art von Texten neue Beschreibungskategorien entworfen, operationalisiert und überprüft werden. Die Einheitlichkeit der verwendeten Beschreibungskategorien ermöglicht es, die Textcharakterisierungen miteinander zu vergleichen. Das Textbeschreibungssystem stellt das für jeden Vergleich notwendige „tertium comparationis" in Form von textübergreifenden und theoriegeleiteten Kategorien zur Verfügung. Das Modell kann bei sich verändernden Textarten auch diachron eingesetzt werden: Zu unterschiedlichen Zeitpunkten vorgenommene Charakterisierungen können ebenfalls miteinander verglichen werden und dadurch kann die Dynamik einer Textart dokumentiert werden.

Für die Vermittlung von Schreibkompetenz (vgl. dazu auch Rast und Chitez / Keller & Kruse in diesem Band) bedeutet dies, dass aus der Entstehungssituation und aus den textlinguistischen Charakteristika einer Textart abgeleitet werden kann, welche Schreibstile- und -konventionen dafür adäquat sind. Auf der Ebene der sprachlichen Realisierung kann abgeleitet werden, welche sprachlichen Mittel zur Verfügung stehen. In dieser Weise kann die systematische Analyse anhand des Modells dazu dienen, die Schreibaufgabe in einen größeren

---

15 Vgl. Online-Bericht der Oberösterreichischen Nachrichten vom 16.3.2011 um 00:04 Uhr: http://www.nachrichten.at/nachrichten/weltspiegel/art17,575035, 5.6.2011.

Zusammenhang einzuordnen und die Realisierung bis auf die Mikro-Ebene der sprachlichen Mittel zu konkretisieren. Das Modell kann so dazu beitragen, die Adäquatheit von wirtschaftlichen Texten zu optimieren und den AutorInnen beim Verfassen wichtige Hilfsmittel zur stilistischen Ausrichtung an die Hand zu geben. Die verwendeten Beschreibungskategorien des „Zürcher Textbeschreibungsmodells" sind aus bekannten linguistischen Theorien abgeleitet und entsprechend klar definiert. Dies erleichtert nicht nur die Erlernbarkeit der Kategorien, sondern auch deren Anwendbarkeit auf konkrete Texte. Das Textbeschreibungsmodell dürfte deshalb sowohl für die Analyse als auch für die Vermittlung von Textcharakteristika von großem Nutzen sein.

Literatur

Brinker, Klaus (1985): Linguistische Textanalyse. Eine Einführung in Grundbegriffe und Methoden. 7., durchges. Aufl. Berlin: Erich Schmidt.

Clarke, John & Honneth, Axel (1979): Jugendkultur als Widerstand. Milieus, Rituale, Provokationen. Frankfurt am Main: Syndikat.

Demarmels, Sascha (2011): Bildmuster in der Werbung. In: Luginbühl, Martin & Perrin, Daniel (Hgg.): Muster und Variation. Medienlinguistische Perspektiven auf Textproduktion und Text. Bern: Lang, 217–252.

Dürscheid, Christa / Wagner, Franc & Brommer, Sarah (2010): Wie Jugendliche schreiben. Schreibkompetenz und neue Medien. Mit einem Beitrag von Saskia Waibel. Berlin: de Gruyter.

Endres, Brigitte Odile (2004): Ist Hypertext Text? In: Kleinberger Günther, Ulla & Wagner, Franc (Hgg.): Neue Medien – Neue Kompetenzen? Texte produzieren und rezipieren im Zeitalter digitaler Medien. Frankfurt am Main: Lang, 33–48.

Ermert, Karl (1979): Briefsorten. Untersuchungen zu Theorie und Empirie der Textklassifikation. Tübingen: Niemeyer.

Fix, Ulla (2007): Stil – ein sprachliches und soziales Phänomen. Beiträge zur Stilistik. Herausgegeben von Irmhild Barz / Hannelore Poethe & Gabriele Yos. Berlin: Frank & Timme.

Jakobs, Eva-Maria (2005): Writing at Work. Fragen, Methoden und Perspektiven einer Forschungsrichtung. In: Jakobs, Eva-Maria / Lehnen, Katrin & Schindler, Kirsten (Hgg.): Schreiben am Arbeitsplatz. Wiesbaden: VS Verlag für Sozialwissenschaften, 13–40.

JIM-Studie (2010): Jugend, Information, (Multi-) Media. Basisstudie zum Medienumgang 12- bis 19-Jähriger in Deutschland, hg. vom Medienpädagogischen Forschungsverbund Südwest, Stuttgart. http://www.mpfs.de/fileadmin/JIM-pdf10/JIM2010.pdf, 14.03.2011.

Kiesendahl, Jana (2011): Status und Kommunikation. Ein Vergleich von Sprechhandlungen in universitären E-Mails und Sprechstundengesprächen. Berlin: Erich Schmidt.

Kleinberger Günther, Ulla (2003a): „Identität" in innerbetrieblichen E-mails: Nähe und Distanz zwischen MitarbeiterInnen. In: Habscheid, Stephan & Fix, Ulla (Hgg.): Gruppenstile. Zur sprachlichen Inszenierung sozialer Zugehörigkeit. Frankfurt am Main: Lang, 117–128.

Kleinberger Günther, Ulla (2003b): Kommunikation in Betrieben. Wirtschaftslinguistische Aspekte innerbetrieblicher Kommunikation. Bern: Lang.

Kleinberger Günther, Ulla (2003c): Phraseologie in der Wirtschaftssprache des Internets. In: Burger, Harald / Häcki Buhofer, Annelies & Gréciano, Gertrud (Hgg.): Flut von Texten – Vielfalt der

Kulturen. Ascona 2001 zur Methodologie und Kulturspezifik der Phraseologie. Baltmannsweiler: Schneider, 415–425.

Koch, Peter & Oesterreicher, Wulf (1985): Sprache der Nähe – Sprache der Distanz. Mündlichkeit und Schriftlichkeit im Spannungsfeld von Sprachtheorie und Sprachgeschichte. In: Romanistisches Jahrbuch 36, 15–43.

Koch, Peter & Oesterreicher, Wulf (1994): Schriftlichkeit und Sprache. In: Günther, Hartmut & Ludwig, Otto (Hgg.) (1994): Schrift und Schriftlichkeit. Ein interdisziplinäres Handbuch internationaler Forschung (HSK 10.1/2). Berlin: de Gruyter, 587–604.

Koch, Peter & Oesterreicher, Wulf (2007): Schriftlichkeit und kommunikative Distanz. In: Zeitschrift für Germanistische Linguistik ZGL 35 (3), 346–375.

Neuland, Eva (1987): Spiegelungen und Gegenspiegelungen. Anregungen für eine zukünftige Jugendsprachforschung. In: Zeitschrift für Germanistische Linguistik ZGL 15, 58–82.

Roth, Kersten Sven & Spitzmüller, Jürgen (Hgg.) (2007): Textdesign und Textwirkung in der massenmedialen Kommunikation. Konstanz: UVK.

Rothkegel, Annely (2005): Zur Modellierung von Schreibaufgaben. In: Jakobs, Eva-Maria / Lehnen, Katrin & Schindler, Kirsten (Hgg.): Schreiben am Arbeitsplatz. Wiesbaden: VS Verlag für Sozialwissenschaften, 57–72.

Sandig, Barbara (1996): Stilwandel und ganzheitliche Analyse. In: Fix, Ulla & Sowinski, Bernhard: Stil und Stilwandel: Bernhard Sowinski zum 65. Geburtstag gewidmet. Frankfurt am Main: Lang, 359–394.

Sandig, Barbara (2006): Textstilistik des Deutschen. 2. Aufl. Berlin: de Gruyter.

Schmidt, Vasco Alexander (2005): Technisches Schreiben bei SAP. Softwaredokumation für betriebswirtschaftliche Standardsoftware. In: Jakobs, Eva-Maria / Lehnen, Katrin & Schindler, Kirsten (Hgg.): Schreiben am Arbeitsplatz. Wiesbaden: VS Verlag für Sozialwissenschaften, 73–92.

Schmitz, Ulrich (2006): Tertiäre Schriftlichkeit. Text-Bild-Beziehungen im World Wide Web. In: Schlobinski, Peter (Hgg.): Von *hdl* bis *cul8r*. Mannheim: Bibliographisches Institut & F. A. Brockhaus AG, 89–103.

Sieber, Peter (Hgg.) (1994): Sprachfähigkeiten – besser als ihr Ruf und nötiger denn je! Ergebnisse und Folgerungen aus einem Forschungsprojekt. Aarau: Sauerländer.

Sieber, Peter (1998): Parlando in Texten. Zur Veränderung kommunikativer Grundmuster in der Schriftlichkeit. Tübingen: Niemeyer.

Thome, Matthias (2004): Produzieren und Erkennen von Kohäsion und Kohärenz auf Webseiten. In: Kleinberger Günther, Ulla & Wagner, Franc (Hgg.): Neue Medien – Neue Kompetenzen? Texte produzieren und rezipieren im Zeitalter digitaler Medien. Frankfurt am Main: Lang, 71–108.

van Gemert, Lisette & Woudstra, Egbert (1997): Veränderungen beim Schreiben am Arbeitsplatz. Eine Literaturstudie und eine Fallstudie. In: Adamzik, Kirsten / Antos, Gerd & Jakobs, Eva-Maria (Hgg.): Domänen- und kulturspezifisches Schreiben. Frankfurt am Main: Lang, 103–126.

Wagner, Franc (2007a): Das Zürcher Projekt „Schreibkompetenz und neue Medien". In: Zeitschrift für germanistische Linguistik ZGL 35 (3), 4664–4670.

Wagner, Franc (2007b): Zur Intermedialität in den neuen Medien. In: Kodikas / Code – Ars Semeiotica 29 (1–3), 45–56.

Wagner, Franc (2010): Emoticons als metaphorische Basiskonzepte. In: Kodikas / Code – Ars Semeiotica 32(2009) (1–2), 227–241.

Wichter, Sigurd (1994): Experten- und Laienwortschätze. Umriß einer Lexikologie der Vertikalität. Tübingen: Niemeyer.

Willemse, Isabel / Waller, Gregor & Süss, Daniel (2010): JAMES – Jugend | Aktivitäten | Medien – Erhebung Schweiz. http://www.psychologie.zhaw.ch/fileadmin/user_upload/psychologie/Down loads/Forschung/James/Ergebnisbericht_JAMES_2010_de.pdf, 14.03.2011.

Zickuhr, Kathryn (2010): Generations 2010. http://pewinternet.org/Reports/2010/Generations-2010. aspx, 14.03.2011.

Gendersensitive Sprache in Unternehmenstexten

Sascha Demarmels & Dorothea Schaffner

Zur Zeit laufen in Europa – wieder einmal – heftige Diskussionen über Frauenquoten in Unternehmen. Wieso aber gibt es so wenig Frauen in den Chefsesseln? Genannt werden verschiedene Gründe, von biologischen Faktoren über traditionelle Rollenbilder hin zur Koordination von Familienarbeit und Beruf. Aber auch die Sprache könnte eine Ursache sein: So ist der Chefsessel eben der Sessel des Chefs und nicht der Chefin. Die Sprache steht in Interaktion mit den genannten soziologischen, kulturellen, psychologischen aber auch wirtschaftlichen Gründen für den Mangel an Frauen in hohen Positionen. Noch immer wird beispielsweise das Zielpublikum von Unternehmenstexten vorwiegend mit der männlichen Form angesprochen. So werden in Geschäftsberichten „der Aktionär" und „der Kunde" adressiert, in Stellenanzeigen nach „Projektleitern" und „Geschäftsführern" gesucht und in internen Rundschreiben das Wort an „den Mitarbeiter" gerichtet.

Männliche Formen in Texten sollen Frauen mitmeinen. Forschungsergebnisse zeigen aber, dass dies tatsächlich nicht zutrifft: Weder Männer noch Frauen denken an Frauen, wenn von „Chefs", „Aktionären" und „Verwaltungsräten" die Rede ist. Fühlen sich die Frauen aber nicht angesprochen, so werden sie auch nicht Chefinnen, Aktionärinnen und Verwaltungsrätinnen.

Dieser Beitrag geht der Frage nach, wieso in Unternehmenstexten die gendersensitive Sprache nicht umgesetzt wird. Dabei beleuchtet er die Problematik aus drei Perspektiven: Im ersten Teil geht es um die Grundlagen aus der Sprachwissenschaft, im zweiten Teil um die Forschung aus der Sozialpsychologie. Der dritte Teil widmet sich der Situation von Wirtschaftsunternehmen und wirft einen Blick auf aktuell publizierte Texte. Der vierte Teil schliesslich fragt danach, auf welche Probleme das Thema der gendersensitiven Sprache in der Lehre am Beispiel der Vermittlung von Schreibprozessen im Rahmen von wirtschaftswissenschaftlichen Studiengängen stösst. Schliesslich werden mögliche Lösungsansätze präsentiert, die eigentlich auch Unternehmen interessieren müssten – denn wenn in Texten von Unternehmen mehr Frauen vorkommen, finden vielleicht auch mehr Frauen den Weg in Kaderpositionen und damit liessen sich Probleme wie die gläserne Decke[1], das unterschiedliche Lohnniveau von Frauen und Männern oder die Feminisierung ganzer Branchen (wie beispielsweise des Schulwesens, wo Lehrerinnen den Lehrern anzahlmässig um ein Vielfaches überlegen sind)[2] vermeiden und in der Gesellschaft könnte sich ein nachhaltiges Gleichgewicht einstellen, was letztlich auch der Volkswirtschaft wieder zu Gute käme.

1. Gendersensitive Sprache aus Sicht der Sprachwissenschaft

1.1 Sprachliche Möglichkeiten für gendersensitive Sprache

Die deutsche Sprache ist geschlechtsmarkiert, das heisst, Personenbezeichnungen und Pronomen lassen erkennen, ob von einem Mann oder einer Frau die Rede ist. Beispielsweise ist „der Chef" eine männliche Form, während „die Chefin" eine weibliche Form ist. Daneben gibt es aber auch das so genannte generische Maskulinum. Es handelt sich dabei um eine männliche Bezeichnung, bei welcher Frauen mitgemeint sind (Klann-Delius 2005: 26). Diese Form ist höchst umstritten, denn weder auf der grammatischen noch auf der semantischen Ebene wird dieses „Mitgemeintsein" tatsächlich durchgehalten (vgl. z. B. Klann-Delius 2005; Samel 2000; Pusch 1984).[3] Im Abschnitt 2 wird ausserdem aufgezeigt werden, dass auch psychologisch die Frauen nicht mitgedacht werden. Darum wurden in den letzten Jahren – vorzugsweise von staatlichen Stellen

---

1 Mit dem Begriff „gläserne Decke" ist die unsichtbare Barriere gemeint, die in der Regel verhindert, dass Frauen in einem Unternehmen über die Karrierestufe des mittleren Kaders aufsteigen (vgl. z. B. Gildemeister & Robert 2009: 65). Es handelt sich um jene Hürde, „an der sich das Geschlechterverhältnis dramatisch zu Ungunsten von Frauen verändert." (Nickel 2009:129).

2 Diese Diskussion wurde in der Schweiz, aber auch in anderen Ländern, vor allem im Zusammenhang mit der PISA-Studie laut (vgl. Peterek 2005): Die verhältnismässig schwächeren Schulleistungen von Knaben gegenüber Mädchen wurden darauf zurückgeführt, dass ihnen männliche Bezugspersonen im Schulalltag fehlen. Das Bundesamt für Statistik (2008: 9) hält im Jahr 2008 fest, dass die Frauen auf Primarstufe mit 77.8 % „markant übervertreten" sind. Auf Hochschulstufe sind Dozentinnen und Professorinnen dann allerdings mit 27.5 % in der Minderheit. Der Anteil der Professorinnen dürfte dabei nach wie vor unter 10 % liegen (fünf Jahre zuvor lag er bei 7 %, vgl. Bundesamt für Statistik 2003: 23).

3 Pusch (1984: 36) bringt folgendes Beispiel für die Inkongruenz zwischen grammatischem Genus und menschlichem Sexus: „Hallo Frauen, wer von euch kann mir sein Fahrrad leihen?" Korrekterweise müsste dem Bezugswort „Frauen" das Pronomen „ihr" gewählt werden („Hallo Frauen, wer von euch kann mir ihr Fahrrad leihen?"). Als semantische Unstimmigkeit nennt Pusch (ebd.: 7) die Berufsbezeichnung „Sekretärin": Diese wird nie im generischen Maskulinum verwendet, weil Frauen immer Sekretärinnen sind und (männliche) Sekretäre eine andere Funktion haben als Sekretärinnen.

und Institutionen, an Universitäten und erst später auch in Unternehmen –
Sprachleitfäden entwickelt, die Strategien zu einer gendersensitiven Sprache
aufzeigen, mittels denen also das generische Maskulinum umgangen werden
kann. Die gebräuchlichsten dieser Strategien sind:

- neutrale Bezeichnungen (Person, Mensch)
- Beidnennung (Mitarbeiterinnen und Mitarbeiter)
- Beidnennung mit Schrägstrich (Mitarbeiter/-in)
- Beidnennung mit Binnen-I (MitarbeiterIn)
- Partizip im Plural (Mitarbeitende)

Die flächendeckende Umsetzung solcher gendersensitiven Sprachregelungen
erweist sich als langwierig und ist bis anhin nicht sehr zufriedenstellend verlau-
fen. Gründe dafür liegen möglicherweise im Phänomen des Sprachwandels. Die
Sprache verändert sich stetig und passt sich immerzu den Bedürfnissen der
Sprecherinnen und Sprecher an. Möchte man aber Veränderungen politisch
durchsetzen, kann man auf Probleme stossen (Litosseliti 2006: 19): Wenn kein
Bedarf für einen Wandel in der Bevölkerung herrscht, werden die neuen Formen
auch keinen Eingang in den Alltag finden. Sie haben kaum eine Chance gegenüber den eingeschliffenen sprachlichen Strukturen.

Während man früher noch davon ausgegangen ist, dass wir die Sprache so
nutzen, wie wir sind, geht man heute davon aus, dass wir so sind, wie wir die
Sprache nutzen (vgl. Gottburgsen 2000: 21). Im Bezug auf das generische Maskulinum und seine Entwicklung liesse sich daraus schliessen: Während früher
die Männer das Sagen hatten und darum allgemein männliche Formen in Texten
verwendet wurden, werden die Frauen heute vergessen, weil sie nicht in den
Texten vorkommen.

Interessant ist in diesem Zusammenhang auch die Alltagsbeobachtung, dass
das generische Maskulinum von den meisten nicht als frauendiskriminierend
wahrgenommen wird: Alle behaupten, dass sie auch die Frauen mitdenken.
Schlägt man dann aber vor, statt des generischen Maskulinums ein generisches
Femininum zu verwenden, also alle Formen weiblich zu halten und dabei die
Männer mitzudenken, so erscheint den meisten – insbesondere aber den Männern –, dass es sich dabei um eine männerdiskriminierende Sprachrealisation
handeln würde und dass sich Männer in diesem Falle nicht mitgemeint fühlen
würden.

1.2 Kommunikationssituation von Unternehmenstexten

Nach Hausendorf und Kesselheim (2008: 142) gehören Texte verschiedenen gesellschaftlichen Funktionsbereichen an, das heisst, es ergibt sich ein übergreifender Funktionszusammenhang von Texthandlung und Textsorte. In diesen Funktionsbereichen manifestiert sich die gesellschaftliche Ausdifferenzierung in unterschiedlichen Funktionssystemen. Nützlich ist ein Text dann, wenn er einen Beitrag zur kommunikativen Funktionalität eines Handlungs- und Kommunikationsfeldes der Gesellschaft liefert. Texte aus den einzelnen Funktionssystemen signalisieren jeweils, welchem System sie angehören, beispielsweise durch das Nennen des Funktionsbereichs oder durch Fachsprache (ebd.: 166f.).

Die Textfunktion bestimmt, welchen Sinn ein Text im Kommunikationsprozess einnimmt, beziehungsweise welchen Zweck er im Rahmen einer Kommunikation erfüllt (Brinker 2001: 83). Die Kommunikationssituation ist dabei also zentral. Als Grundfunktionen gelten: Information, Appell, Obligation, Kontakt und Deklaration (ebd.: 107). Aus diesen Grundfunktionen lassen sich fünf Textklassen ableiten, welchen sich weiter spezifische Textsorten zuordnen lassen. Hierbei handelt es sich um komplexe Muster sprachlicher Kommunikation, die genau so ausgestaltet sind auf Grund von kommunikativen Bedürfnissen (ebd.: 129). Unternehmenstextsorten lassen sich ebenfalls den genannten Textklassen zuordnen.

Für die Unternehmenskommunikation lässt sich ausserdem festhalten, dass der Sender das Unternehmen ist und in diesem Falle nicht aus einer einzelnen Person, sondern aus einer Personengruppe besteht, die in einigen Fällen wohl nicht einmal mehr personengebunden erscheint. Das Unternehmen kommuniziert ganz abstrakt mit der Zielgruppe.

Die Zielgruppe variiert nach Textsorte und kann als intern (die Mitarbeitenden) und extern (der Staat, die Öffentlichkeit, die Kundschaft, Wettbewerber usw.) definiert werden (Schmid & Lyczek 2006: 68). Die Zielgruppen sind in jedem Falle eher heterogen: Neben verschiedenen Bildungs- und Altersstufen sowie unterschiedlichen Funktionen (z. B. Kundschaft, Öffentlichkeit, Umweltverband usw.) und Interessen ist dabei wesentlich, dass grundsätzlich auch Frauen und Männer angesprochen werden.

1.3 Unternehmenstextsorten und gendersensitive Sprache

Die meisten Texte vereinen mehrere Funktionen in sich, jedoch lässt sich für viele Texte eine Hauptfunktion ausmachen. Dies erlaubt meist auch eine relativ eindeutige Zuordnung zu einer funktional bestimmten Textklasse. Dabei ist die gendersensitive Sprache nicht textklassen- oder -sortenkonstituierend. Die Funktionen der Textklassen lassen allerdings verschiedene Argumentationen zu, weshalb in verschiedenen Textsorten die gendersensitive Sprache verwendet werden soll.

In Informationstexten wird hauptsächlich Wissen über die Welt oder eine Sache vermittelt, wobei auch die Einschätzung des Wahrheitsgrades dieser Informationen eine Rolle spielen kann. Durch Quellenangaben oder sprachliche Strategien (z. B. Modalverben und -wörter) können Sprechende und Schreibende signalisieren, wie stark sie selber den Wahrheitsgehalt einschätzen (vgl. Brinker 2001: 108f.). Eine korrekte Darstellung der Welt scheint darum nötig zu sein und dazu gehört auch die korrekte Abbildung des Verhältnisses von Männern und Frauen, die am Geschehen beteiligt sind. Insbesondere scheint es wichtig, die in der Realität vorhandenen Frauen auch in Texten sichtbar zu machen (vgl. hierzu Abschnitt 2). Beispiele für Unternehmenstexte mit Informationsfunktion sind der Geschäftsbericht (vgl. Rudolf in diesem Band), informierende Texte aus der Mitarbeitendenzeitung und Newsletter an interne und externe Zielgruppen eines Unternehmens.

Bei Appelltexten steht eine Aufforderung an die Rezipierenden im Vordergrund. Dabei sollen diese zu einer Haltung oder einer Handlung bewegt werden (vgl. Brinker 2001: 112). Untersuchungen zu Anleitungstexten haben gezeigt, dass Appelle oft nur als solche interpretiert werden, wenn sie explizit formuliert sind (Göpferich 2008: 71). Dies weist darauf hin, dass es sich bei Appelltexten um sensible Textsorten handelt, die sehr genau ausgeführt sein müssen. Dazu gehört auch, dass die Ansprache genau ausformuliert wird, damit den Rezipierenden nicht nur klar wird, *was* sie tun müssen, sondern damit aus dem Text auch klar hervor geht, *wer* etwas tun muss. Typische Appelltexte aus der Unternehmenskommunikation sind Werbetexte, Gebrauchsanleitungen für Kundinnen und Kunden (vgl. dazu Schwender in diesem Band) und Arbeitshandbücher für Mitarbeitende.

Mittels Obligationstexten gehen Individuen oder Institutionen und Unternehmen Verpflichtungen gegenüber anderen ein. Meist handelt es sich hierbei um stark institutionalisierte Texte (vgl. Brinker 2001: 120f.). Hier scheint eine angemessene Genauigkeit aus rechtlichen Gründen angezeigt: Wer genau muss oder darf etwas tun? Typische Beispiele aus der Wirtschaft hierzu sind Arbeitsverträge und Garantiescheine.

Kontakttexte signalisieren Betroffenheit und ermöglichen eine persönliche Ansprache des Gegenübers (vgl. ebd.: 122). Sie dienen der Kontaktpflege, was für Unternehmen intern und extern besonders wichtig ist. Intern geht es um die Schaffung eines Wir-Gefühls durch Wertschätzung der einzelnen Mitarbeitenden, beispielsweise mittels Geburtstags- und Jubiläumsglückwünschen. Extern

geht es um die Pflege der Beziehung zur Kundschaft, beispielsweise über perso-
nalisierte Marketingtexte wie Direct Mailings (vgl. Hirschi in diesem Band).
Auch die persönliche Anrede im Anschreiben an die Aktionärinnen und Aktionäre (vgl. Reinmuth in diesem Band) kann als Kontaktfunktion gewertet werden. Kontakttexte sind emotional, weshalb die korrekte Ansprache der ganzen
Zielgruppe besonders sensibel ist: Wenn man die Hälfte der Bevölkerung oder
der Belegschaft durch die sprachliche Formulierung vergisst, wirkt dies nicht
besonders wertschätzend und ist für die Kontaktpflege darum wohl eher hinder-
lich.

Schliesslich schaffen Deklarationstexte eine neue Realität (vgl. Brinker
2001: 123), weshalb auch hier wieder Genauigkeit gefordert ist. Neben Textsorten wie dem Ernennungsschreiben oder der offiziellen Verleihung einer Proku-
ra, die auch gegenüber Dritten eindeutig formuliert sein müssen, verlangen
Textsorten wie Kündigungsschreiben auch ein Mindestmass an Höflichkeit, die
sich in Anerkennung des Geschlechts äussern muss.

2. Gendersensitive Sprache aus Sicht der Sozialpsychologie

Eine Vielzahl sozialpsychologischer Studien untersucht die Wirkung gendersensitiver Sprache. Sie befassen sich mit der Frage, wie sich die Verwendung einer
gendersensitiven Sprache – beispielsweise „Aktionärinnen und Aktionäre" versus „Aktionäre" oder „Mitarbeitende" versus „Mitarbeiter" – auf das Denken
und Verhalten auswirkt. Sie zeigen, dass sich mit dem Verzicht auf eine gendersensitive Sprache der gedankliche Einbezug und die Repräsentation von Frauen
verringert (z. B. Gygax et al. 2008; Stahlberg & Sczesny 2001). Zudem belegen
diese Studien, dass die Verwendung gendersensitiver Formen nicht nur kognitive Wirkungen zeigt, sondern sich auch auf das Verhalten von Frauen und Männern auswirkt (z. B. Briere & Lanktree 1983). Der Einfluss der gendersensitiven
Sprache auf Kognition und Verhalten wird in den nachfolgenden Abschnitten
ausgeführt.

2.1 Einfluss gendersensitiver Sprache auf die Kognition

Die empirische Forschung kommt übereinstimmend zum Ergebnis, dass die
Sprache die mental repräsentierte und verfügbare Personeninformation beeinflusst (z. B. Gygax et al. 2008; Stahlberg et al. 2007; Stahlberg & Sczesny
2001). Sowohl Studien aus dem englischsprachigen Raum (Hamilton 1997;
Hamilton et al. 1992; Hyde 1984) wie auch Studien aus dem deutschsprachigen

Raum (Braun et al. 2002; Gabriel & Mellenberger 2004; Heise 2000 und 2003; Irmen & Köhncke 1996; Rothmund & Scheele 2004; Stahlberg & Sczesny 2001; Stahlberg et al. 2001) bestätigen, dass der Verzicht auf die Verwendung gendersensitiver Sprachformen zu einem geringeren gedanklichen Einbezug von Frauen führt (vgl. für einen Überblick Irmen & Linner 2005 oder Hellinger & Bussmann 2003).

Die Auswirkung der Sprachform auf die Kognition wird von verschiedenen Faktoren beeinflusst: Von Personenmerkmalen der Rezipierenden, dem Weltwissen sowie Geschlechterstereotypen. In Bezug auf die Personenmerkmale ist es in erster Linie das Geschlecht der Rezipierenden (Khosroshahi 1989), sowie deren Einstellung gegenüber gendersensitiver Sprache (z. B. Stahlberg & Sczesny 2001), welche sich auf die Repräsentation von Frauen und Männern in Abhängigkeit der Sprachform auswirkt. Dabei zeigt sich ein Geschlechterzentrismus: Frauen sind eher geneigt, aufgrund geschlechtsneutraler Sprachformen an Frauen zu denken (Khosroshahi 1989). Zudem zeigte sich, dass Personen mit einer positiven Einstellung zu gendersensitiver Sprache auch eher Frauen gedanklich einbeziehen (Stahlberg & Sczesny 2001).

Vorhandenes Weltwissen und Geschlechterstereotypen zeigen ebenfalls einen Einfluss auf die kognitive Repräsentation von Frauen und Männern in Zusammenhang mit der verwendeten Sprachform (Stahlberg et al. 2007). So werden beispielsweise Personenbezeichnungen in generischem Maskulinum weniger mit Männern in Verbindung gebracht, wenn die Eigenschaft der entsprechenden Funktions- oder Personenbezeichnung in einer Gesellschaft traditionellerweise mit Frauen oder Weiblichkeit zusammenhängt (z. B. Primarlehrer, wenn die Mehrheit der Personen, die diesen Beruf ausüben, weiblich sind oder eine emotionale Person, wenn Emotionalität in einer Gesellschaft mit Weiblichkeit in Verbindung gebracht wird) (Kidd 1971; Harrison 1975; Irmen & Rossberg 2004).

2.2   Einfluss gendersensitiver Sprache auf das Verhalten

Die mangelnde kognitive Repräsentation von Frauen im generischen Maskulinum nimmt zudem auch Einfluss auf die Verhaltensebene. Die Auswirkungen auf das Verhalten wurden aber nur in einigen wenigen Studien untersucht: So konnte beispielsweise gezeigt werden, dass Frauen sich weniger auf Stellen mit einer Ausschreibung im generischen Maskulinum bewerben (Bem & Bem 1973; Stericke 1981) oder Berufe als weniger attraktiv beurteilen, wenn sie im generischen Maskulinum beschrieben werden (Briere & Lanktree 1983). Auch im Bereich von Gerichtsurteilen konnte nachgewiesen werden, dass die Sprachform die Urteilssprechung beeinflusst (Hamilton et al. 1992). Diese Studien zeigen übereinstimmend, dass die Sprachform zur Bezeichnung von Männern und Frauen nicht nur die kognitive Repräsentation, sondern auch Urteile und Entscheidungen massgeblich beeinflussen. Die Erkenntnisse aus der Sozialpsychologie unterstreichen die Bedeutung der gendersensitiven Sprache nicht nur für kognitive Prozesse, sondern auch in Bezug auf das tatsächliche Verhalten. In diesem Sinne lohnt ein Blick in die Praxis und eine Beurteilung der tatsächlichen Umsetzung gendersensitiver Sprache in verschiedenen Unternehmenstextsorten.

3.   Erfahrungen mit gendersensitiver Sprache aus der Praxis

3.1   Umsetzung gendersensitiver Sprache in Unternehmenstextsorten

Vor dem Hintergrund, dass die empirische Forschung übereinstimmend die Bedeutung der gendersensitiven Sprache für die mental repräsentierte und verfügbare Personeninformation bestätigt hat, richtet sich der Fokus auf die Umsetzung gendersensitiver Sprache.

In den meisten privatwirtschaftlichen und öffentlichen Organisationen wurden seit dem Diskurs zur Gleichstellung von Mann und Frau in den 1970er Jahren Richtlinien und einschlägige Ratgeber oder Leitfäden für gendersensitive Formulierungen entwickelt (vgl. z. B. Braun 2000; Hellinger & Bierbach 1993; Schweizerische Bundeskanzlei 2009). Die Art der Richtlinien und sprachlichen Regelungen wird im Rahmen des Marie Curie Initial Training Networks „Language, Cognition, Gender" für sieben unterschiedliche europäische Länder untersucht (Moser et al. 2010).

Die Existenz von Richtlinien kann jedoch nicht gleichgesetzt werden mit deren Umsetzung. An zwei Textsorten aus der Unternehmenskommunikation soll dies im Folgenden exemplarisch aufgezeigt werden: Zum einen an der informierenden Textsorte des Geschäftsberichts, zum anderen an der appellativen Textsorte der Stellenanzeige.

Geschäftsberichte bestehen aus verschiedenen Teiltexten, können aber durch ihre Hauptfunktion den Informationstexten zugeordnet werden. Sie informieren über den Geschäftsgang des vergangenen Jahres und fassen finanzielle, teilweise aber auch thematische Schwerpunkte zusammen. Sie dienen den meisten Unternehmen auch zur Selbstdarstellung, wobei die finanziellen Höhen und Tiefen im Zentrum stehen. Weitere Themen können aber beispielsweise auch das soziale oder ökologische Engagement eines Unternehmens einbeziehen. Meist werden Geschäftsberichte in Form von Schrift und Bild als gedruckte

Broschüren oder als elektronische Dokumente dargeboten. Teilweise werden sie im Internet durch weitere mediale Formen wie beispielsweise Videos ergänzt. Sie sind öffentlich, wobei die Unternehmen in einer offiziellen Rolle auftreten und darum ganz besonders zu einer professionellen und genauen Kommunikation gezwungen sind. Das Textsortenkonglomerat ist durch verschiedene Textmuster festgelegt, manche davon aus rechtlichen Gründen formal sehr stark bestimmt. Oft orientieren sich die Texte auch sprachlich eng an eingespielten Textmustern.

Der Blick in die Geschäftsberichte von grossen Schweizer Unternehmen zeigt, dass von einer umfassenden Umsetzung der gendersensitiven Sprache noch nicht gesprochen werden kann. Beispiele dazu liefern Geschäftsberichte aus den Top 20 des Rankings 2010 der Wirtschaftszeitschrift Bilanz.[4] Auf Basis einer ersten Sichtung wurde eine sehr unterschiedliche und wenig einheitliche Handhabung gendersensitiver Sprache festgestellt. Kuoni[5] beispielsweise weist einen sorgfältigen Umgang mit gendersensitiver Sprache auf durch die Verwendung von geschlechtsneutralen Formen wie „Menschen" und „Mitarbeitende" .

Im Gegensatz dazu wurden im UBS Geschäftsbericht 2010[6] teilweise Doppelnennungen gewählt, beispielsweise bei der direkten Anrede („Sehr geehrte Aktionärinnen und Aktionäre"). Betitelt war die Seite allerdings mit „Aktionärsbrief" und im Text selber ist dann nur noch von „Aktionären" die Rede. Im über 460 Seiten starken Dokument kommt die Bezeichnung „Aktionärinnen" gerade fünf Mal vor. Ebenfalls fünf Mal verwendet die UBS die Bezeichnung „Mitarbeiterinnen". Die neutrale Bezeichnung „Mitarbeitende" kommt im Text nur ein Mal vor. Die Bezeichnung „Mitarbeiter" dagegen erscheint 360 Mal, unter anderem auch in der Überschrift „Unsere Mitarbeiter". Auch sonst werden durchgängig maskuline Formen wie „Politiker", „Broker" und „Investoren" verwendet.

Die Baloîse[7] spricht ebenfalls durchgängig nur von „Kunden", „Maklern" und „Partnern". Immerhin verwendet sie aber auch durchgängig die Bezeichnung „Mitarbeitende".

Interessant ist auch der Geschäftsbericht 2010 der Credit Suisse[8]: Auf dem Titelbild ist eine Frau zu sehen. Dazu steht: „Marianne Pomazkova arbeitet in London für das Private Banking der Credit Suisse. Sie betreut ‚Family Offices' für äusserst vermögende Kunden (...)". Auch die Anrede im Brief an die Aktio-

---

4   vgl. http://www.bilanz.ch/geschaeftsberichte, 21.5.2011
5   http://kuoni-annualreport.com/homepage-de/marktbericht-2009/allgemein/bericht-an-die-aktio
     nare, 21.5.2011
6   http://www.ubs.com/1/g/investors/annualreporting/2010.html, 21.5.2011
7   http://www.baloise.com/website2/chbs703.nsf/URLOpen/Baloise_JB10_de.pdf/$FILE/Baloise
     _JB10_de.pdf, 21.5.2011
8   https://www.credit-suisse.com/investors/doc/ar10/csg_ar_2010_de.pdf, 21.5.2011

närinnen und Aktionäre lässt an der tatsächlichen Wertschätzung von Frauen ausserhalb des Unternehmens zweifeln: „Sehr geehrte Aktionäre, Kunden und Mitarbeitende".

Stellenanzeigen können zu den Appelltexten gezählt werden, weil sie die Rezipierenden dazu auffordern, sich bei entsprechender Eignung auf die ausgeschriebene Stelle zu bewerben. Die Textsorte hat sich als Zeitungsannonce etabliert und dieses Textmuster wird heute im Internet weitergepflegt. Auch Stellenanzeigen gehören in den öffentlichen und offiziellen Handlungsbereich, das heisst, auch hier gelten die Regeln der professionellen und höflichen Kommunikation ganz besonders. Ebenfalls werden sie, wie praktisch alle Textsorten der externen Unternehmenskommunikation, auch zur Selbstdarstellung genutzt. Hier steht im Gegensatz zur „globalen" Perspektive in den Geschäftsberichten der Umgang mit Mitarbeitenden im Zentrum. Besonders hervorgehoben wird oft der wertschätzende Umgang.

Wie schon bei den Geschäftsberichten werden auch für Stellenanzeigen unterschiedliche Strategien hinsichtlich der Umsetzung einer gendersensitiven Sprache gewählt. Während sich bei Kuoni[9] auch bei den auf dem Netz ausgeschriebenen Stellen eine gendersensitive Sprache findet, werden in Stellenanzeigen der UBS englische Berufsbezeichnungen gewählt. Gewisse Personenbezeichnungen im Englischen sind geschlechtsneutral (z. B. Manager). In diesem Sinne sind sie gendersensitiv. Allerdings wurde die Wirkung solcher fremdsprachigen Begriffe auf Deutschsprachige noch nicht untersucht und es muss darum hier offen bleiben, ob Frauen in diesen Fällen mitgedacht werden, beziehungsweise ob Frauen sich von einer solchen Ausschreibung selber angesprochen fühlen. Interessant ist hierzu auch, dass bei der Übertragung solcher Personenbezeichnungen aus dem Englischen ins Deutsche zusätzlich weibliche Bezeichnungen geschaffen werden (z. B. Managerinnen). Dieser Umstand hebt die Geschlechtsneutralität der ursprünglichen Bezeichnung dann faktisch wieder auf.

Erstaunlicherweise finden sich gerade in Stellenanzeigen, einer stark standardisierten Textform, weiterhin Formulierungen im generischen Maskulinum. Exemplarisch sei ein Beispiel einer Stellenanzeige von der Internetplattform Alpha aufgeführt:

> Als führender Schweizer Versicherer engagiert sich die AXA Winterthur für Ihre finanzielle Sicherheit. Mit der Zugehörigkeit zur AXA Gruppe bieten sich unseren Mitarbeitenden spannende Karrierechancen in einem attraktiven, dynamischen Umfeld.
> In unserem Project Management Competence Center suchen wir als Verstärkung für unser Team in Winterthur einen Senior Projektleiter.[10]

---

9   http://www.kuoni.ch/DE/services/jobs/Pages/stellen-bei-kuoni.aspx, 21.5.2011
10 http://www.alpha.ch, 4.2.2010

Ebenfalls wird von der AXA auch ein „Spezialist" und ein „Leiter" gesucht. Ausserdem gibt es vom selben Unternehmen aber auch Inserate mit den Bezeichnungen „Schadensspezialist/in", „Architekt/in", Generalagent/in", „Baujurist/in" oder „Stellvertreter/in"[11]. Dies weist darauf hin, dass die Stellenanzeigen vor der Publikation nicht intern von einer Stelle geprüft werden, beziehungsweise, dass die gendersensitive Sprache nicht zum Corporate Wording der AXA gehört.

Aus dem Jahr 2002 liegt eine Studie von Bühlmann (2002) zur Sprache und zur Darstellung von Frauen in Deutschschweizer Tageszeitungen vor, die sich unter anderem auch mit den Richtlinien zur gendersensitiven Sprache befasst und die zum Schluss kommt, dass das generische Maskulinum für Personenbezeichnungen in Zeitungen überwiegt. Stellenanzeigen im generischen Maskulinum fallen darum wohl wenig auf.

In einzelnen Fällen ist der Anspruch nach gendersensitiver Sprache in Stellenanzeigen aber auch unangebracht: Es gibt Stellenausschreibungen, die beispielsweise aus Gründen der Gruppenzusammensetzungen gezielt nur Frauen oder nur Männer für eine Stelle in Betracht ziehen. In diesem Fall ist die Verwendung von geschlechtsmarkierten Personenbezeichnungen nicht nur gerechtfertigt, sondern sogar Bedingung einer klaren Kommunikation. Damit dieses Auswahlkriterium transparent wird, muss aber auf diesen speziellen Umstand explizit hingewiesen werden.

3.2   Gründe für die mangelnde Umsetzung: Verständlichkeit und Akzeptanz

Die analysierten Beispiele verdeutlichen, dass die Umsetzung der gendersensitiven Sprache tatsächlich mangelhaft ist. Ayass (2008: 33) fasst verschiedene Bedenken von Textproduzierenden zusammen: Neben kognitiven Gründen (z. B. mangelnde Verständlichkeit) spielen affektive Gründe (z. B. mangelnde Akzeptanz) eine Rolle bei der Umsetzung von gendersensitiver Sprache.

So lautet ein weit verbreiteter Vorwurf von Textproduzentinnen und Textproduzenten, dass die gendersensitiven Formulierungen einen Text unverständlich machen. Tatsächlich widersprechen einige Formulierungsvarianten einer gendersensitiven Sprache den Lesbarkeitskriterien (der Vorstufe zur Verständlichkeit), wie sie ursprünglich von Langer et al. (1974) oder von Groeben (1982) herausgearbeitet wurden. Wichtige Kriterien sind beispielsweise die Einfachheit auf Wort- und Satzebene sowie Kürze und Prägnanz. Pates (2009: 21) hat übereinstimmend darauf hingewiesen, dass Konventionen vor allem dann unstabil

---

11   http://www.alpha.ch, 21.5.2010

sind, wenn sie unbequem sind – was mit einer komplizierteren Sprache gegeben sein könnte, beispielsweise durch explizite Nennung von Männern und Frauen. Die Richtlinien für eine gendersensitive Sprache erlauben aber auch kreative Lösungen wie die Verwendung einer geschlechtsneutralen Form (z. B. Führungskräfte) oder das Binnen-I (z. B. KundInnen). Insbesondere die Beidnennung in Kombination mit neutralen Formen würde die Verständlichkeit wenig beeinflussen. Auch würden Rezipierende sich bei regelmässiger Verwendung an neue Bezeichnungen aus Partizip-Plural-Formen gewöhnen.

Die Akzeptanz gendersensitiver Sprachformen wird in Anlehnung an bisherige Studien (z. B. Steiger & Irmen 2007; Stahlberg & Sczesny 2001; Prentice 1994) als positive Einstellung zu gendersensitiver Sprache aufgefasst.

Die Verständlichkeit und Akzeptanz gendersensitiver Sprache wurde auch in einigen sozial- und sprachwissenschaftlichen Studien untersucht (Braun et al. 2007; Frank-Cyrus & Dietrich 1997; Guyatt et al. 1997; Parks & Robertson 2000; Prentice 1994; Rothmund & Christmann 2003; Steiger & Irmen 2007). Frank-Cyrus und Dietrich (1997) untersuchten in einer Meinungsumfrage die Verständlichkeit von Gesetzestexten sowie die Präferenz für bestimmte Formen der Formulierung (generisches Maskulinum, neutrale Personenbezeichnungen oder Beidnennung). Obwohl neutrale Formulierungen (42%) und Beidnennungen (37%) vor dem generischen Maskulinum (19%) favorisiert wurden, wurde dessen Verständlichkeit am besten beurteilt (70% im Vergleich zu 62% bei Beidnennung und 57% bei der neutralen Formulierung). Grundsätzlich kann jedoch die subjektive Beurteilung der Verständlichkeit aller Sprachformen als hoch beurteilt werden.

Ebenfalls im Kontext von Rechtstexten untersuchten Steiger und Irmen (2007) die Akzeptanz gendersensitiver Formulierungen. Auch sie fanden eine gute Akzeptanz von neutralen Formen mit der Anwendung von Lückentextmethoden und keinen Unterschied hinsichtlich der Verständlichkeit unterschiedlicher Sprachformen. Rothmund und Christmann (2003) liessen Texte über ein Thermalbad hinsichtlich ihrer Lesbarkeit beurteilen. Sie fanden keine signifikanten Unterschiede zwischen generischem Maskulinum und unterschiedlichen Formen gendersensitiver Formulierungen hinsichtlich der subjektiven Verständlichkeit. Ausnahme ist die subjektive Beurteilung der Sprachästhetik, welche bei der Beidnennung schlechter ausfällt.

Weitere Befunde deuten darauf hin, dass die mangelnde Verständlichkeit – die oftmals als Grund für einen Verzicht auf gendersensitive Sprache vorgebracht wird – objektiv, also auf Basis der Erinnerungsleistung, nicht nachgewiesen werden kann: Braun et al. (2007) untersuchten die tatsächliche Verständlichkeit gendersensitiver Formulierungen durch eine objektive Überprüfung der Erinnerungsleistung. Sie stellten keine geringere Verständlichkeit bei gendersensitiver Formulierung fest. Ihre Befunde zur subjektiven Verständlichkeit der verschiedenen Sprachformen zeigen aber, dass männliche Befragte das generische Maskulinum als verständlicher wahrnehmen. Diese Studien weisen darauf hin, dass Menschen irrtümlicherweise den Eindruck haben, dass das generische Maskulinum verständlicher sei als gendersensitive Formulierungen.

Die Akzeptanz gendersensitiver Sprachformen ist unabhängig von der Beurteilung der Verständlichkeit grundsätzlich gegeben (Frank-Cyrus & Dietrich 1997; Guyatt et al. 1997; Steiger & Irmen 2007). Die Untersuchung von Peyer und Wyss (1998) hat ausserdem gezeigt, dass sich die breite Öffentlichkeit in der Schweiz mit dem Thema der gendersensitiven Sprache auseinandersetzt. Sie haben einerseits Belege über den Mediendiskurs zu diesem Thema gesammelt, andererseits Schüler und Schülerinnen sowie Studierende zu ihrer Meinung im Bezug auf gendersensitive Sprache befragt und festgestellt, dass die Antworten sehr differenziert und überlegt gegeben wurden. Dies signalisiert eine grundsätzliche Akzeptanz gegenüber dem Thema.

Eine weitere, aktuelle Studie von Elmiger (2009) befasst sich ebenfalls mit Fragestellungen der Akzeptanz gendersensitiver Sprache. Analysiert wurde die Sprache aus dem Schweizer Textkorpus, einer Sammlung von möglichst repräsentativen Texten aus der Schweiz, wobei es sich dabei nicht primär um Kommunikation von privatwirtschaftlichen und öffentlichen Organisationen handelt. Weiter liegt eine Studie zu den Richtlinien für eine gendersensitive Sprache bei der Bundesverwaltung vor (Albrecht 2000), es fehlt aber am Vergleich von öffentlichen mit privatwirtschaftlichen Organisationen. Dieser Vergleich scheint insbesondere im Hinblick auf die Akzeptanz der Textproduzierenden gegenüber gendersensitiven Formulierungen vielversprechend, weil im öffentlichen Sektor politische Entscheide zur Verfassung der Richtlinien geführt haben. Bei privatwirtschaftlichen Organisationen sind es jedoch Corporate-Identity-Vorschriften oder auch Corporate-Wording-Vorgaben, die eine Anwendung allenfalls vorschreiben. Der Druck der Öffentlichkeit und der Politik gegenüber öffentlichen Organisationen zur Umsetzung der Richtlinien ist allerdings höher, da diese Organisationen auch eine gewisse Vorbildfunktion haben und ausserdem ein politischer Auftrag vorliegt. Auch dieser Umstand kann wiederum die Akzeptanz gegenüber solcher Richtlinien beeinflussen.

Die Studien zeigen, dass nicht die tatsächliche Verständlichkeit, sondern vor allem die subjektive Einstellung und damit die Akzeptanz gegenüber der gendersensitiven Sprache deren Umsetzung beeinflusst. Zudem scheinen sich Regeln und Richtlinien sowie Gewohnheiten massgeblich auf die Umsetzung neuer Sprachformen auszuwirken.

In zwei aktuellen Studien untersuchten Moser et al. (2010) die Nutzung von gendersensitiven Formen (z. B. „Bürgerinnen und Bürger"), wie sie in deutschsprachigen Ländern in zahlreichen offiziellen Richtlinien für den Gebrauch von gendersensitiver Sprache empfohlen werden. In der ersten Studie wurde zur Beschreibung ihres tatsächlichen Sprachgebrauchs die spontane Sprachproduktion der Teilnehmenden anhand von Lückentexten erhoben. Zusätzlich wurde ihre Einstellung zu gendersensitiver Sprache erfasst. Diese Studie zeigte einen überwiegenden Gebrauch des generischen Maskulinums, der einhergeht mit einer negativen Einstellung zu gendersensitiver Sprache. Die Studie zeigt auf, dass gendersensitive Sprache von einer Mehrheit der Versuchspersonen nicht spontan produziert wird und verdeutlicht die Notwendigkeit einer vertiefteren Untersuchung der Bedingungen der Umsetzung gendersensitiver Sprache.

In einer zweiten Studie wurden basierend auf der Theorie des geplanten Verhaltens und auf Ansätzen zu Gewohnheit und Sexismus weitere Faktoren identifiziert, die den Gebrauch von gendersensitiver Sprache vorhersagen: höheres Alter, eine positivere Einstellung zu gendersensitiver Sprache sowie insbesondere das bisherige Verhalten respektive die Gewohnheit gendersensitive Sprache zu verwenden erwiesen sich dabei als bedeutsame Prädiktoren für einen gendersensitiven Sprachgebrauch. Diese Ergebnisse bieten die Grundlage für die Erklärung der Umsetzung einer gendersensitiven Sprache in der Praxis der Sprachproduktion.

Insgesamt liegen unterschiedliche Erkenntnisse zur Akzeptanz gendersensitiver Sprache vor. Ein Zusammenhang zwischen Akzeptanz, Gewohnheit und der Umsetzung kann jedoch angenommen werden. Eine Untersuchung im Kontext von Unternehmenstexten fehlt aber noch.

4. Erfahrungen mit gendersensitiver Sprache aus der Lehre

Es stellt sich in der Lehre immer wieder die Frage, was den überhaupt lernbar ist und was sich demzufolge überhaupt lehren lässt. Sprachwandel, das wurde bereits weiter oben erwähnt, lässt sich nicht erzwingen. Ist gendersensitive Sprache darum auch nicht lehr- und lernbar? Erfahrungen an einer Fachhochschule zeigen, dass es bei der Vermittlung von gendersensitiven Sprachstrategien nicht um eine Indoktrinierung von Sprachwandel geht, sondern in erster Linie um die Sensibilisierung.

Grundlage für die im folgenden genannten Erfahrungen bildet der Kommunikationsunterricht an einer Wirtschaftshochschule. Er setzt sich aus verschiedenen Schreib- und Sprechmodulen zusammen und ist insgesamt sehr auf die Praxis ausgerichtet, das heisst, es wird mit vielen aktuellen Beispielen gearbeitet. Primäres Ziel der Lehre im schriftlichen Bereich ist die Befähigung der

Studierenden, Unternehmenstextsorten zu (re-)produzieren (vgl. Rast in diesem Band).

4.1   Widerstand von Studierenden

Die Studierenden bringen insgesamt wenig Motivation auf, selber eine gendersensitive Sprache umzusetzen, beziehungsweise sich überhaupt mit diesem Thema auseinanderzusetzen. Sie verweisen immer wieder auf die Praxis, wo diese Umsetzung zu grossen Teilen keine Rolle zu spielen scheint. Der Umstand, dass auch die Hochschule selber sich an die Sprachrichtlinien des Bundes zu halten hat und einen gendersensitiven Umgang mit Personenbezeichnungen pflegen sollte, wirkt auf die Studierenden mehr als unangenehme Rahmenbedingung für Prüfungssituationen, denn als Anreiz, sich mit einem praktischen Problem zu befassen. Von wissenschaftlichen Arbeiten im Rahmen des Studiums wird verlangt, dass sie gendersensitiv formuliert sind. Eine mangelhafte Umsetzung wird aber nur teilweise geahndet. Die Richtlinien werden entsprechend von den meisten ebenfalls nur als Schikane wahrgenommen, ohne dass sie dahinter einen Sinn oder ein praktisches Problem der Wirtschaft wahrnehmen können.

Erschwerend kommt hinzu, was weiter oben schon für die Praxis gezeigt wurde: Die gendersensitiven Personenbezeichnungen werden abgelehnt, weil sie den Forderungen nach einem verständlichen Stil nicht gerecht werden. Hier wirkt sich zusätzlich ungünstig aus, dass die Dozierenden, die verständlichen Stil unterrichten, mit jenen identisch sind, die gendersensitive Sprache vermitteln sollen.

Zu beachten ist neben den in Abschnitt 2 genannten Gründen für die Ablehnung auch, dass es sich bei kreativen gendersensitiven Bezeichnungen oft um Formen handelt, die noch nicht so geläufig sind und dass durch Beidnennung oder neutrale Formen die Präzision erheblich gesteigert wird. Zieht man zusätzlich in Betracht, dass mit dem generischen Maskulinum oft tatsächlich nur Männer assoziiert werden, handelt es sich um eine wichtige Erweiterung des Inhaltes, die eine gewisse Beeinträchtigung der Lesbarkeit rechtfertigen würde.

Trotzdem stösst die Vermittlung der gendersensitiven Sprache bei den meisten Studierenden, Frauen wie Männer, auf Widerstand. Dies äussert sich darin, dass sie sich solchen Forderungen nach angemessener Formulierung hartnäckig und konstant in ihren eigenen Texten ganz verweigern oder dass sie gendersensitive Sprache äusserst unzureichend umsetzen. Beispielsweise ist öfters in Texten die Rede davon, dass „der Mitarbeitende" etwas Bestimmtes tut. Nun handelt es sich bei „Mitarbeitende" zwar um eine Partizipform, welche eine gute

Ausgangslage bildet für eine gendersensitive Sprache – jedoch nur, wenn sie im Plural benutzt wird: „Die Mitarbeitenden" ist eine korrekte gendersensitive Form. Im Singular entsteht durch die Partizipform tatsächlich nur eine unnötige Silbenvermehrung und damit ein Verstoss gegen gute Lesbarkeit. Die geschlechtliche Zuordnung bleibt aber bestehen.

Weiter passiert es auch, dass neutrale Personenbezeichnungen mit einer Geschlechter-Präzision versehen werden, beispielsweise „die weibliche Person". Auch hier entsteht ein Verstoss gegen die Verständlichkeit: Einfacher und damit verständlicher wäre, im Fall von weiblichen Personen direkt von Frauen zu sprechen.

Beide Beispiele zeigen auf, dass der Sinn der gendersensitiven Sprache nicht erfasst wird. Es werden mechanisch Regeln umgesetzt (z. B. Partizipformen, neutrale Personenbezeichnungen), ohne dass überlegt wird, was das Ergebnis bedeutet und wie es sich zur eigentlichen Problematik (der gedanklichen Nicht-Präsenz von Frauen im generischen Maskulinum) verhält. Zur mangelnden Motivation kommt also ein mangelndes Verständnis für die Problematik.

Ähnliches zeigt sich auch im Verhalten mancher Dozierender: Es besteht zuweilen wenig Motivation, eine gendersensitive Sprache durchzusetzen. Bei der Besprechung von Arbeiten sind die Durchsetzungsversuche teilweise sehr ungeschickt und zeugen oft von der eigenen Unsicherheit im Umgang mit der Problematik: Den meisten Dozierenden scheint nicht klar zu sein, warum eine gendersensitive Sprache tatsächlich wichtig ist. Sie berufen sich auf die Regelungen der Hochschule und die Vorgaben des Bundes. Sie machen wenig Anstalten, das Problem bei der fehlenden Assoziation von Frauen im generischen Maskulinum anzugehen. Oft wird die Regelung darum in der Diskussion mit den Studierenden ganz fallen gelassen. In die Bewertung fliesst die gendersensitive Sprache meist gar nicht ein.

4.2 Widerstand von der Gesellschaft

Insgesamt zeigt sich also, dass ein unzureichendes Verständnis für die Problematik der gendersensitiven Sprache nicht nur auf Seiten der Studierenden liegt, sondern auch bei den Dozierenden und wohl auch in der Gesellschaft selbst. Dort hat das Thema eine nur sehr geringe Relevanz und in den Massenmedien wird es sogar regelmässig lächerlich gemacht. So wurde beispielsweise in der Boulevardpresse eine am äussersten Rand erwähnte Form „das Elter" als Singular zu „die Eltern" in einem neuen Sprachleitfaden hervorgehoben und behauptet, dass künftig die Wörter „Vater" und „Mutter" nicht mehr verwendet werden dürften.[12] Die Reaktionen aus der Leserschaft waren geprägt von grosser Empörung – gegen den neuen Sprachleitfaden und den Umstand, dass die Bundesverwaltung viel Geld ausgebe für so einen Unsinn. Dass es in keiner Weise darum ging, die Bezeichnungen „Vater" und „Mutter" aus dem Wortschatz zu verbannen und dass ein Vater immer ein Mann und eine Mutter immer eine Frau sein wird, das haben weder die Journalistinnen und Journalisten noch die Lesenden und Kommentierenden gemerkt. Das eigentliche Problem wurde von niemandem erkannt.

Die Alltagsbeobachtung vom Widerstand gegen die Umsetzung gendersensitiver Sprache steht im Widerspruch zu den in Abschnitt 3.2 dargestellten Untersuchungen, die grundsätzlich eine gute Akzeptanz gendersensitiver Sprache aufgefunden haben. Eine mögliche Erklärung für diesen Widerspruch könnte darin liegen, dass in den genannten Untersuchungen die Befragten aufgrund sozialer Erwünschtheit ihre Skepsis gegenüber gendersensitiver Sprache nicht angaben. Eine solche soziale Erwünschtheit beeinflusst spontane Kommentaren auf die Medienberichterstattung eher nicht.

5.   Durch Verständnis und Gewohnheit zur Umsetzung

Wenn zur Zeit die Forderung nach höheren Frauenquoten in Unternehmen laut wird und sich Frauen vermehrt auch in höheren Kaderpositionen behaupten sollen, wenn es mehr Aktionärinnen braucht und mehr Verwaltungsrätinnen, dann ist es auch an der Zeit, sich einmal eingehend Gedanken zur konsequenten Umsetzung der gendersensitiven Sprache zu machen. Vielleicht sind die Ziele ja ganz einfach zu erreichen mit einer grösseren Sichtbarkeit von Frauen in Unternehmenstexten.

Das Vorhandensein und die Handhabung von Richtlinien bezüglich gendersensitiver Sprache hängt zur Zeit stark vom Kontext ab, von den Zielgruppen, von Textsorten und vom kulturellen Hintergrund. Es besteht die begründete Vermutung, dass je mehr Frauen im Kontext vorhanden sind, desto eher eine gendersensitive Sprache umgesetzt wird. Man könnte diesen Prozess durch eine vermehrte, konsequente Umsetzung von Sprachleitfäden wohl ankurbeln. Es ist davon auszugehen, dass die Akzeptanz gegenüber einer gendersensitiven Sprache mit der persönlichen Einstellung zusammenhängt, nicht nur zur gendersensitiven Sprache selbst, sondern auch zu Gleichstellungsfragen und zur Wahrnehmung von Frauen ganz allgemein.

---

12   http://www.blick.ch/news/schweiz/weder-vater-noch-mutter-beamte-sollen-kuenftig-das-elter-sagen-148276, 14.2.2011

Wie kann nun aber eine solche Akzeptanz erreicht werden? Will man bei Studierenden die Verwendung einer gendersensitiven Sprache durchsetzen, muss man erst einmal zur Auseinandersetzung mit dem Thema motivieren. Dadurch erhöht sich die Chance auf Akzeptanz von Sprachregelungen einerseits und von neuartigen Sprachschöpfungen (z. B. Partizip-Formen wie „Mitarbeitende" usw.) andererseits.

Dazu kann man ein einfaches Experiment von Stahlberg und Sczesny (2001: 136f.) replizieren: Man verlangt von den Teilnehmenden, dass sie sich ohne viel zu überlegen kurz ganz persönliche Antworten auf folgende Fragen notieren: „Wer ist Ihr Lieblingsschauspieler?", „Wer war Ihr liebster Jugendheld?", „Wer ist Ihr Lieblingsfernsehmoderator?". Möchte man mehr Zeit investieren, kann man zur Abwechslung auch nach Frauen fragen (z. B. „Wie heisst Ihre Nachbarin?") oder Fragen nach Personen einstreuen, die eindeutig männlich oder weiblich sind (z. B. „Wie heisst Ihre Grossmutter väterlicherseits?").

Klärt man die Versuchspersonen später über das generische Maskulinum auf und fragt sie, ob sie selber zur grossen Ausnahme gehören, die damit natürlich auch Frauen mitmeinen, kann man sie durch die Ergebnisse des Experimentes leicht überführen: Auch sie werden mehrheitlich die Frauen nicht mitgedacht haben, das heisst, sie werden Männer genannt haben als Lieblingsschauspieler, Jungendhelden und Fernsehmoderatoren.

Der erste Schock darüber ist meist gross und das Verständnis der Problematik schlagartig da. Dies bringt zumindest für eine kurze Zeit die Motivation, sich mit gendersensitiver Sprache auseinanderzusetzen und sie in eigenen Texten anzuwenden. Leider hat sich bei Versuchen im Unterricht gezeigt, dass die Sensibilisierung nicht all zu lange anhält und Studierenden nach einigen Wochen in die alten Muster zurückfallen. Dies könnte unter Umständen damit zusammenhängen, dass die Welt um sie herum sich nicht oder nur marginal einer gendersensitiven Sprache bedient.

Ein weiterer möglicher Lösungsansatz liegt in der Ausbildung von entsprechenden Gewohnheiten. Mit dem wiederholten Einsatz einer gendersensitiven Sprache werden solche Sprachformen automatisch verwendet. Möglicherweise kann über die Durchsetzung von Sprachregelungen eine Gewöhnung an gendersensitive Sprache erreicht werden. Aus- und Weiterbildungsinstitutionen sind somit – trotz der genannten Herausforderungen – gefordert diese Gewohnheiten auszubilden.

Die Frage nach der Verantwortung ist dabei noch nicht geklärt: Sollen die Unternehmen mit gutem Beispiel vorangehen? Sie tun es wohl nur, wenn sie für sich selber direkte Vorteile daraus ersehen. Muss es also die Didaktik übernehmen? Auch sie versagt, weil zuweilen nicht einmal die Dozierenden verstehen, wozu gendersensitive Sprache wirklich gut ist. Die Forschung vermag zwar gewisse Zusammenhänge zu erklären, kommt aber mit diesen Erkenntnissen zu wenig an die breite Öffentlichkeit und wird auch in der Lehre und der Praxis zu wenig wahrgenommen. Und so besteht die Gefahr, dass die Forderung nach einer gendersensitiven Sprache weiterhin ein Sprachproblem bleibt, statt dass es auf die gesellschaftliche Ebene gehoben wird.

Damit das Problem behoben werden kann, muss es erst einmal bekannt sein und ernst genommen werden, das heisst, es muss allgemein anerkannt werden, dass mit dem generischen Maskulinum Frauen nicht mitgedacht werden. Lehre, Forschung und Praxis müssen dann gemeinsam hinter der gendersensitiven Sprache stehen und auf die Durchsetzung der Regeln pochen, so dass daraus eine Gewohnheit entsteht.

6.   Fazit

Textsorten und Textmuster sind grundsätzlich wandelbar (vgl. Luginbühl & Perrin 2011: 7ff.) Ein Wandel findet aber nur sehr langsam satt. Insbesondere gilt das für Veränderungen, die in der Praxis nur teilweise gestützt werden. Das Beispiel der Unternehmenstexte zeigt, dass sich die Unternehmenskommunikation oft nicht an der gesellschaftlichen Realität orientiert, sondern an konservativen Textmustern, wie sie seit Jahrzehnten gepflegt werden. Und zu Beginn dieser Textsortenkulturen war es wohl tatsächlich noch so, dass auch die Welt um die Texte herum aus Männern bestand und dass die männliche Form die Realität im Text adäquat wiedergab. Wenn eine Sprachgemeinschaft die gendersensitive Sprache nicht für wichtig hält, wird diese nur langsam in etablierten Textsorten Fuss fassen. Die Frage ist aber, wieso die Sprachgemeinschaft die gendersensitive Sprache ablehnt und die Vermutung besteht, dass die patriarchalen Strukturen nach wie vor fest in unserem Denken verankert sind, vielleicht sogar beeinflusst durch die Abwesenheit von Frauen in unserer Sprache.

Könnte man die Unternehmen auf das Thema der gendersensitiven Sprache sensibilisieren und den Zusammenhang zwischen der gendersensitiven Ansprache und der Sichtbarmachung von Frauen in Texten einerseits und der Verteilung von Frauen und Männern auf Funktionen in einem Unternehmen andererseits klar machen, würden diese vielleicht ihre Texte gendersensitiver formulieren.

Angesichts des Widerspruchs zwischen wissenschaftlichen Erkenntnissen zur Akzeptanz und Alltagsbeobachtungen zur mangelnden Umsetzung gendersensitiver Sprache ergibt sich die Forderung nach weiteren wissenschaftlichen Untersuchungen zur Rolle von Akzeptanz, Gewohnheit und Regelungen im Hinblick auf die Umsetzung gendersensitiver Sprache in Unternehmenstexten.

Fragen hinsichtlich der Bedeutung dieser Faktoren für die tatsächliche Umsetzung des Sprachwandels können auf Basis der bisher vorliegenden Erkenntnisse noch nicht abschliessend beantwortet werden. Die Verwendung einer gendersensitiven Sprache hat etwas mit Motivation zu tun: Man darf sich nicht hinter Stil und Verständlichkeit verstecken, sondern muss anerkennen, dass es hier um Inhalt und um Repräsentation der Wirklichkeit geht. Die Einstellung und Motivation zu einem Thema hängen aber stark vom Vorwissen über das Problem ab. Ist sich ein Unternehmen des Problems bewusst und nimmt es Frauen wirklich ernst, wird es – zusammen mit anderen frauenfördernden Massnahmen – eine gendersensitive Sprache realisieren und schliesslich den Frauenanteil erhöhen.

Literatur

Albrecht, Urs (2000): „Unsere Sprache ist verbildet durch einen Maskulinismus". Die deutsche Schweiz auf dem Weg zu einer geschlechtergerechten Sprache. In: Sprachliche Gleichstellung von Frau und Mann in der Schweiz. Ein Überblick und neue Perspektiven. Bulletin suisse de linguistique appliquée 72, 11–46.

Ayass, Ruth (2008): Kommunikation und Geschlecht. Eine Einführung. Stuttgart: Kohlhammer.

Bem, Sandra L. & Bem, Daryl (1973) Does sex-biased job advertising „aid and abet" sex discrimination? Journal of Applied Social Psychology, 3, 6–18.

Braun, Friederike (2000): Mehr Frauen in die Sprache. Leitfaden zur geschlechtergerechten Formulierung. Kiel: Ministerium für Justiz, Frauen, Jugend und Familie des Landes Schleswig-Holstein.

Braun, Friederike / Oelkers, Susanne / Rogalski, Karin / Bosak, Janine & Sczesny, Sabine (2007): „Aus Gründen der Verständlichkeit ...": Der Einfluss generisch maskuliner und alternativer Personenbezeichnungen auf die kognitive Verarbeitung von Texten. In: Psychologische Rundschau, 58(3), 183–189.

Braun, Friederike / Sczesny, Sabine & Stahlberg, Dagmar (2002): Das generische Maskulinum und die Alternativen. Empirische Studien zur Wirkung generischer Personenbezeichnungen im Deutschen. In: Germanistische Linguistik, 167, 77–87.

Briere, John & Lanktree, Cheryl (1983): Sex-role related effects of sex bias in language. In: Sex Roles, 9(5), 625–632.

Brinker, Klaus (2001): Linguistische Textanalyse. Berlin: Erich Schmidt.

Bühlmann, Regula (2002): Ehefrau Vreni haucht ihm ins Ohr... Untersuchung zur geschlechtergerechten Sprache und zur Darstellung von Frauen in Deutschschweizer Tageszeitungen. In: Linguistik online 11(2), 163–187.

Bundesamt für Statistik (2003): Sozialberichterstattung der Schweiz. Auf dem Weg zur Gleichstellung? Frauen und Männer in der Schweiz. Dritter statistischer Bericht. Neuchâtel: o. V.

Bundesamt für Statistik (2008): Gleichstellung von Frau und Mann. Die Schweiz im internationalen Vergleich. Eine Auswahl von Gleichstellungsindikatoren in den Bereichen Bildung, Arbeit und Politik. Neuchâtel: o. V.

Elmiger, Daniel (2009): Sprachliche Gleichbehandlung von Frau und Mann. Eine korpusgestützte Untersuchung über den Sprachwandel in der Schweiz. In: Linguistik online 39(3), 61–73.

Frank-Cyrus, Karin M. & Dietrich, Margot (1997): Sprachliche Gleichbehandlung von Frauen und Männern in Gesetzestexten. Eine Meinungsumfrage der Gesellschaft für deutsche Sprache. In: Der Sprachdienst, 41, 55–68.

Gabriel, Ute & Mellenberger, Franziska (2004): Exchanging the Generic masculine for Gender-Balanced Forms – The Impact of Context Valence. In: Swiss Journal of Psychology 63/4, 273–278.

Gildemeister, Regine & Robert, Günther (2009): Die Macht der Verhältnisse. Professionelle Berufe und private Lebensformen. In: Löw, Martina (Hg.): Geschlecht und Macht. Analysen zum Spannungsfeld von Arbeit, Bildung und Familie. Wiesbaden: VS Verlag, 47–80.

Göpferich, Susanne (2008): Textproduktion im Zeitalter der Globalisierung. Entwicklung einer Didaktik des Wissenstransfers, 3. Aufl. Tübingen: Stauffenburg.

Gottburgsen, Anja (2000): Stereotype Muster des sprachlichen doing gender. Eine empirische Untersuchung. Wiesbaden: Westdeutscher Verlag.

Groeben, Norbert (1982): Leserpsychologie: Textverständnis – Textverständlichkeit. Münster: Aschendorff.

Guyatt, Gordon H. / Cook, Deborah J. / Griffith, Lauren E. / Walter, Stephen D. / Risdon, Cathy & Liutkus, Joanne (1997): Attitudes toward the usw of gender-inclusive language among residency trainees. In: Canadian Medical Association Journal, 156, 9, 1289–1293.

Gygax, Pascal / Gabriel, Ute / Sarrasin, Orjane / Oakhill, Jane & Garnham, Alan (2008): Generically intended, but specifically interpreted: When beauticians, musicians, and mechanics are all men. Language and Cognitive Processes, 23(3), 464–485.

Hamilton, Mykol C. (1997): The human race: Sexist language as a tool of dominance. In Braun, Friedrike & Pasero, Ursula (Hgg.): Kommunikation von Geschlecht. Communication of gender. Pfaffenweiler: Centaurus, 147–163.

Hamilton, Mykol C. / Hunter, Barbara & Stuart-Smith, Shannon (1992): Jury instructions worded in the masculine generic. In: Chrisler, Joan C. & Howard, Doris (Hgg.): New directions in feminist psychology, vol. 13, 169–178.

Harrison, Linda (1975): Cro-Magnon Woman – in Eclipse. In: The science teacher 42, 4, 8–11.

Hausendorf, Heiko & Kesselheim, Wolfgang (2008): Textlinguistik fürs Examen. Göttingen: Vandenhoeck & Ruprecht.

Heise, Elke (2000): Sind Frauen mitgemeint? Eine empirische Untersuchung zum Verständnis des generischen Maskulinums und seiner Alternativen. In: Sprache und Kognition, 19, 3–13.

Heise, Elke (2003): Auch einfühlsame Studenten sind Männer: Das generische Maskulinum und die mentale Repräsentation von Personen. In: Verhaltenstherapie & psychosoziale Praxis, 35, 285–291.

Hellinger, Marlis & Bierbach, Christiane (1993): Eine Sprache für beide Geschlechter. Richtlinien für einen nicht-sexistischen Sprachgebrauch. Bonn: Deutsche UNESCO-Kommission.

Hellinger, Marlis & Bussmann, Hadumod (2003): Gender Across Languages. Amsterdam: Benjamins.

Hyde, Janet S. (1984): Childern's Understanding of sexist language. In: Developmental Psychology, 20, 687–706.

Irmen, Lisa & Köhncke, Astrid (1996): Zur Psychologie des „generischen Maskulinums". In: Sprache und Kognition, 15, 152–166.

Irmen, Lisa & Linner, Ute (2005): Die Repräsentation generisch maskuliner Personenbezeichnungen: Eine theoretische Integration bisheriger Befunde. In: Zeitschrift für Psychologie, 213, 167–175.

Irmen, Lisa & Rossberg, Nadja (2004): Gender Markedness of Language: The Impact of Grammatical and Nonlinguistic Information on the Mental Representation of Person Information. In: Journal of Language and Social Psychology, 23(3), 272–307.

Khosroshahi, Fatemeh (1989): Penguins don't care, but women do: A social identity analysis of a Whorfian problem. In: Language in Society, 18, 505–525.

Klann-Delius, Gisela (2005): Sprache und Geschlecht. Stuttgart: Metzler.

Kidd, Virginia (1971): A study of the images produced through the use of a male pronoun as the generic. In: Movements: contemporary rhetoric and communication, 1, 25–30.

Langer, Inghard / Schulz von Thun, Friedemann & Tausch, Reinhard (1974): Verständlichkeit in Schule, Verwaltung, Politik und Wissenschaft. München: Reinhardt.

Litosseliti, Lia (2006): Gender and Language. Theory and Practice. New York: Oxford University Press.

Luginbühl, Martin & Perrin, Daniel (Hgg.): Muster und Variation. Medienlinguistische Perspektiven auf Textproduktion und Text. Bern: Lang.

Moser, Franziska / Hubacher, Mirjam / Sczesny, Sabine & Irmen, Lisa (2010): „Als Stimmberechtigte werden jene B ... bezeichnet" – Zur Vorhersage eines geschlechtergerechten Sprachgebrauchs. In: 47. Kongress der Deutschen Gesellschaft für Psychologie (DGPs), Bremen / Deutschland.

Nickel, Hildegard M. (2009): Führung und Macht in Unternehmen. In: Löw, Martina (Hg.): Geschlecht und Macht. Analysen zum Spannungsfeld von Arbeit, Bildung und Familie. Wiesbaden: VS Verlag für Sozialwissenschaften, 121–141.

Parks, Janet B. & Roberton, Mary A. (2000): Development and validation of an instrument to measure attitudes toward sexist / nonsexist langugae. In: Sex Roles, 42, 5/6, 415–438.

Pates, Rebecca (2009): Wie man Geschlechter macht. Eine Einleitung in mikropolitische Studien. In: Donat, Esther / Fröböse, Ulrike & Pates, Rebecca (Hgg.): „Nie wieder Sex". Geschlechterforschung am Ende des Geschlechts. Wiesbaden: VS Verlag für Sozialwissenschaften, 9–41.

Peterek, Katja (2005): Das Zuviel an Lehrerinnen. Erobern Frauen die Schulzimmer während sich die Männer aus dem Kreidestaub machen? Zürich: ohne Verlag. www.nwsb.ch/dokumente/diplomarbeit_peterk.pdf, 21.5.2011

Peyer, Ann & Wyss Eva L. (1998): „Jazzmusikerinnen – weder Asketen noch Müsli-Fifis" – Femmin-istische Sprachkritik in der Schweiz, ein Überblick. In: Schoenthal, Gisela (Hg.): Feministische Linguistik – Linguistische Geschlechterforschung. Germanistische Linguistik, 139/140, 117–154.

Prentice, Deborah A. (1994): Do language reforms change our way of thinking? In: Journal of Language and Social Psychology, 13, 3–19.

Pusch, Luise F. (1984): Das Deutsche als Männersprache. Aufsätze und Glossen zur feministischen Linguistik. Frankfurt am Main: Suhrkamp.

Rothmund, Jutta & Christmann, Ursula (2003): Auf der Suche nach einem geschlechtergerechten Sprachgebrauch. In: Muttersprache, 112, 115–135.

Rothmund, Jutta & Scheele, Brigitte (2004): Personenbezeichnungsmodelle auf dem Prüfstand. Lösungs-möglichkeiten für das Genus-Sexus-Problem auf Textebene. In: Zeitschrift für Psychologie, 212/1, 40–54.

Samel, Ingrid (2000): Einführung in die feministische Sprachwissenschaft. Berlin: Erich Schmidt.

Schmid, Beat F. & Lyczek, Boris (2006): Die Rolle der Kommunikation in der Wertschöpfung der Unternehmung. In: Dies. (Hg.): Unternehmenskommunikation. Kommunikationsmanagement aus Sicht der Unternehmensführung. Wiesbaden: Gabler, 3–146.

Schweizerische Bundeskanzlei (2009): Geschlechtergerechte Sprache. Leitfaden zum geschlechtergerechten Formulieren im Deutschen. Bern: o. V.

Stahlberg, Dagmar / Braun, Friedrike / Irmen, Lisa & Sczesny, Sabine (2007): Representation of the sexes in language. In Fiedler, Klaus (Hg.): Social communication. A volume in the series Frontiers of Social Psychology. New York: Psychology Press, 163–187.

Stahlberg, Dagmar / Sczesny, Sabine & Braun, Friedrike (2001): Name your favorite musician. Effects of masculine generics and of their alternatives in German. In: Journal of Language and Social Psychology, 20, 464–469

Stahlberg, Dagmar & Sczesny, Sabine (2001): Effekte des generischen Maskulinums und alternativer Sprachformen auf den gedanklichen Einbezug von Frauen. In: Psychologische Rundschau, 52 (3), 131–140.

Steiger, Vera & Irmen, Lisa (2007): Zur Akzeptanz und psychologischen Wirkung generisch maskuliner Personenbezeichnungen und deren Alternativen in juristischen Texten. In: Psychologische Rundschau, 58/3, 190–200.

Stericker, Anne (1981): Does this „He" or „She" business really make a difference? The effect of mas-culine pronouns as generics on job attitudes. In: Sex Roles, 7, 637–641.

Didaktische Genres und Schreibpraktiken in einem wirtschaftswissenschaftlichen Studiengang[1]

Madalina Chitez, Jörg Keller & Otto Kruse

Der Beitrag befasst sich mit didaktischen Genres und den mit ihnen verbundenen Schreibpraktiken in einem wirtschaftswissenschaftlichen Studiengang (vgl. auch Rast in diesem Band). Ziel ist es, zu einem Verständnis davon zu kommen, wie man Genres und Schreibpraktiken im Kontext wirtschaftswissenschaftlicher Studiengänge untersuchen und zu Aussagen über lokale Schreibkulturen kommen kann. Der Beitrag geht auf die neuere Genreforschung im Rahmen eines Literalitäts-Ansatzes ein und beschreibt fünf Aspekte von Schreibkulturen, die sich jeweils unterschiedlich erfassen lassen: (1) Schreibpraktiken, die unter anderem durch die Analyse von Studienplänen erfasst werden, (2) Genres im Unterricht, die unter anderem durch schriftliche Abfragen erfasst werden, (3) Einstellungen von Dozierenden zum Schreiben, die durch Fragebögen erhoben werden, (4) studentische Schreibkompetenzen, die durch Selbsteinschätzungsbögen erfasst werden und (5) die Qualität studentischer Texte, die anhand von Texten eingeschätzt wird. Abschliessend werden Schlussfolgerungen für eine Charakterisierung der der Schreibkultur dieses Studiengangs gezogen, auch im Hinblick auf deren Weiterentwicklung.

1.   Einleitung: Genre, Literacy und wirtschaftswissenschaftliches Studium

Der Umgang mit Texten ist Teil eines jeden Studiums und führt zur Ausbildung entsprechender Lese-/Schreibkompetenzen, auch „Literacy" oder „Literalität" genannt (z. B. Street 1984, Kruse 2010a). Literalität ist dabei nicht einfach ein Accessoire wissenschaftlichen und beruflichen Handelns, sondern muss als

---

1   Die Studie wurde teilweise durch das Schweizer Staatssekretariat für Bildung und Forschung SFB unter der Projekt-Nummer C08.0121 *„Mobilitätsfaktor Schreibkultur: Aneignung und Transfer wissenschaftlicher Genrekompetenz an und zwischen Universitäten unterschiedlicher Sprachräume der Schweiz"* finanziert und im Zusammenhang mit der COST-Action IS0703 *„The European Research Network on Learning to Write Effectively"* durchgeführt.

integraler Teil von Fachwissen und Fachkompetenz angesehen werden. Studierende müssen lernen, wie man sich in den wirtschaftswissenschaftlichen Fächern ausdrückt, wie man argumentiert, welche Begriffe man verwendet und welche Unterschiede zwischen mündlicher und schriftlicher Kommunikation herrschen. Sie müssen eine umfangreiche Fachsprache für Studium und Beruf erwerben und lernen, wie man sie mit Hilfe alter und neuer Medien für wissenschaftliches oder berufliches Handeln einsetzt.

Auch für den Beruf gilt, dass das Schreiben keinen Zusatz, sondern ein Kernelement beruflichen Handelns darstellt (Pogner 2003). Absolventinnen und Absolventen wirtschaftswissenschaftlicher Studiengänge werden den grössten Teil ihrer Arbeitszeit an einem Bildschirm verbringen und Texte produzieren. Schreiben ist nur in Teilen eine allgemeine Fähigkeit, eher lässt sich als situierte, in definierte Handlungsfelder integrierte Kompetenz verstehen. Der im Gefolge der neuen Medien entstandene „Verschriftlichungsschub" (Jakobs 2005) hat auch in den Wirtschaftsberufen zu vielen neuen Schreibanlässen und Textgenres geführt, die vorherige mündliche Praktiken ablösten.

Eine zentrale Stelle für das Verständnis literaler Entwicklung nimmt der Begriff „Textsorte" ein, im internationalen Kontext auch als „Genre" bezeichnet. Beide Begriffe bezeichnen die gleiche Sache, haben jedoch unterschiedliche theoretische Hintergründe und Konnotationen. Wir verwenden zwar beide Begriffe synonym, bevorzugen jedoch die Bezeichnung „Genre", da wir auf die Diskurse der Genretheorie zurückgreifen.

„Genre" ist zunächst nichts anderes als eine Bezeichnung für typifizierte sprachliche Praktiken, die sich zur Lösung kommunikativer Probleme in wiederkehrenden rhetorischen Situationen herausbilden. Miller (1984), von der diese Definition stammt, hat zwei Dinge in der Genretheorie verankert, die bis dahin alle Klassifikationsversuche von Texten überlagerten. Erstens forderte sie eine offene, nicht eine geschlossene Klassifikation von Texten. Das bedeutet, dass sie nicht von logischen Klassifikationsmerkmalen, sondern von empirisch vorliegenden ausgeht. Zweitens verlangte sie, dass die rhetorischen beziehungsweise sprachlichen Merkmale von Texten mit den Anforderungen des Kontextes in Beziehung gesetzt werden. Nicht die Textform ist entscheidend für die Formation eines Genres, sondern die sozialen Praktiken, Handlungen und Motive, die zu seiner Herausbildung führen. Genre wird seither als dynamisches Konstrukt verstanden, das sprachliches Handeln in definierten Kontexten umschreibt. Die „Typifizierung" von Sprache resultiert dabei aus ihrem Gebrauch und den darin enthaltenen Absichten.

Genres entstehen als Folge vieler sprachlicher Interaktionen in einem Prozess, den Bakhtin (1986, 1988) von „dialogischen Regeln" geleitet sieht. In ihnen wird ausgehandelt, wie Genres zu gestalten sind und wie eng oder breit die Zugehörigkeitsgrenzen für Texte gezogen werden. Manche Genres haben eine Geschichte von mehreren Jahrhunderten, in denen sich eine Form langsam herauskristallisierte, die dessen Verwendungszweck optimal diente, wie Bazerman (1983) anhand der Entstehung des Forschungsartikels zeigte. Genres helfen Mitgliedern von Diskursgemeinschaften, effektiv zu kommunizieren (Bazerman 1983, Swales 1990). Nicht nur durch den Gebrauch, sondern auch durch Konventionalisierung werden Genres stabil und verlieren einiges an dynamischer Elastizität, jedoch bleiben sie immer offen für Veränderung und sind Teil einer Genre-Evolution, in der ständig neue Genres entstehen, während andere sich ausdifferenzieren, verändern, vermischen oder untergehen.

Es ist aber nicht nur so, dass die sozialen Kontexte die Genres prägen, sondern die Genres wirken auch auf die jeweilige Gemeinschaft zurück, in der sie verwendet werden. Die Wissenschaften haben nicht nur das Genre „Forschungsartikel" hervorgebracht, sondern sie werden auch durch dieses geprägt. Dies geschieht sowohl durch induzierte Denk- und Kommunikationsmuster als auch durch die Formen von Kooperation und Interaktion, die in den Intertextualitätskonventionen vorgegeben werden. Durch Zitierpraktiken in ihren Texten sind die Mitglieder wissenschaftlicher Fachgemeinschaften miteinander vernetzt und aufeinander bezogen (Jakobs 1995). Wissenschaftliche Texte sind Produkte kollaborativer Arbeit und disziplinärer Konversationen, aber die Genremerkmale dieser Texte bestimmen auch, wie Kollaboration und Konversationen gestaltet werden müssen, damit sie erfolgreich publiziert werden können.

Im Studium ist der Erwerb von Genrekenntnissen Teil der Sozialisation in eine disziplinäre Fachgemeinschaft. Das Beherrschen der dominierenden Genres reflektiert zunehmende Fachkenntnisse und Verständnis der rhetorischen beziehungsweise sprachlichen Darstellungsmittel. Genrekompetenz erwerben Studierende sowohl durch Schreiben als auch durch Lesen, wobei beide eng verknüpft sind. Schreiben ist in den deutschsprachigen Ländern traditionellerweise ein zentraler Teil von Studienpraktiken (Kruse 2005, 2006) und wird sowohl als Mittel des selbständigen Lernens als auch der Leistungsprüfung (Assessment) eingesetzt.

Um die Funktion von Genres zu verstehen, müssen sie mit den entsprechenden Schreib- und Unterrichtspraktiken in Beziehung gesetzt werden. So werden beispielsweise Essays im Unterricht anders eingesetzt als Seminararbeiten. Das Essay ist ein kurzer Text von drei bis sechs Seiten mit einer entsprechend kurzen Bearbeitungszeit. Es eignet sich für die Verarbeitung von Stoff, der in einer Lehrveranstaltung vermittelt wurde, aber nicht für die Erarbeitung eines Themas mit eigenen Recherchen und umfangreicher Lesearbeit. Entsprechend können in Lehrveranstaltungen, die auf dem Gebrauch von Essays aufgebaut sind, mehrere Essays in einem Semester geschrieben werden. Damit erlauben sie wiederholtes

Schreiben zu unterschiedlichen Themen und können argumentative Fähigkeiten wirkungsvoll fördern. Essays können auch als Leistungsnachweis verwendet werden, um die Fähigkeit, mit gelerntem Stoff umzugehen, einzuschätzen. Von ihrer Struktur her basieren Essays in der Regel auf einer These, die argumentativ verteidigt wird (z. B. Kruse 2007a, 2010b). Sie sind mehr in der angelsächsischen Welt beheimatet als im deutschen Sprachraum.

Anders werden Seminararbeiten eingesetzt. Sie verlangen selbständiges Arbeiten und Recherchieren. Ihr Umfang liegt eher bei zwölf und mehr Seiten. Die Schreibenden sind gefordert, sich selbst Wissen anzueignen und es in einer neuen, konsistenten Struktur darzustellen. Sie richten ihre Arbeit nicht an einer These aus, sondern an einer Fragestellung, auf die ihr Text eine Antwort geben soll. Dabei sind die Schreibenden gehalten, methodisch vorzugehen, vorhandenes Wissen wiederzugeben, zu hinterfragen, gegebenenfalls empirisch zu begründen (z. B. Gruber et al. 2006, Steinhoff 2007). Seminararbeiten sind insofern selbst ein wissenschaftliches Genre, als sie alle wesentlichen Elemente elaborierter Wissenschaftstexte wie des Forschungsberichts oder einer wissenschaftlichen Monographie enthalten. Wir bezeichnen sie dennoch als „didaktisches Genre", da sie primär dem Erwerb fachlicher und kommunikativer Kompetenzen dienen, wie einige seiner Textbestandteile (ausführliche Definitionen, persönliches Fazit) zeigen, die sonst fehlen.

Nesi et al. (2008) zeigen anhand eines Korpus von 2761 studentischen Texten aus englischen Hochschulen, dass die Variabilität an Genres höher ist, als gemeinhin angenommen wird. Sie klassifizieren die Texte in über 90 Genres, die sie wiederum in 13 „Genrefamilien" einteilen, wie Essay, Methodendarstellungen, Kritik, Erklärung, Fallbericht, Übung, Design Spezifizierung, Proposal, Erzählung, Literaturbericht, Empathietext (hier aufgeführt in der Reihenfolge ihrer Häufigkeit). Die Essays machen etwa 40 % aller Texte aus. Viele der Genrefamilien enthalten auch berufliche Genres.

Um Schreibkulturen in wirtschaftswissenschaftlichen Studiengängen zu verstehen, ist auch von Interesse, inwieweit neben den typischen didaktischen Genres (die in den meisten Studiengängen zu finden sind) berufliche Genres verwendet werden, ob also neben Genres, wie Seminar- oder Hausarbeit, Protokoll, Bericht, Thesenpapier (z. B. Kruse 2007b, 2010b, Frank, Lahm und Haake 2007), Texte der Wirtschaftskommunikation verlangt werden, wie etwa Marketingtexte, Offerten, Geschäftsbriefe und so weiter. Berufliche Genres können im Studium in Projektkursen, in Kursen mit stark anwendungsbezogenen Themen und in Praktika eingesetzt werden.

Dieser Beitrag geht der Frage nach, welche Schreibkulturen sich in wirtschaftswissenschaftlichen Studiengängen auffinden lassen und wie man sie erfassen kann. Wie bereiten wirtschaftswissenschaftliche Studiengänge ihre

Studierenden auf das Schreiben vor? Wie gestalten sie deren literale Entwicklung? Wie werden Genres vermittelt? Wie einheitlich, verständlich und konsistent präsentieren sich akademische Textwelten gegenüber den Studierenden? Wie lassen sich ihre Schreibkulturen beschreiben?

Der Untersuchungsfokus liegt dabei weniger auf dem individuellen Schreiben und Textgebrauch als auf einer Beschreibung organisationaler Strukturen und lokalen Kulturen, durch die das Schreiben in Studiengängen, Instituten oder Fakultäten charakterisiert werden kann. Der Darstellung der Erfassungslogik wird dabei mehr Aufmerksamkeit geschenkt als den Ergebnissen selbst.

2. Fragestellung: Wie lässt sich die Schreibkultur eines Studiengangs erfassen?

Methoden zur Untersuchung von Schreibkulturen sind erst jüngeren Datums und werden vor allem in der Analyse wissenschaftlicher Institutionen oder beruflicher Handlungsfelder eingesetzt (Kruse 2010c). Zum Verständnis von Schreibkulturen ist die Erfassung von Genres, Schreibpraktiken, Schreibkompetenzen und Einstellungen gegenüber dem Schreiben wesentlich. Als methodische Zugänge dienen bevorzugt Interviews, Analysen von Anleitungs- oder Instruktionstexten, Fragebögen und Korpusanalysen. Einige dieser Zugangsweisen werden im Weiteren dargestellt.

Neben dem methodischen Zugang sind konzeptionelle Überlegungen notwendig, um Schreibkulturen darstellen zu können. Schreibkulturen lassen sich auf verschiedenen Ebenen beschreiben. Es gibt unterschiedliche, hierarchisch gestaffelte Kontexte, innerhalb derer sich Schreibkulturen darstellen lassen. Der weiteste Kontext wird von den national geprägten Schreibkulturen gebildet. Hier sind es die historischen Traditionen, die Unterschiede der Sprachen und die verschiedenen Wege der nationalen Bildungssysteme, die zu Buche schlagen (z. B. Siepmann 2006, Foster und Russell 2002).

Eine zweite Kontextbedingung, die teilweise die der nationalen Ebene überragt, sind die wissenschaftlichen Disziplinen. Es ist aus vielen Untersuchungen deutlich geworden, wie stark Genres durch den fachlichen Bezug bestimmt werden (z. B. Hyland 2000). Nicht nur die Fachterminologie, Rhetorik und erkenntnistheoretischen Prämissen schlagen hier zu Buche, sondern auch die unterschiedlichen Aufgaben, die das Schreiben in Fächern wie Architektur, Religionswissenschaften, Mathematik und in den Philologien einnimmt. Einige der Disziplinen haben Schreibkulturen entwickelt, die die nationalen Grenzen mühelos überwinden (wie beispielsweise die Psychologie oder auch die meisten

Naturwissenschaften), während andere wiederum sehr national geprägt sind, wie naturgemäss die sprach- und kulturbezogenen Fächer.

Eine dritte Kontextebene sind die Institutionen. Der Hochschultypus bestimmt in erheblichem Masse mit, wie geschrieben wird und welche Genres Verwendung finden. Technische Hochschulen haben andere Aufgaben und andere Traditionen in der Verschriftlichung von Wissen als etwa die Kunsthochschulen, Fachhochschulen oder die Universitäten. Waren an den Universitäten immer die Seminare und Seminararbeiten dominant, so haben sich an den Kunst- und Technikhochschulen andere Veranstaltungstypen und Genres herausgebildet. Auch die Fachhochschulen mit ihrem praxisorientierten Bezug gehen in mancher Weise eigene Wege, jedoch gibt es keine verlässlichen Daten dazu, inwieweit sie sich von den Universitäten unterscheiden. Was alle Hochschultypen eint, ist die Konvention, das Studium mit einer Abschlussarbeit zu beenden.

Eine vierte Kontextebene stellen die Institute dar. Sie sind die eigentlichen Organisatoren der Schreibpraxis und tragen entsprechend viel zur Prägung von Schreibkulturen bei. Als Gestalter von Curricula, Kursdidaktiken, Studien- und Prüfungsordnungen sind sie diejenigen, die aktiv Entscheidungen treffen müssen, welchen Platz sie dem Schreiben im Studium einräumen. Hier hat die Bologna-Reform insofern neue Bedingungen geschaffen, als sie verbindlichere und stärker strukturierte Studienpläne vorschreibt und die Gestaltungsmöglichkeiten der einzelnen Lehrenden stark einschränkt. Sie verpflichtet dazu, den Einsatz von didaktischen Mitteln und den Aufwand für studentische Lernleistungen genauer zu kalkulieren und zu planen.

Die folgenden Ausführungen beziehen sich vor allem darauf, wie man die zuletzt genannte Organisationsebene der Schreibkulturen in Institutionen und Studiengängen erfassen kann. Wir haben dazu ein Departement gewählt, mit dem wir in verschiedener Weise zusammenarbeiten und zu dessen Schreibkultur wir entsprechend mehrere Zugänge haben.

Ein erster Aspekt der Schreibkultur, den wir untersuchen, ergibt sich aus der Frage, wie das Schreiben als Mittel des Lernens eingesetzt wird, welche Schreibpraktiken mithin existieren. Dazu dient eine Analyse der Studienpläne, die Auskunft darüber geben, wo im Studium das Schreiben verankert ist und wie es für Prüfungen eingesetzt wird.

Als zweiten Aspekt untersuchen wir, welche Genres verwendet werden. Zwar hat schon der erste Ansatz dazu Anhaltspunkte geliefert, jedoch kann eine Befragung der Dozierenden ein systematischeres Ergebnis im Sinne eines „Genre Mappings" ergeben.

Als dritten Aspekt der Schreibkultur untersuchen wir, wie Studierende ihre eigenen Schreibkompetenzen einschätzen und was sie für „gutes" Schreiben in ihrem Fach halten. Dazu haben wir Self-Reports eingesetzt.

Der vierte Aspekt von Schreibkulturen, den wir untersuchen, bezieht sich auf die Einstellungen der Dozierenden. Hier berichten wir von einer Befragung und zeigen, wie das studentische Schreiben im Urteil der Dozierenden erscheint.

Als fünften und letzten Aspekt stellen wir dar, wie sich die tatsächlichen Leistungen in studentischen Texten erfassen lassen. Dazu haben wir 101 Summarys von Bachelor-Arbeiten nach ihrer sprachlichen Qualität ausgewertet, um zu zeigen, welche Stärken und Schwächen sie haben können.

3.   Schreibpraktiken im Studium

3.1   Übersicht

Wie viel und wie in einem Studiengang geschrieben wird, sollte heute aus den Studienplänen und Prüfungsanforderungen ersichtlich werden, da alle längeren Texte Teil der obligatorischen Prüfungsleistungen sind. Es mag allerdings auch Texte geben, die unterhalb der Schwelle von Prüfungsleistungen geschrieben werden. Eine Analyse von Studienplänen verlangt in Studiengängen, die nach Bologna strukturiert sind, eine relativ aufwändige Rekonstruktion von miteinander vernetzten Modulen anhand der entsprechenden Modulbeschreibungen. Befragungen von Studiengangsleitungen oder Dozierenden sind deshalb zusätzlich nötig, um Gewissheit über die Art und Anzahl der Schreibaufträge beziehungsweise Genres zu erhalten.

Der im Folgenden analysierte Studiengang „Betriebsökonomie" (BO) wird von der *School of Management and Law* (SML) der *Zürcher Hochschule für Angewandte Wissenschaften* (ZHAW) in Winterthur als einer von derzeit sieben wirtschaftswissenschaftliche Studiengänge angeboten. Ein weiterer zum „Master of Science in Business Law" ist in Abklärung. Die vier Bachelorstudiengänge „Betriebsökonomie", „International Management", „Wirtschaftsrecht" und „Wirtschaftinformatik" können im Voll- (6 Semester) und/oder Teilzeitstudium (8 Semester) absolviert werden.

„Betriebsökonomie" (BO) ist derzeit mit über 700 Studienanfängern pro Jahr der am stärksten nachgefragte Bachelor-Studiengang. Er bietet fünf Vertiefungsrichtungen an: „General Management"; „Banking and Finance"; „Accounting, Controlling, Auditing"; „Economics and Politics" (nur Vollzeit); „Risk & Insurance" (nur Teilzeit).

Die Vertiefungsrichtungen im BO-Studium[2] können von den Studierenden im Allgemeinen bis zum Abschluss der Assessment-Stufe (1. und 2. Semester im Vollzeitstudium; 1. bis 3. Semester im Teilzeitstudium) gewählt werden. Sie werden vom 3. bis 5. Semester angeboten und münden alle in eine Bachelorarbeit in der Vertiefungsrichtung. Wahlpflichtmodule sind im Hauptstudium zu belegen.

Block 1: Unternehmensmanagement: BWL, Kommunikation & Skills im 1.–4. Semester

1	Einführung BWL		Financial Accounting Financial Analysis	Skills 1 Komm. 1
30 ECTS	6 ECTS		6 ECTS	6 ECTS
2	Principles of Strategic Management	Grundlagen des Marketing		Skills 2 Komm. 2
30 ECTS	6 ECTS	6 ECTS		6 ECTS
3			Management Accounting Financial Mgmt	
30 ECTS			6 ECTS	
4	Operations & Prozesse			
30 ECTS	6 ECTS			

Block 2: Module einer Vertiefungsrichtung inkl. Bachelor-Arbeit
Block 3: VWL, Statistik, Mathematik, Informatik
Block 4: (Advanced) Business-English (insgesamt 4 Sem.) und diverse Wahlpflichtmodule

Tab. 1: Beispiel Kurstafel Betriebsökonomie (BO) für die Vertiefung General Management (GM) (Block 1, 1. bis 4. Semester)

Die beiden Grundlagenmodule *Kommunikation und Wirtschaftswissenschaftliche Skills 1* und *2* (im Folgenden *SKomm1* und *SKomm2* genannt) bilden zusammen mit Kursen zu betriebs- und volkswirtschaftlichem Grundlagenwissen die Assessment-Stufe (vgl. Tab. 1). Grundlagenwissen wird im Hauptstudium bis zum 4. Semester durch darauf aufbauende Module, wie zum Beispiel *Unternehmens- und Prozessorganisation* sowie *Finanzmanagement*, ergänzt und

---

2 Die vollständige Kurstafel ist abrufbar unter: www.sml.zhaw.ch/fileadmin/user_upload/ management/studium/bachelor/bo/multimedia/alfresco/modultafel_ba_vz_09.html

abgeschlossen. Der Erwerb von *Business Englisch* (als Sprache des internationalen Managements) ist unabhängig von einer Vertiefungsrichtung obligatorischer Lerninhalt für alle Studierenden. Es wird ab Studienbeginn bis zum 4. Semester angeboten und soll von Kenntnisstufe B2 bis C1 (vgl. dazu CEFR) führen.

Allen Vertiefungen gemeinsam ist der strukturierte Aufbau mit inhaltlichen Verknüpfungen zwischen mehreren Kurs-Modulen in konsekutiver, paralleler und kooperativer Hinsicht sowie eine Kompetenzorientierung im Sinne der Dublin Descriptors für Bachelor und Masterabschlüsse (vgl. JQI-Arbeitspapier 2004).

3.2   Wie viel wird im Studium geschrieben?

Um eine Übersicht über die schriftlichen Leistungen im Studium zu gewinnen, sind in Tabelle 2 alle relevanten Lehrveranstaltungen aufgeführt, in denen Texte verlangt werden. Lehrveranstaltungen, in denen eine (abgesetzte) Modulprüfung im Anschluss an das Semester verlangt wird (die keine Texte verlangen), sind darin nicht enthalten.

Tabelle 2 zeigt, dass es zwei Veranstaltungstypen gibt, die Schreiben relativ direkt einsetzen, das sind SKomm1 und 2 sowie (Advanced) Business English. Die Anzahl regulärer Studienfächer, die schriftliche Leistungen verlangen, ist verhältnismässig gering. Die SKomm1 und 2-Veranstaltungen haben schriftliche Leistungen direkt ausgewiesen; hier müssen die Studierenden zwei Seminararbeiten, ein Lerntagebuch und ein Verhandlungskonzept verfassen (siehe mehr dazu im nächsten Abschnitt). Die zweite Veranstaltung, die kontinuierlich Texte verlangt und deren Verfassen anleitet, ist *Business English 1* bis *2* und *Advanced English 1* bis *2*. Hier werden Business Reports, Minutes, Mails, zwei Executive Summarys, Evaluations, Memos geschrieben. Ein Transfer vom Englischen ins Deutsche in Bezug auf Genre-Charakteristika und Schreibkompetenzen ist anzunehmen, jedoch in seinem Umfang unklar.

Neben diesen zwei Veranstaltungstypen sind schriftliche Arbeiten nur in den Vertiefungsmodulen im 3. und 5. Semester und in den Schwerpunktveranstaltungen *Operations & Prozesse* und *Projektmanagement & Organizational Behavior* vorgesehen. Hier werden (Fall-) Berichte als einziges Genre genannt neben einem Lerntagebuch im 6. Semester. Die Wahlpflichtmodule, die im 3., 4. und 6. Semester zu belegen sind, erlauben schriftliche Arbeiten, sehen sie aber nicht verbindlich vor. Es ist unklar, was für Schreiberfahrungen die Studierenden hier tatsächlich machen.

Semester	Studiengang Betriebsökonomie (BO) Semester-spezifisch /andere	Schriftliche Arbeiten Genre /Textsorte	Mündliche Arbeiten	Feedback	Modul-Endprüfung
1	**SKomm1**				
	Business Englisch 1	1 Seminararbeit und 1 Lerntagebuch	1 Referat	mündlich	Prüfung
2	**SKomm2**				
	Business Englisch 2	2 Geschäftskorrespondenz	Rollenspiel	mündlich	Prüfung B2
		1 Seminararbeit und	Referat	mündlich	Prüfung
		1 Verhandlungskonzept	Verhandlung		
		1 (Business) Report, Minutes	Präsentation	schriftlich	Prüfung C1
3	**Management Accounting and Fin. Management**				
	Vertiefungsmodul	-	Referat	mündlich	Prüfung
	Wahlpflicht-Module (Sprachen, Philosophie, Soziologie, Wirtschaftsgeografie, Literatur etc.)	2 Case Study Reports	4 Referate	-	-
		ggf. Aufsatz	ggf. Referat	-	ggf. Prüfung
	Advanced Business Englisch 1	2 Business Reports, Mails	1 Referat		Prüfung
4	**Operations & Prozesse**	Bericht	1 Referat	mündlich	Prüfung
	Wahlpflicht-Module (Sprachen, Kulturmanagement Psychologie, Soziologie, Stadtentwicklung Weltliteratur, Mobilität etc.)	ggf. Aufsatz	ggf. Referat	-	ggf. Prüfung
	Advanced Business Englisch 2	2 Executive Summary und Reports, Evaluation, Memo	1 Referat	-	Prüfung
5	**Projektmanagement & Organisational Behaviour**	Bericht	Referat	-	Prüfung
	Verfassen der Bachelor-Arbeit	1 Abschlussarbeit		schriftlich	Prüfung
6					
	Vertiefungsmodul	2 Berichte 1 Lerntagebuch	Referat	-	Prüfung
	Wahlpflicht-Modul Vertiefung (Vertragsgestaltung, EU, Finanzderivate, Geschäftsplan, Sprachen etc.)	ggf. Aufsatz	ggf. Referat	-	ggf. Prüfung

Tab.2: Zahl und Art der Leistungsnachweise im Studiengang BO gemäss Studienplan (Stand: 03/2011), die mit einer schriftlichen Leistung oder einem Referat verbunden sind.

Etwa gleich häufig mit den schriftlichen Arbeiten werden Referate verlangt, die in der Regel auch mit schriftlichen Leistungen, wenn auch weniger ausgearbeitet, verbunden sind. Neben den schriftlichen/mündlichen Leistungen werden immer Modul-Endprüfungen verlangt, was das Gewicht auf den schriftlichen oder mündlichen Leistungen mindert.

Wenn man aus diesen Angaben Schlüsse auf Schreibpraktiken ziehen soll, so fällt die insgesamt geringe Anzahl an Genres an, die verlangt werden, und die insgesamt sehr niedrige Quote von Texten, die als Leistungsnachweis verlangt werden im Vergleich zu den Prüfungen, die in der Regel als Wissensabfragen vonstattengehen. Ebenfalls auffällig ist die hohe Zahl an mündlichen Leistungen. Seminararbeiten werden nur an zwei Stellen verlangt, sonst dienen Texte eher der Verschriftlichung anderer Leistungen (z. B. Projekten) durch Berichte.

3.3   Schreiben im BO-Studiengang am Beispiel SKomm1 und SKomm2

Die Beschreibung der Module „SKomm1" und „SKomm2" ist konsequent kompetenzenorientiert. Allgemeines Ziel von SKomm1 ist es, „die Studierkompetenz, die Kompetenz im wissenschaftlichen Arbeiten und Schreiben, bestimmte überfachliche Methodenkompetenzen, insbesondere Kommunikationskompetenz, sowie ausgewählte interdisziplinäre Kompetenzen im Rahmen der betriebswirtschaftlichen Fachkompetenz (interdisziplinär) zu fördern" (vgl. Modulbeschreibung SKomm1[3]). Ziel von SKomm2 ist es, diese Kompetenzen auszuweiten, sodass

> die Studierenden (…) mit betriebsökonomischen Basiswerkzeugen (insbesondere im Bereich der betriebswirtschaftlichen Problemlösung) und kommunikativen Grundfertigkeiten vertraut [werden]. Sie erwerbende [sic!] grundlegende Fähigkeiten zur Lösung betriebswirtschaftlicher Probleme und lösen ein betriebswirtschaftliches Problem mit Hilfe geeigneter betriebswirtschaftlicher Instrumente. Dazu verfassen Sie einen wissenschaftlichen Aufsatz. In der interdisziplinären Engführung von Betriebsökonomie und Kommunikation erkennen die Studierenden die Relevanz kommunikativer Grundfertigkeiten für die Vermittlung betriebsökonomischer Inhalte in Studium und Beruf. (vgl. Modulbeschreibung SKomm2[4])

Die Lerninhalte spezifizieren die Lernziele und die im Modul geförderten Kompetenzen. Vorausgesetzt wird die Beherrschung der Normen der deutschen Sprache (Rechtschreibung, Zeichensetzung, Grammatik), wozu Tools bereitge-

---

3   gaia.zhaw.ch/alfresco/guestDownload/direct?path=/webdav/Publikationen/Modulbeschreibungen/Modulbeschreibung_w.1SKomm1.pdf, 10.2.2011

4   gaia.zhaw.ch/alfresco/guestDownload/direct?path=/webdav/Publikationen/Modulbeschreibungen/Modulbeschreibung_w.1SKomm2.pdf, 10.2.2011

stellt werden, um noch vorhandene Lücken im Selbststudium schliessen zu können.

Die mündlichen Kommunikationskompetenzen in *SKomm1* und *SKomm2* werden in Form von Einzel- und Gruppen-Arbeiten (SKomm1: Präsentationen eines Projektantrags, Votum zu einem berufsrelevanten Thema; SKomm2: Referat zur Interkulturellen Kommunikation, Rollenspiel in einer Verhandlungssituation) sowie Diskussionen kontinuierlich gefördert und durch Feedback eingeordnet und mit insgesamt rund 25 % Gesamtnotengewicht bewertet.

Soweit es die Schreib- und Studierkompetenzen betrifft, sollen in *SKomm1* das wissenschaftliche Denken, Arbeiten und Schreiben, die Kommunikation im Sinne des mündlichen und schriftlichen Argumentierens und Präsentierens, das Recherchieren, Zitieren und der Umgang mit Quellen, die Verfassung einer ersten wissenschaftlichen Arbeit in Paararbeit inklusive der Entwicklung eines Forschungsdesigns, einer Forschungsfrage und der Anwendung einer Forschungsmethode gefördert werden. Dies sind für das erste Semester ausgesprochen hohe Erwartungen, zumal die Kommunikations- und Argumentationskompetenz mündlich durch ein benotetes Votum und einen präsentierten Projektantrag belegt werden müssen. Positiv herauszustellen ist die konsequente Verfolgung der Idee eines Wissenschaft-Lernens durch ein Wissenschaft-Treiben: Die Sprache und die Werkzeuge einer Wissenschaft lassen sich am besten lernen, indem man diese Wissenschaft betreibt. Die gewählte Form einer Semesterarbeit umfasst alle wissenschaftlichen Elemente hinsichtlich ihres Aufbaus, ihrer Sprache, der Methoden und Analyseinstrumente.

In *SKomm2* werden die in *SKomm1* erworbenen Kompetenzen erweitert und hinsichtlich der Kommunikation ergänzt um Kenntnisse der Kommunikationstheorie, der Diversität (Gender, Sprachkultur, Interkulturelle Kommunikation), der Verhandlungtechnik und der Unternehmenskommunikation. Zur Verhandlungtechnik ist ein summativ bewertetes schriftliches Verhandlungskonzept zu erstellen.

Beim aktuellen Entwicklungsstand des *SKomm1*-Moduls erstellen Studierende in Paararbeit eine fünf- bis sechsseitige Semesterarbeit zu einem fachspezifischen, also betriebswirtschaftlich relevanten Thema. Diese wird hinsichtlich ihrer sachlich-inhaltlichen Angemessenheit (inkl. Aufbau) von Skills-Dozierenden (50 % Notenanteil) und hinsichtlich ihrer formalen Angemessenheit (inkl. Stil und Ausdruck) von Komm-Dozierenden (25 % Notenanteil) bewertet; weitere 25 % der Note basieren auf den mündlich erbrachten Leistungen (i. e. Votum).

Texterstellung wird in *SKomm1* unterstützt. So werden relevante Merkmale des wissenschaftlichen Schreibens (Textstrukturierung, Leserführung, Möglichkeiten der Ich-Form-Vermeidung, Zitierregeln, Quellenangaben usw.) im Unterricht eingeführt und anhand von Beispielen illustriert. Schreibübungen werden nur vereinzelt durchgeführt, die Übungen sind meist rezeptiver Art und bleiben ohne individuelles Feedback.

Kernelement des Schreibunterrichts im *SKomm2*-Modul ist das Verfassen einer fachwissenschaftlichen Semesterarbeit in Paaren. Deren Umfang beträgt acht- bis neun Seiten; das Bewertungsprozedere entspricht demjenigen der ersten Arbeit. Zur Unterstützung der Texterstellung ist im letzten Drittel des 2. Semesters ein Schreibcoaching vorgesehen, bei dem Beispiele aus studentischen Texten im Unterricht besprochen werden können. Vom Gesichtspunkt einer Schreibprozessbegleitung oder einem Monitoring der Schreibentwicklung erscheint dies nicht ausreichend; immerhin ist es jedoch ein Feedback zum präfinalen Text.

Auch die Erstellung einer 20-seitigen Gruppen-Semesterarbeit über die beiden Module SKomm1 und SKomm2 hinweg mit einem Coaching zum Ende des 1. Semesters ist in diesem Modul erprobt worden. Diese Praktik wurde von den Studierenden zwar geschätzt, doch nahm man im Wesentlichen aufgrund der schwierigen Bewertung der individuellen Arbeitsanteile von Studierenden inzwischen wieder Abstand davon. Als Konsequenz davon wurde allerdings die Begleitung des Schreibprozesses ebenfalls aufgegeben.

Als Fazit lässt sich festhalten, dass wissenschaftliches Schreiben zwar thematisiert und in Bezug auf seine formalen Merkmale unterrichtet und notenrelevant bewertet wird, jedoch der Prozesskompetenz wie auch dem sukzessiven Kompetenzaufbau nicht allzu viel Aufmerksamkeit geschenkt wird. Immerhin werden die Seminararbeiten in einigen Modulen explizit unter dem Aspekt des Lernens angefertigt. Insofern gibt es hier sowohl einen *learning-to-write*- als auch einen *writing-to-learn*-Ansatz, was mehr sein dürfte als in den meisten vergleichbaren Studiengängen.

Zwar haben die Studierenden in mehreren anderen Modulen ihres Studiums schriftliche Arbeiten zu erstellen, doch sind die beiden Semesterarbeiten in *SKomm1* und *SKomm2* bis zur Bachelorarbeit die einzigen Texte, die alle Elemente wissenschaftlichen Schreibens in sich vereinen. Die genauen Inhalte, der Umfang und die Vorgehens- und Bewertungsweise bei diesen weiteren Schreibaufträgen in diversen Modulen sind aus den Modulbeschreibungen nicht zu entnehmen. Eine Aufstellung über die während eines BO-Studiums zu leistenden schriftlichen Arbeiten existiert nicht und ist auch aus dieser Analyse nicht zu gewinnen. Immerhin aber lassen sich *grosso modo* die Bedeutung des Schreibens und die prinzipiell im Studium verankerten Schreibpraktiken erkennen.

4.   Genres im Studium

Ein zweiter Weg, um Information über Genres im Studiengang zu gewinnen, ist der über eine Befragung. Dies erlaubt auf eine relativ ökonomische Art, einen Überblick über die verwendeten Genres zu erhalten. Wir verschickten einen elektronischen Fragebogen an die Dozierenden der Departemente „Wirtschaft", „Gesundheit" und „Journalismus", um unter anderem Informationen über Genres zu erhalten. Der Rücklauf von 89 ausgefüllten Fragebögen (32 davon aus dem Department Wirtschaft) entspricht einer Respons-Rate von 19 %.

Neben der Frage nach den verwendeten Genres ging der Fragebogen auch darauf ein, wie die Dozierenden Schreiben als Mittel des Unterrichts einsetzen und wie wichtig sie dabei einzelne Teilkompetenzen/-aspekte des Schreibens einschätzen (siehe nächstes Kapitel dazu).

Auf die Frage „Wenn Studierende in Ihren Lehrveranstaltungen schriftliche Arbeiten verfassen, um was für Textarten handelt es sich? Bitte benennen oder beschreiben Sie sie?", nannten die Dozierenden verschiedene Textsorten, wobei, wie Tabelle 3 zeigt, die zentralen akademischen Textarten (Bachelorarbeit, Forschungsbericht, Semesterarbeit, Seminararbeit) den grössten Teil einnehmen.

N	Kategorien	Textarten
8	Bachelorarbeiten	Bachelorarbeit
2	Essay	Aufsatz zu einem wirtschaftsethischen Thema
		Kurze wissenschaftliche Abhandlung
2	Fallstudien	Fallstudienlösung
7	Forschungsberichte	Forschungsbericht, Research Report
2	Klausuren	Klausuren
1	Memorandum	Memorandum
2	Praxisberichte	Kurzpraktika, Reflexionsarbeiten aus Praktika
3	Projektarbeiten	Projektarbeit, Projektskizzen für ein eigenes Projekt, Research Proposal
5	Semesterarbeiten	Semesterarbeit, Termpaper
4	Seminararbeiten	Seminararbeit
2	Zusammenfassung	Zusammenfassung
2	Gemischte Textsorten	Bachelor/Master Thesis, Semester-, Seminararbeit
9	Sonstige	Aufträge (Terms of Reference) für Konsulenten
		Beantworten von offen gestellten Prüfungsfragen
		Comparative Analysis, Literature Analysis, PR-Texte, Schilderung eines Geschäftsmodells, Textanalyse, Thesenpapier zu einer selbst gewählten These, Vorträge/Präsentationen, Vertiefung

Tab.3: Genres im Studiengang „Wirtschaft" der ZHAW, die von Dozierenden genannt wurden

Einige fachspezifische Genres, wie Fallstudienlösung und Memorandum, wurden ebenso genannt; andere Textarten waren nicht kategorisierbar, da sie nur die Intention des Textes angeben, wie zum Beispiel „*Schilderung eines Geschäftsmodells*", andere klingen wie Standardtextformen, wie „*kurze wissenschaftliche Abhandlung anhand einer umstrittenen These*", bei der man wohl eine Art Essay vermuten kann, aber nicht sicher annehmen darf.

Mehrere Textarten deuten darauf hin, dass kürzere Essayformen Verwendung finden, jedoch kein akzeptabler Genrebegriff dafür existiert (*comparative analysis, kurze wissenschaftliche Abhandlung anhand einer umstrittenen These, Thesenpapier zu einer selbst gewählten These*).

Es fällt auf, dass die akademischen Genres gegenüber typischen beruflichen Genres deutlich in der Überzahl sind. Die begriffliche Uneinheitlichkeit lässt die Schlussfolgerung zu, dass es für die Studierenden nicht einfach sein dürfte, sich in den Genres im Studium zu orientieren.

5. Studentisches Schreiben im Urteil der Dozierenden

Ein nächster Aspekt von Schreibkulturen liegt auf der Ebene von Werten. Was finden Dozierende wichtig am studentischen Schreiben? Welche Textqualitäten halten sie für wünschenswert? Wir verwendeten den eben erwähnten elektronischen Fragebogen, um Erkenntnisse darüber zu gewinnen. Ein Block von 35 Fragen bezog sich auf das, was die Dozierenden am Schreiben ihrer Studierenden als besonders wichtig erachten. Die fünf als am wichtigsten erachteten Teilaspekte des Schreibens waren: „Überzeugende Argumentation", „Fachlich begründete Argumentation", „Kritisches Denken", „Stringenter Aufbau" und „Klare und eindeutige Ausdrucksweise". Die fünf als am wenigsten wichtig erachteten Teilaspekte waren: „Verwendung von Visualisierungen", „Berücksichtigung interdisziplinärer Bezüge", „Prozessorientiertes Schreiben", „Vermeidung der ersten Person Singular" und „Verwendung des Aktivs statt Passivs". Dozierende des Fachs „Wirtschaft" zeigten dabei ähnliche Bewertungen wie die Dozierenden der Fächer „Journalismus" und „Gesundheit", was darauf schliessen lässt, dass die diesbezüglichen Unterschiede zwischen den Fächern nicht allzu gross sind.

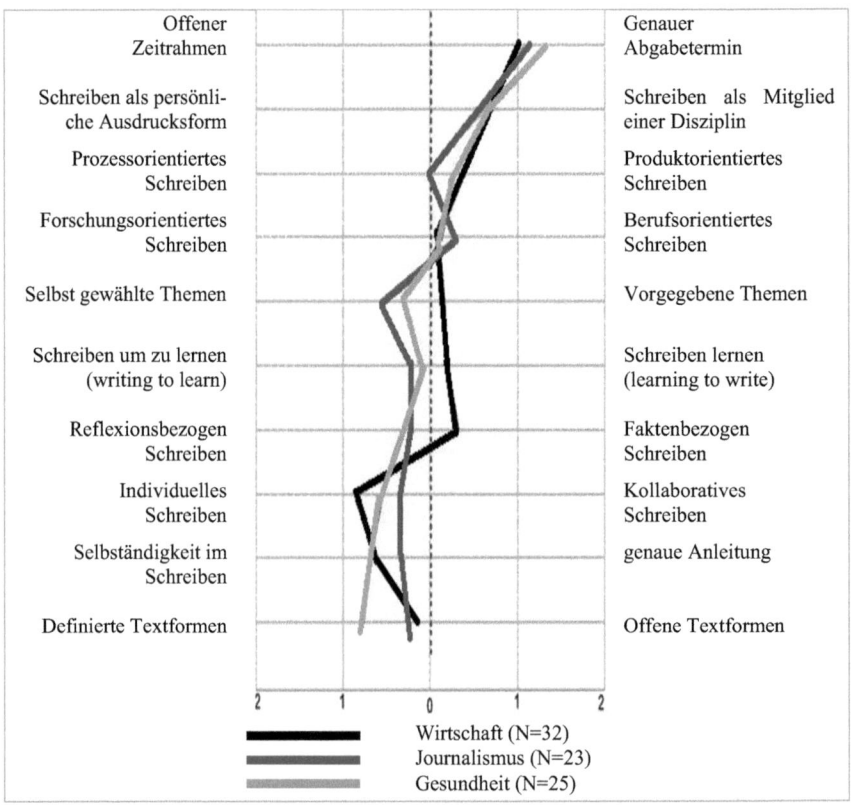

Offener Zeitrahmen			Genauer Abgabetermin
Schreiben als persönliche Ausdrucksform			Schreiben als Mitglied einer Disziplin
Prozessorientiertes Schreiben			Produktorientiertes Schreiben
Forschungsorientiertes Schreiben			Berufsorientiertes Schreiben

Selbst gewählte Themen — Vorgegebene Themen

Schreiben um zu lernen (writing to learn) — Schreiben lernen (learning to write)

Reflexionsbezogen Schreiben — Faktenbezogen Schreiben

Individuelles Schreiben — Kollaboratives Schreiben

Selbständigkeit im Schreiben — genaue Anleitung

Definierte Textformen — Offene Textformen

2   1   0   1   2

Wirtschaft (N=32)
Journalismus (N=23)
Gesundheit (N=25)

Abb. 1: Polaritätenprofil: eingeschätzte Wichtigkeit verschiedener Schreibpraktiken nach Fächern

Das Polaritätenprofil (Abb. 1) wurde ebenfalls von den Dozierenden der Departemente „Wirtschaft", „Angewandte Linguistik" (Fach „Journalismus") und „Gesundheit" ausgefüllt. Gefragt wurde danach, welche der polaren Aussagen für den eigenen Studiengang treffender sind und dies in welchem Umfang. Die Mitte wurde als gleich wichtig für beide polaren Werte bezeichnet.

Im Ergebnis zeigt sich ein recht homogenes Bild in den drei Fächern. Sie wünschen ein termingerechtes Schreiben, das auf Produkte bezogen und eher berufs- als forschungsorientiert ist. Die Dozierenden der Wirtschaftswissenschaften schreiben ihrer disziplinären Schreibkultur folgende Eigenschaften zu: mehr individuelles (statt kollaboratives) Schreiben, mehr faktenbezogenes (statt reflexionsbezogenes) Schreiben, mehr learning-to-write (statt writing-to-learn), mehr vorgegebene Themen (statt selbstgewählte Themen).

6.   Schreibkompetenz der Studierenden

6.1   Selbsteinschätzung von Schreibkompetenz

Kompetenzen sind relativ globale „Dispositionen selbstorganisierten Handelns" (Erpenbeck & von Rosenstiel 2007), die selbst wiederum aus einer Vielzahl von Fähigkeiten und Fertigkeiten zusammengesetzt sind. Schreibkompetenz lässt sich als Komplex von Fähigkeiten beschreiben, der bewirkt, dass das Schreiben kontextangemessen und zielorientiert verläuft und sich gegebenen Qualifikationsanforderungen anzupassen weiss. Schreibkompetenz umfasst nicht nur den Akt des Formulierens und Versprachlichens von Ideen, sondern auch Selbststeuerungs- und Selbstorganisationsfähigkeiten höherer Ordnung, die der Entwicklung der Literalität dienen.

Wir haben 2009 einen elektronischen Fragebogen an die Studierenden der Departemente Wirtschaft und Gesundheit sowie an die Studierenden des Bachelorstudiengangs „Kommunikation" des Departements Linguistik der Zürcher Hochschule für Angewandte Wissenschaften ZHAW verschickt. 659 Studierende füllten den Fragebogen aus, was einer Respons-Rate von 17,3 % entspricht. Analysiert wurde schliesslich ein Trainingsdatensatz mit je 100 zufällig ausgewählten Studierenden der Studienfächer/-bereiche „Wirtschaft", „Journalismus" und „Gesundheit". Der Studierendenfragebogen bestand aus vier Teilen:

1. einer Einschätzung davon, wie sicher die Studierenden sich in verschiedenen Teilkompetenzen des wissenschaftlichen Schreibens fühlen mit 25 Fragen zu Teilkompetenzen des Schreibens, die in allen Fächer und Schreibkulturen eine gewisse Relevanz besitzen,
2. einer Einschätzung davon, was die Studierenden unter „wissenschaftlichem Schreiben" verstehen mit 11 Fragen zur Beurteilung von „Stildimensionen" des Schreibens,
3. einer Einschätzung des Schreibens im Vergleich zu anderen Studienkompetenzen und
4. einer Einschätzung davon, wie nützlich die Studierenden verschiedene Hilfestellungen für ihr Schreiben finden.

Insgesamt 25 verschiedene Teilkompetenzen des wissenschaftlichen Schreibens wurden erfragt. Die Abfrage lautete: *„Wie sicher fühlen Sie sich in der folgen-*

den Kompetenz?" Die Antwortkategorien variierten von *„fühle mich sehr unsicher"* bis *„fühle mich sehr sicher"*. Kompetenzabfragen sind keine Leistungsmessungen, sondern Selbsteinschätzungen, die differenzierte Teilfähigkeiten erfassen können.

Studierende der Wirtschaftswissenschaften fühlen sich, wie Tabelle 4 zeigt, insbesondere in Teilaspekten der formalen Schreibkompetenz besonders sicher, so zum Beispiel beim Benutzen von elektronischen Schreibmedien oder beim Einbinden von Tabellen und Diagrammen in den Text.

Weniger sicher fühlen sie sich in den Aspekten, die speziell für das wissenschaftliche Schreiben wichtig sind: im Diskutieren und Zusammenfassen von wissenschaftlicher Literatur, im Reflektieren von Forschungsmethoden und im Einordnen und Interpretieren von Forschungsergebnissen. Am meisten Probleme scheinen sie im Umgang mit Schreibkrisen zu haben, was auf einen zu geringen Reflexionsgrad im Scheiben hinweist.

Kompetenzen in denen sich die Studierenden der Wirtschaft am höchsten einschätzen	Mittelwert
Elektronische Schreibmedien benutzen	83.8
Tabellen und Diagramme in den Text einbinden	77.0
Andere um Feedback für einen Text bitten	75.0
Anderen Feedback für ihre Texte geben	68.5
Einen eigenen Standpunkt vertreten	68.3
Kompetenzen, in denen sich die Studierenden der Wirtschaft am niedrigsten einschätzen	
Wissenschaftliche Literatur Zusammenfassen	56.0
Forschungsergebnisse einordnen und interpretieren	55.2
Wissenschaftliche Theorien diskutieren	54.5
Forschungsmethoden reflektieren und verstehen	51.8
Mit Schreibkrisen umgehen	49.5

(0=„sehr unsicher"; 25=„eher unsicher"; 50=„teils-teils"; 75=„eher sicher"; 100=„sehr sicher")

Tab. 4: Top-/Bottom-Kompetenzen; Studierende Wirtschaft (N=358)

Um die Information der 25 Items zu reduzieren, haben wir mit Hilfe einer Faktorenanalyse drei zugrunde liegende Faktoren extrahiert, die sich als *„allgemeine Schreibkompetenz"*, *„diskursive Schreibkompetenz"* und *„formale Schreibkompetenz"* interpretieren lassen. Die Rotationsmethode war Varimax mit Kaiser-Normalisierung. Insgesamt konnten diese drei Faktoren 61,85 % der Gesamtvarianz aufklären. Je vier Items/Teilkompetenzen ließen sich einem der drei Faktoren zuordnen:

Allgemeine Schreibkompetenz:
– sich beim Schreiben genau ausdrücken
– die Wirkung eines Textes auf die Adressaten genau einschätzen
– einen Text so überarbeiten, dass er sprachlich korrekt ist
– dem Text stilistische Eleganz geben

Diskursive Schreibkompetenz:
– wissenschaftliche Literatur zusammenfassen
– wissenschaftliche Theorien diskutieren
– Forschungsmethoden reflektieren und verstehen
– Forschungsergebnisse einordnen und interpretieren

Formale Schreibkompetenz:
– auf fremde Literatur verweisen
– ein Literaturverzeichnis anlegen
– die richtigen Fachbegriffe verwenden
– Tabellen und Diagramme in den Text einbinden

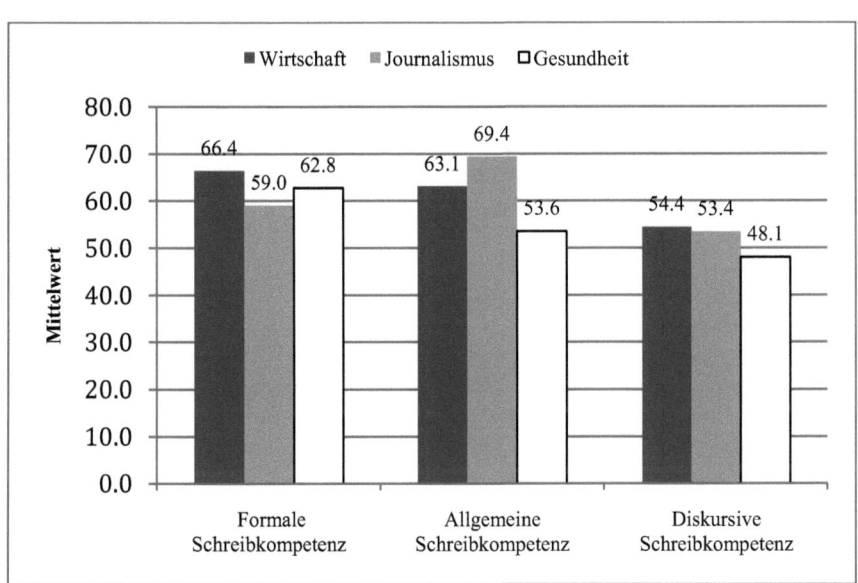

(Cronbachs Alpha Werte: FS=0.687; AS=0.835; DS=0.750)

Abb. 2: Teilkompetenzen im interdisziplinären Vergleich

Testet man die Resultate der drei Fächer gegeneinander, unterscheiden sich die drei Gruppen besonders bezüglich der allgemeinen Schreibkompetenz voneinander. Abbildung 2 stellt die Mittelwerte für die drei Faktoren aufgeteilt auf die drei Studierendengruppen dar. Im „*diskursiven Schreiben*", also dem typischen wissenschaftlichen Schreiben, beurteilen sich alle Studierenden schlechter als in den beiden anderen Arten des Schreibens. Es bereitet den Studierenden offenbar mehr Probleme als die allgemeinen und formalen Aspekte des Schreibens.

	Mittelwert
Klare Struktur	2.78
Aussagen durch Fakten belegen	2.78
Sachlichkeit	2.74
Überzeugende Argumente	2.72
Sich auf wissenschaftliche Quellen beziehen	2.67
Vermeidung der ersten Person (ich)	2.57
Terminologische Genauigkeit	2.54
Elegante Ausdrucksweise	2.26
Einfache, verständliche Ausdrucksweise	2.17
Kreative Gedanken	1.93
Bildliche Sprache	1.67

(1=„geringere Wichtigkeit"; 2=„mittlere Wichtigkeit"; 3=„hohe Wichtigkeit"; 4=„No Answer")

Tab. 5: Wissenschaftlicher Stil in Wirtschaft (N=358)

Ein zweiter Teil des Fragebogens bezog sich auf Einschätzungen der Studierenden in Bezug auf relevante Aspekte wissenschaftlichen Schreibens. Auf die Frage „*Was verstehen Sie unter wissenschaftlichem Stil?*", antworteten die meisten Studierenden der wirtschaftswissenschaftlichen Studiengänge mit „*Klare Struktur*", „*Aussagen durch Fakten belegen*", „*Sachlichkeit*", „*Überzeugende Argumente*" oder „*Sich auf wissenschaftliche Quellen beziehen*".

Die Studierenden der Wirtschaftswissenschaften wurden auch gefragt, wie nützlich sie verschiedene Hilfestellungen im Bereich „Schreiben" finden (Tab. 6). Mit Abstand am nützlichsten erachtet wird mehr Feedback von den Dozierenden für die geschriebenen Texte. Am wenigsten hilfreich werden „*mehr Lehrveranstaltungen, in denen das Schreiben als Lernform eingesetzt wird*" und das Schreibzentrum beurteilt. Vermutlich ist den Studierenden nicht bekannt, dass Schreibzentren vor allem damit arbeiten, Feedback zu geben. Zu interpretieren ist dieses Ergebnis wohl so, dass sie Unterstützung innerhalb ihres Faches wünschen und nicht von ausserhalb. Insgesamt werden jedoch alle Vorschläge als positiv bewertet.

Wie könnte Ihrer Meinung nach die Anleitung zum Schreiben im Studium verbessert werden? Bitte geben Sie an, wie hilfreich Sie folgende Vorschläge finden.	Mittel-wert
Mehr Feedback für meine Texte	80.98
Mehr Unterstützung für das Schreiben in den vorhandenen Lehrveranstaltungen	72.71
Eine Online-Hilfe zum Schreiben (mit Material, Schreibtipps, Anleitungen, Musterarbeiten etc.)	68.23
Ein Schreibtraining zur Verbesserung meiner Ausdrucksfähigkeit	67.76
Eine Überblicksveranstaltung über Textproduktion in meinem Fachgebiet	62.28
Unterstützung für das Schreiben von einer zentralen Stelle (z. B. einem Schreibzentrum)	62.17
Mehr Lehrveranstaltungen, in denen das Schreiben als Lernform eingesetzt wird (Seminare)	61.63

(0=„gar nicht hilfreich"; 25=„eher nicht hilfreich"; 50=„unentschieden"; 75=„eher hilfreich"; 100=„sehr hilfreich")

Tab. 6: Einstellungen zu möglichen Unterstützungsangeboten im Studienfach „Wirtschaft" (Bachelor-Stufe; N=358).

6.2 Schreibkompetenzen im Verlauf des Studiums

Für ein Verständnis der Schreibkultur ist es interessant zu wissen, wie sich Schreibkompetenzen im Verlauf des Studiums entwickeln. Die Befragung erlaubt, die Daten der Studierenden aus unterschiedlichen Semestern miteinander zu vergleichen.

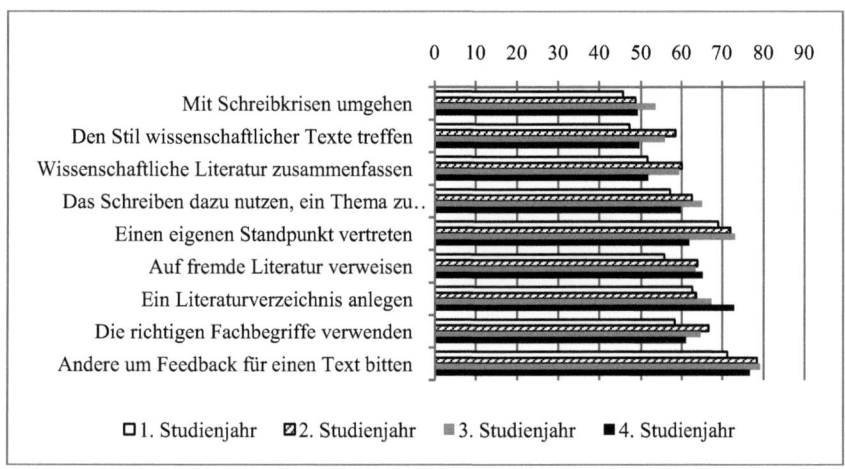

(0=„sehr unsicher"; 25=„eher unsicher"; 50=„teils-teils"; 75=„eher sicher"; 100=„sehr sicher")

Abb. 3: Teilkompetenzen in Wirtschaft nach Studienjahren

Unter den 25 erfragten Teilkompetenzen gab es nur eine, die hoch signifikante Unterschiede zwischen Studienjahren zeigte (Kruskal Wallis-Test): *„andere um Feedback für einen Text bitten"* (p=.005). Signifikate Veränderungen (p=.006) ergab sich für die Variable *„die richtigen Fachbegriffe verwenden"* und p=.039 für *„mit Schreibkrisen umgehen"*. Abbildung 3 (vorige Seite) zeigt die Veränderungen in 9 der 25 Teilkompetenzen.

Betrachtet man die Veränderungen in den generellen Bewertungen von Textqualitäten (Abbildung 4) über die vier Studienjahre, so wird deutlich, dass die Studierenden der Wirtschaftswissenschaften hier keine Entwicklung zeigen. Mehr Unterschiede finden sich in den generellen Bewertungen der einzelnen Variablen, die durchaus konform gehen mit den kulturspezifischen Erwartungen an wissenschaftliche Texte.

Die Veränderungen gehen dabei teils in eine Richtung, die nicht zu erwarten war. Die Studierenden im 4. Studienjahr bezeichneten *„Sachlichkeit"* als weniger wichtig, *„elegante Ausdrucksweise"*, *„bildliche Sprache"* hingegen als wichtiger. Die Veränderung in Bezug auf eine höhere Gewichtung von *„klare Struktur"* war hingegen zu erwarten.

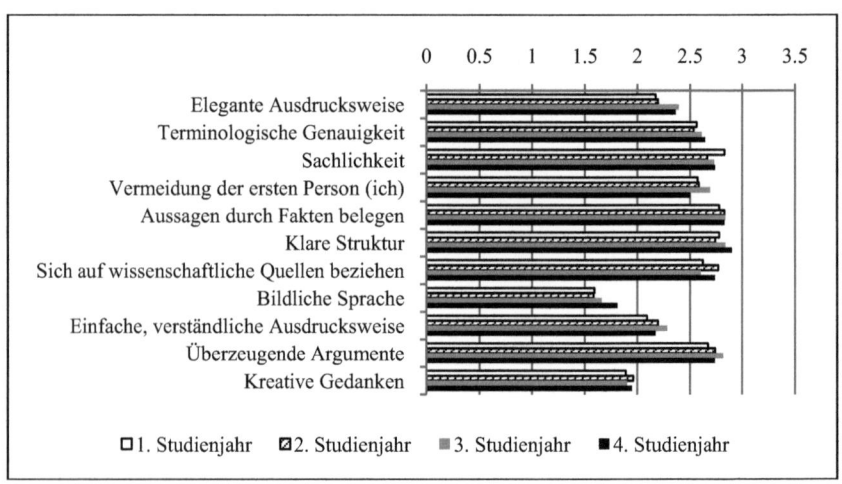

(1=„geringere Wichtigkeit"; 2=„mittlere Wichtigkeit"; 3=„hohe Wichtigkeit"; 4=„No Answer")

Abb. 4: Wissenschaftlicher Stil in Wirtschaft nach Studienjahren (Bachelor-Stufe; N=358)

Die Studierenden bewerten bildliche Sprache und kreative Gedanken als deutlich weniger wichtig im Vergleich zu den traditionellen Werten, wie *„sich auf*

Quellen beziehen", *„Sachlichkeit"*, *„Aussagen durch Fakten belegen"* und *„klare Struktur"*. Was erstaunlich niedrig bewertet wird, ist eine *„einfache und verständliche Ausdrucksweise"*, wohingegen eine *„elegante Ausdrucksweise"* überdurchschnittlich hoch geschätzt wird.

7.   Sprachliche Qualität studentischer Texte

Ein letzter Aspekt, der in diesem Beitrag angesprochen werden soll, um Schreibkulturen zu charakterisieren, betrifft die Qualität der Texte, die von den Studierenden geschrieben werden. Während es im letzten Kapitel um selbst eingeschätzte Kompetenzen ging, geht es nun um fremd eingeschätzte Textqualitäten.

Ein Zugang zu objektivierbaren Textqualitäten von studentischen Texten ist in der Regel aufwändig. Zwar werden alle leistungsrelevanten Arbeiten benotet, jedoch unterscheiden Noten nicht Qualitäten unterschiedlicher Art, zum Beispiel fachliche, sprachliche, strukturelle und rhetorische. Alle Aspekte gehen in letztlich eine Note ein. Zudem sind Noten relativ zu der gegebenen Schreibkultur und lassen nur Binnenvergleiche zu, nicht jedoch Vergleiche mit anderen Institutionen.

Um zu einer objektivierbaren Einschätzung der sprachlichen Qualität studentischer Texte zu gelangen, haben wir Management Summarys analysiert, die die Absolventinnen und Absolventen zu ihren (bereits abgegebene) Bachelor-Arbeiten geschrieben haben. Sie dienten dem Zweck, die Essenz der Bachelor-Arbeiten der Öffentlichkeit zugänglich zu machen. Dabei wurden nur die hundert Absolventinnen und Absolventen mit den am besten bewerteten Arbeiten darum gebeten, eine solche Zusammenfassung zu schreiben. Der Text wurde nicht benotet, aber da er für die Öffentlichkeit bestimmt war, ist anzunehmen, dass sich die Autorinnen und Autoren bewusst waren, dass seine Qualität auch nach sprachlichen Kriterien beurteilt werden würde. Um zu Aussagen über die sprachliche Textqualität zu gelangen, haben wir Textprobleme und -mängel in folgenden Bereichen ausgewertet:

1. Textsorten-Fehler (Merkmale, Auslassungen, Ich-Form, Wertungen etc.)
2. Form-Fehler (Zeichensetzung, Rechtschreibung, Quellenangaben etc.)
3. Ausdrucksfehler und Stilbrüche (Begriffe, Fachwortschatz etc.)
4. Text-Kohärenz- und intertextuelle/intersentenzielle Bezugsfehler
5. Grammatikfehler (Kasus, Kongruenz, fehlende/falsche Subjekte etc.)

Die Auswertung der 101 vorliegenden Summarys des Abschlussjahrgangs 2010 ergab folgendes Bild:

- Durchschnittlich fanden sich 9 Fehler je Summary, Wiederholungen derselben Fehlerinstanz eingerechnet. Nur etwa 20 % aller eingereichten Summarys sind sehr gut formuliert und fast fehlerfrei (0 bis 3 Gesamtfehler). Etwa 17 (rund 17 %) der eingereichten Summarys muss man als unbrauchbar bezeichnen; 8 % aufgrund der Textsortenfehler; 9 % aufgrund der hohen Anzahl an Fehlern. Sie mussten von den Studierenden grundlegend überarbeitet werden, um den gestellten Anforderungen gerecht werden zu können.
- Rund ein Viertel der Summarys (24 %) weisen Mängel in Bezug auf das gewählte Genre „Management Summary" auf (z. B. Verwendung der Ich-Form).
- Unter den Form-Fehlern stechen Probleme mit der Zeichensetzung hervor. Vor allem dort, wo Rechtschreibeprüfung und automatische Textverbesserung durch Rechtschreibesysteme versagen, wie bei der Zeichensetzung, finden sich die häufigsten Fehler (Median: 4 Fehler/Seite). Dieser Fehlertyp trägt mit knapp 50 % zu der Gesamtfehlermenge bei. Eine Gruppe von etwa 15 % aller Arbeiten zeichnet sich durch besondere Achtlosigkeit aus: Die Formfehler darin übersteigen den Fehlermedian um das Doppelte (8 Fehler) oder mehr.
- Betrachtet man Ausdrucksfehler und Stilbrüche, so liegt der Median bei 2 Fehlern, aber 28 % aller Arbeiten übersteigen den Median um das Doppelte oder mehr.
- Bei den Text-Kohärenz- und intertextuellen/intersentenziellen Bezugsfehlern sind es 25 % mit einem oder mehr Fehlern (bei einem Median von 0).
- Und bei Grammatikfehler sind es gar 32 % (Median: 1), die um das Doppelte schlechtere Resultate abliefern als ihre Mitstudierenden.

Als Fazit lässt sich festhalten, dass sowohl die hohe Fehlerzahl in fast einem Viertel der Texte bemerkenswert ist als auch die erheblichen Schwankungen der sprachlichen Qualität. In vielen Texten fehlen textstrukturierende und textverbindende Mittel oder sind unterentwickelt. Obwohl nicht die häufigste Fehlerart, haben Genremischungen eine überproportionale Wirkung, da sie die Leser-Erwartung nicht erfüllen und der Text so seinen Zweck verfehlt. Viele der Studierenden haben selbst nach dem Schreiben ihrer Bachelor-Arbeit noch erhebliche Kenntnislücken bei der Zeichensetzung, Rechtschreibung oder Grammatik, die sich in der Qualität der Summarys offenbart.

Das Beherrschen der sprachlichen Konventionen, wie der Rechtschreibung, der Zeichensetzung, der Grammatik, und der wissenschaftlichen Konventionen, wie der Quellennachweise und des Zitierens, sind gleichsam Merkmale wissenschaftlicher Textkompetenz, auch wenn diese sich nicht darin erschöpft. Wissenschaftliches und berufliches Schreiben sind integrale Prozesse, die die simultane Ausbildung und Anwendung mehrerer Kompetenzen verlangen. Es fragt sich, in welchem Masse die Hochschulausbildung für mangelnde sprachliche Kompetenzen ihrer Absolventen verantwortlich ist. Sicherlich gehört der Unterricht in grundlegenden sprachlichen Fertigkeiten nicht zum Ausbildungsauftrag eines wirtschaftswissenschaftlichen Studiengangs. Doch darf man argumentieren, dass es Ausdruck einer Ungeübtheit im Schreiben und/oder eines fehlenden Problembewusstseins Texten gegenüber ist, wenn Absolventen Texte zur Veröffentlichung freigeben, die sprachlichen Mindestanforderungen nicht genügen. Und es ist dabei immer noch zu bedenken, dass es die Autorinnen und Autoren der 100 besten Arbeiten waren, die untersucht wurden.

Auch wenn schwer zu belegen ist, dass Studierende im Studium zu wenig schreiben, so lässt sich immerhin sagen, dass sie offensichtlich zu wenig Feedback für ihre Texte bekommen. Feedback von Dozierenden und von Mitstudierenden kommt in der Schreibförderung essenzielle Bedeutung zu, weil es Textbewusstsein und Reflektiertheit im Schreiben schafft. Aufgrund der beschriebenen Fehler lässt sich nicht mit Sicherheit darauf schliessen, dass die Autorinnen und Autoren es nicht besser gewusst haben, wohl aber darauf, dass ihnen nicht bewusst war, welche Textqualitäten für diesen Anlass verlangt werden. Eine verstärkte Berücksichtigung des Schreibprozesses und der Textentwicklung wäre angesichts der kompetenzorientierten Ausrichtung des Studienganges wünschenswert.

8. Integration: Wege zur Optimierung und Integration des Schreibens in wirtschaftswissenschaftliche Studiengängen

Schreibkulturen in Studiengängen lassen sich mit unterschiedlichen Methoden erfassen, die jeweils einen anderen Aspekt des Ganzen beleuchten. Genau genommen sollte man sagen, dass es nicht die Kulturen selbst sind, die man erfasst, sondern Indikatoren, mit deren Hilfe auf Kulturen geschlossen werden kann. Das Bild, das in dieser Arbeit von einem wirtschaftswissenschaftlichen Studiengang an einer Zürcher Fachhochschule skizziert worden ist, setzt sich aus mehreren Facetten zusammen, deren Informationsgehalt sich folgendermassen beschreiben lässt:

Eine Analyse von Studienplänen und Modulbeschreibungen zeigte, dass der Studiengang viele Schreibanlässe vorsieht, etwa gleich viel in jedem der sechs Semester. Der Prüfungsplan zeigt jedoch auch, dass es mehr abgesetzte (im

Anschluss an das Semester durchgeführte) Prüfungen gibt als schriftliche Leistungsnachweise durch Seminararbeiten. Unter den schriftlichen Arbeiten dominieren kurze Texte, für die es keine einheitliche Bezeichnung gibt, sowie Berichte. Nur in den beiden SKomm-Veranstaltungen im 1. Studienjahr wird eine Seminararbeit verlangt. Etwa gleich häufig wie schriftliche Arbeiten werden Referate verlangt, zum Teil ohne dass eine schriftliche Arbeit mit ihnen verbunden ist. Auch hier ist davon auszugehen, dass dabei eine selbständige Erarbeitung eines Themas notwendig ist. Die verwendeten Textarten sind mehrheitlich didaktische Genres, sehr viel weniger beruflich veranlasste Genres. Die Vermittlung von wissenschaftlicher Schreibkompetenz (learning-to-write) findet in einer zweisemestrigen Veranstaltung „Kommunikation" am Studienanfang statt, in der Ende des 2. Semesters Feedback gegeben wird. Hier wäre ein klarer Schwerpunkt auf die Vermittlung von Schreibkompetenz empfehlenswert und wohl auch unschwer zu integrieren. Mehr direkte Instruktion zum Schreiben erhalten die Studierenden im vier Semester dauernden Englischkurs, jedoch wird dort ausschliesslich berufliches und kein wissenschaftliches Schreiben vermittelt.

Eine Erhebung mithilfe eines Fragebogens an Dozierende führte zu einer Liste von Genres, die sich unschwer in mehrere Klassen gruppieren lassen. Auch hier zeigt sich eine Dominanz von allgemeinen didaktischen Genres gegenüber beruflichen Genres. Die für die Genres verwendeten Bezeichnungen erwiesen sich als wenig einheitlich; es hat den Anschein einer gewissen Unsicherheit in der Benennung (und Konzeption?) von Genres. Auch hier tauchen verschiedene kurze Textarten (Aufsatz, Termpaper, Kurzaufsatz) auf, die einen Bedarf an einer essayistischen Textsorte signalisieren. Seminararbeiten werden nur vier Mal genannt, dafür aber drei Projektarbeiten, die im Studienplan nicht vorhanden waren.

Beide gerade geschilderten Verfahren zur Sammlung von Genres, auch „Genre-Mapping" genannt, führen nicht zu wirklich befriedigenden Ergebnissen. Die resultierenden Listen lassen zwar erahnen, was für Texte geschrieben werden, sind aber weder erschöpfend noch führen sie zu einem tieferen Verständnis der Genres. Sie sind jedoch eine gute Vorbereitung für genauere Befragungen der Dozierenden oder für Textsammlungen mit nachfolgender Auswertung.

Relativ gering ist die Förderung des beruflichen Schreibens vertreten. Berufliche Textgenres sind vor allem in Wirtschaftsenglisch zu finden. Die dabei vermittelten Kompetenzen dürften in Teilen auf andere Arten des Schreibens übertragbar sein, jedoch können sie allein nicht die Grundlagen des wissenschaftlichen Schreibens legen. Hierfür sind zusätzliche Textnormen zu vermitteln.

Ein dritter Zugang wurde durch ein Polaritätenprofil gewonnen, das Einstellungen der Dozierenden gegenüber dem Schreiben zum Ausdruck bringt: Mehr individuelles und faktenbezogenes Schreiben mehr „learning-to-write" und ein Hang zu vorgegebenen Themen unterscheidet die Dozierenden der Wirtschaft von den beiden anderen Instituten aus Gesundheit und Journalismus.

Ein Fragebogen an Studierende ergab Aufschluss über Einstellungen zum Schreiben und über selbst berichtete Schreibkompetenzen. Die Studierenden schätzen ihre eigenen Kompetenzen in den formalen Aspekten des Schreibens höher ein als ihre Mitstudierenden im Journalismus oder in den Gesundheitsberufen. In allgemeiner Schreibkompetenz hingegen belegen sie einen Mittelplatz zwischen Journalismus und Gesundheitswissenschaften. Das Konzept von Wissenschaftlichkeit im Schreiben ist relativ stark an gewohnte Normen angelehnt, jedoch findet eine einfache, verständliche Sprache bei ihnen keinen grossen Zuspruch. Eine elegante Sprache hingegen halten sie auch in den Wissenschaften für relativ wichtig. Ganz einfach scheinen die Normen auch für die Studierenden der Wirtschaft nicht durchschaubar zu sein. In den Wünschen der Studierenden zu einer Verbesserung der Schreibbildung wird deutlich, dass das, was ihnen am meisten fehlt, Feedback für ihre Texte ist.

Ein letzter Blick schliesslich galt der sprachlichen Qualität von Texten. Hier machte sich eine Reihe von Defiziten bemerkbar, die mit fehlendem Genreverständnis, Stilfertigkeit, fehlender Vertrautheit mit Konventionen wissenschaftlichen Schreibens und mangelnder Rechtschreibkompetenz verbunden sind. Man darf dies wohl als Resultat eines Mangels an Schreiberfahrungen und an Feedback interpretieren. Möglicherweise spielen auch schriftsprachliche Defizite eine Rolle, die Schweizer Studierenden aufgrund der diglossischen Situation zeigen.

Abschliessend lässt sich sagen, dass ein Blick auf die curriculare Verankerung des Schreibens im Studiengang „Betriebsökonomie" sicherlich hilfreich wäre. Dabei zählt nicht nur die Frage, welche Instruktionen zum Schreiben gegeben werden, sondern auch, in welchem Umfang das Schreiben als Mittel des Lernens eingesetzt wird. Ein guter Ausgangpunkt für eine systematischere Förderung von Schreibkompetenz wären sicherlich die Module *SKomm1* und *SKomm2* am Studienanfang, das bereits Ansätze dazu enthält, die ausgebaut werden könnten.

Literatur

Bakhtin, Mikhail Mikhailovich (1986): Speech Genres and Other Late Essays. Herausgegeben von Caryl Emerson & Michael Holquist. Austin, Texas: University of Texas Press.

Bakhtin, Mikhail Mikhailovich (1988): The dialogic imagination: Four essays. Herausgegeben von Caryl Emerson & Michael Holquist. Austin, Texas.: University of Texas Press.

Bazerman, Charles (1983): Scientific Writing as a Social Act. New Essays in Technical Writing and Communication. In: Anderson, Paul V. / Brockman, R. John, & Miller, Carolyn R.: New essays in technical and scientific communication. Farmingdale, NY: Baywood, 156–84.

CEFR. Common European Framework of Reference for Languages: Learning, Teaching, Assessment. www.coe.int/t/dg4/linguistic/CADRE_EN.asp, 10.2.2011.

Erpenbeck, John & Rosenstiel, Lutz von (2007): Einführung. In: Erpenbeck, John & Rosenstiel, Lutz on (Hgg.): Handbuch Kompetenzmessung. Erkennen, verstehen und bewerten von Kompetenzen in der betrieblichen, pädagogischen und psychologischen Praxis. Stuttgart: Schäffer-Poeschel, XVII–XLVI.

Foster, David & Russell, David R. (2002): Rearticulating articulation. Writing and learning in cross-national perspective. In: Foster, David & Russell, David R.: Writing and learning in Cross-National Perspective. Transitions from Secondary to Higher Education. Urbana, Ill.: National Council of Teachers of English/Mahwah, NJ: Lawrence Erlbaum, 1–47.

Frank, Andrea / Lahm, Swantje & Haake, Stefanie (2007): Schreiben in Studium und Beruf: Schlüsselkompetenzen. Berlin: J. B. Metzler.

Gruber, Helmut / Rheindorf, Markus / Wetschanow, Karin / Reisigl, Martin / Muntigl, Peter & Czinglar, Christine (2006): Genre, Habitus und wissenschaftliches Schreiben. Wien: Lit Verlag.

Hyland, Ken (2000): Disciplinary discourses. Social interactions in academic writing. Harlow, England: Pearson.

Jakobs, Eva-Maria (1995): Text und Quelle. Wissenschaftliche Textproduktion unter dem Aspekt der Nutzung externer Wissensspeicher. In: Jakobs, Eva-Maria / Knorr, Dagmar & Molitor-Lübbert, Sylvie (Hgg.): Wissenschaftliche Textproduktion. Mit und ohne Computer. Frankfurt am Main: Lang, 91–112.

Jakobs, Eva-Maria (2005): Writing at work. Schreiben am Arbeitsplatz. In: Jakobs, Eva-Maria / Lehnen, Katrin & Schindler, Kirsten. Frankfurt am Main: Verlag für Sozialwissenschaften, 13–40.

JQI-Arbeitspapier (2004). Shared 'Dublin' Descriptors for Short Cycle, First Cycle, Second Cycle and Third Cycle Awards. Bericht einer informellen Arbeitsgruppe der Joint Quality Initiative in Dublin. www.jointquality.org/content/descriptors/CompletesetDublinDescriptors.doc (Deutsche Übersetzung: Henning Schäfer: „Dublin Descriptors" für Bachelor-, Master- und Promotionsabschlüsse; www.jointquality.org/content/descriptors/DublinDeutsch.pdf), 10.2.2011.

Kruse, Otto (2005): Zur Geschichte des wissenschaftlichen Schreibens: Teil 2: Rolle des Schreibens und der Schreibdidaktik in der Seminarpädagogik seit der humboldtschen Universitätsreform. Das Hochschulwesen: Forum für Hochschulforschung, -praxis und -politik. 53, (6), 214–218.

Kruse, Otto (2006): The origins of writing in the disciplines: Traditions of seminar writing and the Humboldtian ideal of the research university. In: Written Communication 23 (3), 331–352.

Kruse, Otto (2007a): Keine Angst vor dem leeren Blatt. Ohne Schreibblockaden durchs Studium. Frankfurt am Main: Campus.

Kruse, Otto (2007b): Schreiben und Studierfähigkeit. Mit welchen Schreibkompetenzen sollten die Schulen ihre Absolvent/innen ins Studium entlassen? In: Becker-Motzek, Michael & Schindler, Kirsten (Hgg.): Texte schreiben. Duisburg: Gilles & Francke (=Kölner Beiträge zur Sprachdidaktik, Reihe A), 117–144.

Kruse, Otto (2010a): Old and new Literacies: Literale Praktiken in wissenschaftlichen Kontexten. Medienimpulse: Beiträge zur Medienpädagogik 4/2010. http://www.medienimpulse.at/articles/view/273, 10.2.2011.

Kruse, Otto (2010b): Lesen und Schreiben: Der richtige Umgang mit Texten im Studium. Konstanz: UVK/UTB.

Kruse, Otto (2010c): Writing cultures and academic mobility: A study of educational genres and writing practices across cultures. In: CompFAQs – WIKI. http://compfaqs.org/uploads/CompFAQsInternational/2010CCCCWorkshopOnInternationalResearch/culturesmobility.pdf, 10.2.2011.

Miller, Carolyn R. (1984): Genre as social action. In: Quarterly Journal of Speech 70/1984, 151–167.

Nesi, Hillary et al. (2008). An investigation of genres of assessed writing in British higher education: Full research report ESRC, end of award report. Res-000-23-0800. Swindon: ESRC.

Pogner, Karl-Heinz (2003): Writing in the discourse community of engineering. In: Journal of Pragmatics 35/2003, 855–867.

Pogner, Karl-Heinz (1999): Schreiben im Beruf als Handeln im Fach. Tübingen: Narr.

Siepmann, Dirk (2006): Academic Writing and Culture: An Overview of Differences between English, French and German. In: Meta 51(1), 131–150.

Street, Brian V. (1984): Literacy in theory and practice. Cambridge: Cambridge University Press.

Steinhoff, Torsten (2007): Wissenschaftliche Textkompetenz. Sprachgebrauch und Schreibentwicklung in wissenschaftlichen Texten von Studenten und Experten. Tübingen: Niemeyer.

Swales, John M. (1990): Genre Analysis. English in academic and research settings. Cambridge: Cambridge University Press.

Texten für die Wirtschaft: Ein Ausbildungskonzept

Vinzenz Rast

Die Leserinnen und Leser sind eingeladen zu einem Unterrichtsbesuch an der Hochschule Luzern – Wirtschaft (HSLU W). Dieses Departement bildet zusammen mit den Departementen „Technik und Architektur", „Soziale Arbeit", „Design und Kunst" und „Musik" die Fachhochschule Zentralschweiz (vgl. zu einer anderen Fachhochschule auch Chitez / Keller & Kruse in diesem Band).

Auf dem Programm stehen Besuche bei den Lerngruppen im Fach „Kommunikation Deutsch". Wer daran teilnimmt, kann sich ein Bild machen vom Ausbildungskonzept und von verschiedenen Unterrichtsinhalten. Die Stationen des Besuchs sind die Module, wie die Lehrveranstaltungen seit der Bologna-Reform heissen, und zwar in der chronologischen Abfolge des Studiums. An diesen Modul-Stationen treffen die Besucherinnen und Besucher dann auf Kommunikationsanlässe – also auf mündliche und schriftliche Wirtschaftstextsorten an einer Wirtschaftshochschule.

1.   Neues Unterrichtskonzept seit der Bologna-Reform

Im Zuge der Bologna-Reform wurde die Kommunikationsausbildung an der HSLU W komplett umgebaut. Während vorher in jedem Studiengang eigens auf die jeweiligen Studiums- und schliesslich auch Berufsanforderungen zugeschnittene Kommunikationscurricula bestanden haben, findet heute ein studienrichtungsübergreifender Unterricht im so genannten „Generalistischen Studium" statt. In vier Modulen, die je mit 3 ECTS-Punkten dotiert sind, bauen alle Studierenden des „Bachelor of Science in Business Administration" ihre schriftlichen und mündlichen Kommunikationsfähigkeiten aus. Je nach Studienrichtung werden diese Fähigkeiten in höheren Semestern weiter vertieft, wobei sie in der Studienrichtung „Kommunikation und Marketing" ein besonders grosses Gewicht erhalten.

Das jetzige Konzept trägt die Handschrift eines ganzen Fachteams. Und es wird auch nie fertig sein: Es wird immer wieder diskutiert, an Änderungen im Curriculum angepasst, auf Grund von Rückmeldungen neu akzentuiert sowie, abgestützt auf aktuelle Forschungen, erneuert. Die starke Position, die die Kommunikationsmodule in der Ausbildung von Betriebsökonominnen und -ökonomen in Luzern haben, und auch der Konsens über die Bedeutung der kommunikativen Fähigkeiten während des Studiums und dann in der Berufspraxis waren aber schon vor der Bologna-Reform erarbeitet worden: Markus Aregger und Markus Ineichen haben die Unterrichtsinhalte und -formen bereits an den Vorgängerschulen, an der Höheren Wirtschafts- und Verwaltungsschule HWV bzw. an der Hochschule für Wirtschaft, geprägt und dem Fach zu seiner jetzigen Bedeutung verholfen, die vom ganzen Lehrkörper auch der betriebs- und volkswirtschaftlichen Fächer respektiert wird.

2.   Vier komplementäre Module im „Generalistischen Studium"

Die Studienanfängerinnen und -anfänger bringen im Regelfall einen Berufsmaturaabschluss[1] mit. Eine grosse Zahl hat diesen an einer kaufmännischen Berufsschule erlangt und daneben praktische Erfahrung in Unternehmen oder in der Verwaltung gesammelt. Es gibt auch Studierende mit einer gymnasialen Matura. Sie haben vor Studienbeginn noch ein einjähriges Berufspraktikum zu absolvieren. Rund zwei Drittel aller Wirtschaftsstudentinnen und -studenten entscheiden sich für ein dreijähriges Vollzeitstudium, ein Drittel für ein berufsbegleitendes Studium[2], das vier Jahre dauert.

Die Eintrittskompetenzen der Studienanfängerinnen und -anfänger sind relativ homogen: Im Deutschunterricht an den Berufsschulen und am Gymnasium hat die Beschäftigung mit Literatur und Literaturgeschichte eine grosse Rolle gespielt. Hinzu kommen Schreiberfahrungen aus dem Aufsatzunterricht und aus den (Berufs-)Maturaarbeiten, die gewissen wissenschaftlichen Ansprüchen zu genügen haben.

Die Fähigkeit, Kommunikationsaufgaben funktional zu betrachten, fehlt bei den Studierenden meist vollständig. Bisherige Schreibanlässe waren ausschliesslich schulische, Adressat war allenfalls die Lehrerin oder der Lehrer, als Beurteilungskriterien für die Qualität eines Textes galten die Merkmale Inhalt, Form und Sprache. Redeanlässe beschränkten sich auf das Unterrichtsgespräch, Referate hatten primär eine inhaltlich-didaktische Ausrichtung: Was in der Gruppe oder zu Hause erarbeitet worden war, musste im Plenum vorgetragen

---

1 Die Berufsmatura entspricht dem deutschen Fachabitur und berechtigt in der Regel zu einem freien Fachhochschulzugang. Die gymnasiale Matura entspricht dem Abitur. Sie öffnet den Weg für ein universitäres Studium.

2 Unser Besuch führt uns zu den Lerngruppen des Vollzeitstudiums. Die folgenden Angaben zur Semesternummer beziehen sich also auf das dreijährige Studium.

werden. Es ging darum, die Klasse am Gelernten zu partizipieren und die Auf-
gabenlösungen zu kontrollieren.

In den Kommunikationsmodulen der HSLU W hingegen werden Schreib-
und Redeaufträge konsequent situational eingebettet und können damit immer
anhand funktionaler Kriterien beurteilt werden. So bietet sich eine Gelegenheit,
mit einer linguistischen Perspektive die Arbeit mit Sprache neu anzugehen und
die Freude am Umgang mit dem Schreiben (und später auch mit der gesproche-
nen Sprache) neu zu wecken.

Die vier komplementären Module bilden den Kern der Kommunikationsausbildung an der HSLU W. Sie sind eng miteinander verbunden, bauen konsequent aufeinander auf und sind dennoch für sich abgeschlossen. Diesen Kern
umschliessen die Module der Studienrichtung, ebenso inhaltlich abgestimmt und
in der Abfolge vorgegeben (vgl. Abb. 1: Modulstruktur der Kommunikationsmodule an der HSLU W).

Den Kernmodulen des generalistischen Studiums und den Aufbaumodulen
der Studienrichtung „Kommunikation und Marketing" wird nun auf einem
Rundgang durch die Kommunikationsausbildung an der Luzerner Wirtschaftshochschule ein Besuch abgestattet. Nicht bei jedem Modul wird dabei gleich
lange verweilt werden können. Manchmal bleibt es bei einem Halt vor dem
Unterrichtszimmer: Dort wird der Inhalt eher abstrakt und die Bedeutung des
Moduls im gesamten Konzept betrachtet. Aber ein paar Mal soll auch ganz
konkret ein Blick über die Schultern der Studierenden auf deren Schreibarbeit
oder gar in eine mündliche Prüfung möglich sein.

2.1   Modul 1: „Kommunikation: Schreiben für Wissenschaft und Praxis"

Im ersten Modul „Kommunikation: Schreiben für Wissenschaft und Praxis"[3]
trainieren die Studierenden in einer Schreibwerkstatt eine Auswahl von Textsorten aus dem curricularen und dem zukünftigen beruflichen Alltag. Sie lernen,
ihre Texte systematisch zu konzipieren, nach Kriterien der Verständlichkeit zu
produzieren und schliesslich gründlich zu redigieren. Keine Schreibaufgabe ist
dabei ohne supponierten Kontext, der die Schreibenden verpflichtet, im Voraus
bereits ihre eigene Senderrolle, den genauen Adressaten, formale Textmuster-
vorgaben, den verlangten Code und die Kommunikationsintention zu klären. Ein
Schreiben, das unabhängig ist von der Kommunikationssituation und frei von

---

3   Die Modulbeschriebe aller Module sind unter http://bachelor-wirtschaft.hslu.ch/ im Internet
     zugänglich.

jeglicher Intention, gibt es nicht. Die isolierte schulische Kommunikationssituation genügt nicht für realitätsnahe Schreibszenarien.

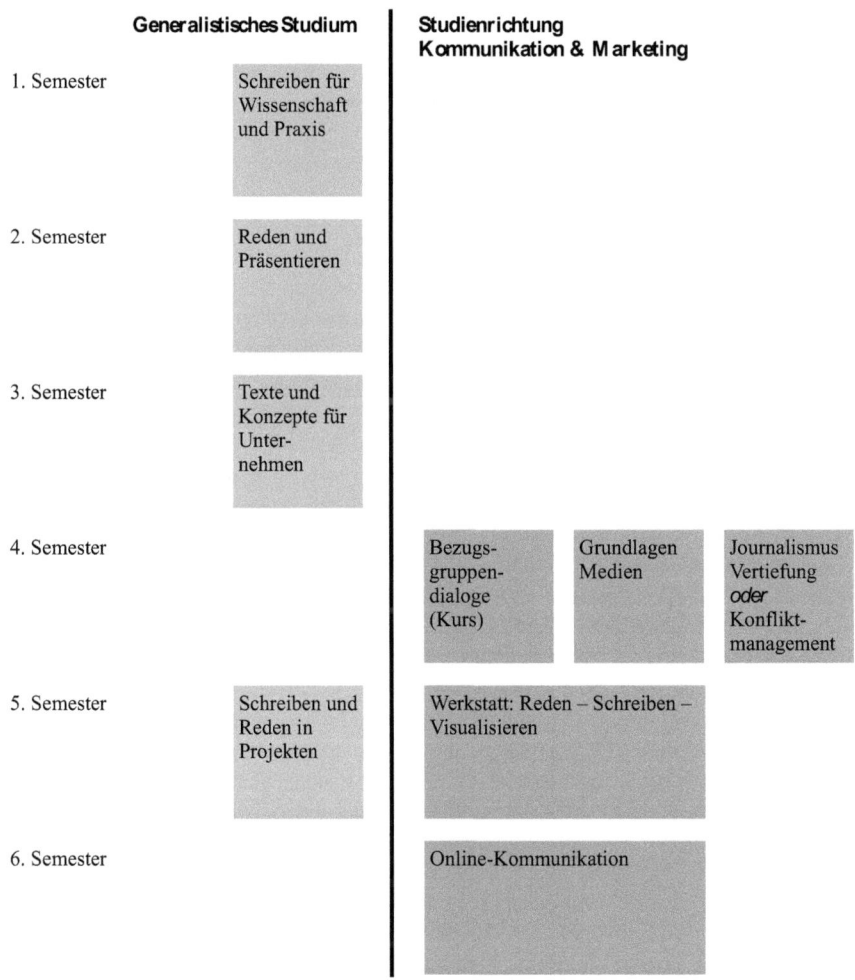

Abb. 1: Modulstruktur der Kommunikationsmodule an der HSLU W

Das Klären solcher Kommunikationsvoraussetzungen ist den Studienanfängerinnen und -anfängern oft fremd. Diese Fertigkeit wird integriert und trainiert:

Die gute Bewertung gibt es für einen Text, der das bewirkt, was der Autor oder die Autorin beabsichtigt hat. Bei supponierten Kommunikationssituationen sind es immerhin Wirkungsannahmen mit einer hohen Plausibilität, über die diskutiert werden soll.

Auch in das wissenschaftliche Schreiben wird mit dieser funktionalen Betrachtungsweise eingeführt. So wird die Funktionalität zum Beispiel eines wichtigen Teiltextes der längeren wissenschaftlichen Arbeiten an der HSLU W, des *Management Summarys*, mit linguistischen Kriterien benannt: Das „Summary fürs Management" ist dann eben nicht eine proportional verkürzte Zusammenfassung der Seminar- oder Bachelorarbeit. Es wird zu einem funktional eigenständigen sprachlichen Produkt für den Auftraggeber einer (Projekt-)Studie, das sich auf Ergebnisse und Handlungsempfehlungen beschränkt und dabei eine auch für Laien verständliche Terminologie verwendet.

Gerade anhand des Themas „Schreiben für die Wissenschaft" kann die Einbettung der Kommunikationsmodule in das gesamte Studium veranschaulicht werden: So wird im ersten Modul eng mit Dozierenden eines parallel geführten Moduls zusammengearbeitet, wo die Studierenden wissenschaftliche Methoden (Erarbeitung einer Forschungsfrage, Literaturrecherche, Projektabwicklung und so weiter) kennen lernen. Gemeinsam prägen die Kommunikations- und die Methodendozierenden somit ganz grundlegend die sprachlichen und formalen Ansprüche an das wissenschaftliche Arbeiten – nicht nur bei den Studierenden, sondern auch bei den Dozierenden. Ein umfangreicher Leitfaden für das wissenschaftliche Arbeiten, betreut von der Fachgruppe „Kommunikation Deutsch", gilt als Norm in allen Aus- und Weiterbildungsangeboten der HSLU W.

Daneben werden in diesem ersten Modul auch Textsorten aus dem Medienalltag betrachtet. Die Studierenden produzieren selbst *Nachrichtentexte* und *Kommentare*. Sie lernen, Textmuster anzuwenden, zu variieren und an unterschiedliche Intentionen anzupassen. Solche exemplarisch geübten Textaufgaben lassen sich auch auf weitere schulische und berufliche Schreibaufgaben transferieren – zum Beispiel in einer Aktennotiz an die Geschäftsleitung, in einer Kurzinformation an die Mitarbeitenden eines Unternehmens, in einem Teambriefing und so weiter

Durch die ganze Schreibwerkstatt im ersten Semester hindurch läuft eine „Theoriespur": Linguistisch reflektiert werden der Textbegriff und mögliche Formen einer Klassifikation von Textsorten, zum Beispiel nach Textfunktionen (Brinker 2005, Linke / Nussbaumer & Portmann 2004). Diese Theoriespur kann nicht breit sein. Die für die Studierenden oft neue linguistische Perspektive hilft ihnen aber immerhin zu verstehen, welche Voraussetzungen vor dem Schreiben zu klären sind und wie sich Qualitätskriterien begründen lassen.

2.2 Modul 2: „Kommunikation: Reden und Präsentieren"

Während die Schreibfähigkeiten der Studienanfängerinnen und -anfänger noch einige Schwächen aufweisen, bringen sie eine grosse Selbstsicherheit in ihrem Auftreten mit. Die Studierenden des zweiten Semesters sprechen ab der ersten Unterrichtseinheit vor der gesamten Lerngruppe, vor laufender Videokamera – und getrauen sich, etwas zu sagen; selbst dann, wenn mal Besucherinnen und Besucher im Unterrichtszimmer stehen. Diese Unbefangenheit ist eine ausgezeichnete Voraussetzung für die Arbeit im Modul „Kommunikation: Reden und Präsentieren". Aber auch dort muss noch vieles systematisiert, reflektiert und trainiert werden. Dies geschieht in halbierten Lerngruppen, wo mit etwa 15 Studierenden auch Zeit bleibt für individualisierte Übungen mit aufwendigen Videofeedbacks.

Anlässe für das Einüben mündlicher Textsorten sind schulische und ausserschulische: Während des Studiums sind präsentationsrhetorische Fähigkeiten in nahezu allen Modulen gefragt: Die Präsentation von Befunden aus Einzel- und Gruppenaufgaben gehört sicher zum Standard. Aber schon im dritten Semester arbeiten die Studierenden im Rahmen von Projektarbeiten mit meist regionalen Firmen zusammen, wo Forschungsansinnen und -ergebnisse vor Führungskräften zu erläutern sind. Schliesslich werden in einigen Modulen auch Leistungsnachweise in Form von Referaten verlangt. Präsentationsrhetorische Standards gehören dort zu den Kriterien für die Leistungsbeurteilung.

Als Textsortensystematisierung dient ein Modell, das drei Redeformen unterscheidet: *Informationsrede*, *Überzeugungsrede* und *Meinungsrede* (nach Pabst-Weinschenk 2003). Diese Klassifikation verstehen die Studierenden dank der im ersten Semester eingeübten funktionalen Betrachtung von Kommunikationsanlässen. Die dort begonnene linguistische Theoriespur wird denn auch im „mündlichen" Semester fortgeführt mit einer Betrachtung von unterschiedlichen Kommunikationsmodellen von Karl Bühler (1934), Watzlawick / Beavin & Jackson (1990), Schulz von Thun (1991), Jakobson (1993) und Searle (1983). Auf diesen Modellen basiert die Systematik der Redeformen. Mit diesen Modellen lassen sich dann auch Kriterien für das Gelingen von Reden und Präsentationen ableiten. Dazu gehören nonverbale, paraverbale und verbale Zeichen, in medial unterstützten Präsentationen ergänzt durch (typo-)grafische Zeichen. Am Einsatz dieser Zeichen wird gearbeitet. Die akademische Rhetorik bezeichnet diese Form des Trainings wenig wohlwollend als „Sozialtechnologie" (Ueding, online). Der sichtbare Erfolg bei Auftritten in höheren Semestern aber bestätigt die Arbeitsweise in diesem Modul[4]. Dies melden auch Dozierende anderer Module zurück, die beobachten können, wie sich die präsentationsrhetorischen Fähigkeiten bei vielen Studierenden im Laufe ihrer Ausbildung deutlich verbessern.

Im „mündlichen" Semester wird selbstverständlich auch mündlich geprüft – und zwar während 15 Minuten in zwei Teilen. Für den ersten Teil bereiten sich die Studierenden vor auf ein von ihnen frei gewähltes kontroverses Thema aus den Bereichen Gesellschaft, Wirtschaft, Kultur. Mit dieser Themenwahl geben die zu Prüfenden den Anlass weitgehend vor, an dem sie ihre Rede halten werden. Aber erst wenige Minuten vor ihrem Prüfungsauftritt erfahren sie noch Genaueres zur Redeform, zum Publikum, zu weiteren Umständen, die ihre Rede noch beeinflussen könnten. Also wird von den Studierenden verlangt, eine Kommunikationssituation in den wichtigsten Aspekten zu erfassen und auf Veränderungen angemessen zu reagieren. Flexibilität und gute inhaltliche Vorbereitung ist gefordert, nicht Auswendiglernen.

Ohne Stoffsicherheit geht es auch nicht im zweiten Prüfungsteil, wo das linguistische Fachwissen über die Kommunikationsmodelle auf alltägliche Redesituationen übertragen werden muss. Dies geschieht aber nicht in einem Prüfungsgespräch, sondern noch einmal in einem erst an der Prüfung vorgegebenen Kontext, der inhaltlich und situational meist mit dem ersten Prüfungsteil verknüpft ist. Selbstverständlich ist auch dieser Kontext supponiert: Das Publikum sind jeweils die prüfenden Dozierenden sowie eine Expertin oder ein Experte, die allesamt aus der betriebswirtschaftlichen Praxis in Unternehmen oder Verwaltungen stammen. Die Prüfungsleistung wird daran gemessen, inwieweit der in der individualisierten Prüfungsaufgabe geschilderte Kontext angemessen berücksichtigt worden ist.

2.3   Modul 3: „Kommunikation: Texte und Konzepte für Unternehmen"

Nach diesem kurzen Besuch im Prüfungszimmer geht der Rundgang weiter, gewissermassen ein Stock höher im zweiten Studienjahr: Die Studierenden haben sich mit Schreiben und Reden nun zwei Semester lang beschäftigt. Aktuelle und noch anstehende Kommunikationsaufgaben während des Studiums sind dabei betrachtet worden, aber auch Aufgaben in der zukünftigen Berufspraxis. Die Querschnittsfunktion des Fachs in seiner Unterstützung des „Writing across the curricula" tritt nun in den Hintergrund. Im Modul „Kommunikation: Texte

---

4   Ab 2012 wird ein Buch, das im Fachteam an der HSLU W entstanden ist, die Arbeit mit der „Technologie" begleiten (Frischherz / Demarmels & Aebi 2011).

und Konzepte für Unternehmen" besteht ein Semester lang Gelegenheit, alle Studierenden mit ausgesuchten Themen der Unternehmenskommunikation zu konfrontieren. Wer sich nämlich nicht für die Studienrichtung „Kommunikation und Marketing" entschieden hat, wird im Verlauf des Studiums nur noch marginal mit solchen Fragestellungen beschäftigt sein. Trotzdem dürften aber viele Absolventinnen und Absolventen anderer Studienrichtungen in kleinen Betrieben auch mit Kommunikationsaufgaben betraut werden. In grossen Unternehmen machen die Controller, Banker oder Verwaltungsfachleute ihre Arbeit besser, wenn sie die Aufgaben zum Beispiel der Kommunikationsbeauftragten kennen und verstehen.

Mit der Breite des Themas „Unternehmenskommunikation" gibt es eine Verpflichtung zur Auswahl exemplarischer Textsorten. Nur noch zum Teil wird mit elaborierten Textsortenmustern gearbeitet: Die Studierenden sind nun gehalten, in den Textaufgaben eigenständige Lösungen aus bekannten Mustern abzuleiten. So verfassen die Studierenden gleich am Anfang des Semesters eine *Textexpertise* zu einer von ihnen ausgewählten, aktuellen Werbeanzeige. Als Beurteilungskriterien dienen die Merkmale, die Stöckl (2004) für die Analyse von Werbetexten zusammengestellt und exemplarisch angewandt hat. Ziel dieser Aufgabe ist gewissermassen die Dekonstruktion einer komplexen Kommunikationsaufgabe. Diese Arbeit fördert das sprachkritische Denken und verfeinert und festigt die textlinguistische Betrachtung von Kommunikationsakten. Die Arbeit macht den Studierenden Spass; die Expertisen fördern zuweilen auch erstaunliche Fehler und Pannen in den Werbetexten zutage. Also sehen die Studierenden, dass sie sich mit ihrem linguistischen Wissen durchaus profilieren können.

Als weitere Aufgaben der Unternehmenskommunikation werden in diesem Modul exemplarisch betrachtet: *Mitarbeiterzeitungen* und *Projektanträge* in der internen Kommunikation; *Medienmitteilungen, Jahresberichte* und *imagebildende Texte* in der externen Kommunikation. Im Ansatz reflektieren die Studierenden das Konzept der integrierten Kommunikation – sowohl in grossen, aber auch in kleinen Unternehmen (vgl. Bruhn 2006).

Ein kleiner Reader mit ausgewählten Texten bildet im dritten Semester den theoretischen Hintergrund für die praktische Arbeit in der Unternehmenskommunikation. Diese Zusammenstellung von Begleittexten wird regelmässig evaluiert und aktualisiert – auch die Auswahl der exemplarisch behandelten Textsorten wird von den Dozierenden des Moduls immer wieder neu ausgehandelt und begründet.

2.4 Modul 4: „Kommunikation: Reden und Schreiben in Projekten"

Sofort fällt beim Eintritt ins Unterrichtszimmer des Moduls „Kommunikation: Schreiben und Reden in Projekten" auf, dass die Dozentin oder der Dozent nicht mehr vorne steht. Der Anteil an begleitetem Selbststudium ist hoch: Die Dozierenden werden zu Coaches. Die Arbeitsweise ist ausgesprochen pragmatisch, wenn der Stoff nur noch sehr aufgabennah vermittelt wird und schliesslich praxisnahe Lösungen für zwei ganz konkret formulierte Aufgaben verlangt werden.

In der ersten Semesterhälfte üben die Studierenden Methoden der *Sitzungsleitung* und *-moderation*. Begleitet werden diese praktischen Übungen von der weitergeführten linguistischen Theoriespur: Mit einem vereinfachten Transkriptionsverfahren aus der linguistischen Gesprächsanalyse betrachten die Studierenden eigenes oder fremdes Gesprächsverhalten – mit einer besonderen Aufmerksamkeit auf die Mittel der Gesprächssteuerung. Dazu zeichnen sie ein Gruppengespräch an der Hochschule oder in ihrem Berufsalltag auf und transkribieren dieses. Sie lernen dabei, ein Gespräch sorgfältig zu beobachten, erst dann zu analysieren und schliesslich auf Grund dieser Analyse allenfalls Verhaltensempfehlungen abzuleiten.

Mit den Techniken der Gruppenleitung, mit ihrem geschärften Blick auf Dynamiken in der Teamarbeit, aber auch auf das Gesprächsverhalten verfügen die Studierenden über eine neue Perspektive auf ihre Arbeit in der zweiten Semesterhälfte, wo eine komplexe Schreibaufgabe gelöst werden muss. Die Studierenden erarbeiten in Gruppen in projektorientiertem Unterricht ein so genanntes *Netzdossier* zu einem frei gewählten Thema aus der Betriebswirtschaft. Sie konzipieren dazu auf der hochschulweit eingesetzten Lernplattform ILIAS eine eigene Mikrowebsite mit Wiki-Werkzeugen[5]. Diese Mikrowebsite umfasst eine Auswahl von Teiltexten: Übersichtsseite, Informationsseiten, Glossar, Bildunterschriften, kommentierte Literatur- und Link-Listen und so weiter. Als Zielgruppe dieses Online-Auftritts werden Personalverantwortliche in kleineren und mittleren Unternehmen vorgegeben; die Netzdossiers bleiben jedoch nur innerhalb der passwortgeschützten Lernplattform einsehbar.

---

5   „Das Wiki ist eine so genannte Social Software und gehört neben Weblogs, Foren, Podcasts zum wohl bekanntesten Werkzeug des Web 2.0. Wikis unterstützen kollaborative Arbeitsformen und können zum Wissensaustausch und Wissensmanagement innerhalb von Fachbereichen oder einzelnen Lehrveranstaltungen eingesetzt werden." (MediaWiki in ILIAS, online)

3. Fünf vertiefende Module in der Studienrichtung „Kommunikation und Marketing"

Der Besuch an der HSLU W geht jetzt weiter bei zukünftigen Marketingspezialistinnen, Unternehmenskommunikatoren, Journalistinnen und Social-Media-Fachleuten – wenn man so will, noch einmal einen Stock höher. Im vierten Semester beginnt nämlich das Studium in den Studienrichtungen. Wer sich nicht für „Kommunikation und Marketing" entschieden hat, wird ausserhalb der vorgestellten Kommunikationsmodule 1 bis 4 nur noch selten *explizit reflektierend* mit Themen der schriftlichen und mündlichen Kommunikation von Inhalten konfrontiert werden. Dennoch beschäftigen sich zum Beispiel die Studierenden in der Studienrichtung „Controlling and Accounting" in einem kurzen Kursblock mit der Sprache und mit den Gliederungsmustern von Controlling-Berichten. Dort sowie in der Studienrichtung „Public Management and Economics" gibt es ausserdem eine Sequenz zum Thema Darstellung von Zahlen in Text und Bild.

Weiterhin wird in allen Studienrichtungen gesprochen – in Präsentationen im Unterricht oder bei der Zusammenarbeit mit Praxispartnern – und geschrieben – in den Leistungsnachweisen und in der Kommunikation mit Auftraggebern zum Beispiel von Projekt- und Abschlussarbeiten. Die kommunikativen Fähigkeiten sind Voraussetzung für den Studienerfolg.

3.1 Studienrichtungsmodul: „Unternehmens- und Marketingkommunikation", Kurs „Bezugsgruppendialoge"

Etwas länger dauert der Unterrichtsbesuch in einem Modul, mit dem das Studium in der Studienrichtung begonnen wird und das mit 9 ECTS-Punkten sehr schwergewichtig ist: „Unternehmens- und Marketingkommunikation". Es ist unterteilt in die beiden Kurse „Unternehmens- und Marketingkommunikation" und „Bezugsgruppendialoge" – Während der Erstere einen betriebswirtschaftlichen Überblick über alle Aufgaben in der Unternehmens- und Marketingkommunikation verschafft und strategisches Konzeptwissen vermittelt, werden im Letzteren ausgewählte linguistische Methoden vertieft und die Umsetzung praxisnah trainiert. Der Besuch macht nur in diesem zweiten Kurs Halt.

Der erste Leistungsnachweis im Kurs „Bezugsgruppendialoge" bezeichnen die Studierenden in den Modulevaluationen immer wieder als ausgesprochen fordernd. Nach einer sehr kurzen Einführung in die Semantik (orientiert an Linke / Nussbaumer & Portmann 2004) ist eine *semantische Analyse* zu verfassen. Als Korpus dienen Texte aus der Wertekommunikation (z. B. Vision, *Mis-*

sion Statement, Leitbild) von Unternehmen, das aus jenen Branchen stammen muss, für die sich die Teilnehmenden Anfang Semester eingeschrieben haben. Schwer tun sich die Studierenden mit dieser Aufgabe, weil es für die Textsorte „semantische Analyse" kein Muster gibt – und weil nicht einmal Spuren eines solchen Musters auch mit den einschlägigen Recherchemitteln Google und Wikipedia gefunden werden können.

In der Aufgabenstellung für diesen Leistungsnachweis werden weitere Elemente verlangt. So gehören folgende Teiltexte zusätzlich zu diesem Leistungsnachweis, der als kleines Dossier einzureichen ist: eine reflektierende *Kommentierung* der Vorgehensweise, *Power-Point-Folien* für eine Präsentation der Befunde vor der Geschäftsleitung des ausgewählten Unternehmens samt *Handzettel* mit Notizen zu den begleitenden mündlichen Ausführungen. Die eigentliche Analyse aber, das Vorgehen, die Auswahl und die Anwendung der semantischen Methoden, muss selbstständig erarbeitet, eine neue Textsorte also abgeleitet werden. Die Kommentare im Schlusswort der Arbeiten zeigen, dass die Intention hinter dieser sehr offenen Aufgabenstellung durchaus gesehen wird: ein kritischer, präziser und eigenständiger Umgang mit Sprache, die diese als Mittel sieht, sich im Wettbewerb von anderen Unternehmen zu differenzieren.

In einer weiteren Sequenz werden Techniken und Strategien der *Experten-Laien-Kommunikation* (vgl. Niederhauser 1997) erarbeitet und erprobt. Die Fähigkeit, zwischen den Fachleuten in Firmen oder Institutionen und den internen sowie externen Bezugsgruppen zu vermitteln, ist zentral für die angewandte Unternehmenskommunikation. Diese Übersetzungsarbeit ist denn auch Thema des zweiten Leistungsnachweises. Und ein weiteres Mal wird die Arbeit den Studierenden nur dann gelingen, wenn sie ihre eigene Aufgabe vollständig erkennen, das Zielpublikum angemessen ansprechen und mit einem klaren Kommunikationsziel vor Augen die Sachverhaltsdarstellung entsprechend vereinfachen.

In einer dritten Sequenz ist das Augenmerk auf typische Gesprächssituationen gerichtet, wie sie im Unternehmensalltag vorkommen können. So wird zum einen die *Interview*situation im Kontakt mit Medien analysiert und zum anderen die mündliche *Reklamationsbearbeitung* mit Methoden der Gesprächsanalyse (Deppermann 2001) beschrieben.

3.2   Studienrichtungsmodul: „Grundlagen Medien"

Im Modul „Grundlagen Medien" erfahren die Studierenden, wie das schweizerische Mediensystem funktioniert, welche Akteure relevant sind, nach welchen Regeln diese Branche funktioniert – und wie mit den Medien zusammengearbeitet werden kann. Gerade diese Aufgabe wird einen wesentlichen Teil der Aufmerksamkeit von Unternehmenskommunikatorinnen und -kommunikatoren bilden – sei es als Mediensprecherin oder in beratender Funktion für Mitglieder der Geschäftsleitung.

In dieser Lehrveranstaltung bleibt aber auch ein beträchtlicher Raum für das Üben journalistischer Textsorten: *Nachrichten*, *Berichte*, *Reportagen*, *Porträts*, *Features* und *Kommentare* werden in Aufbau, Stil und Funktion erfasst, beschrieben und selbst produziert. Diese praktische Schreibtätigkeit ist aber nicht nur für angehende Journalistinnen und Journalisten gedacht. Die behandelten Textsorten können teils in nur leicht angepasster Form auch in der Unternehmenskommunikation eingesetzt werden: Wer die Medienperspektive kennt, handelt antizipierend. Und dann bietet das Modul „Grundlagen Medien" Platz für ein weiterführendes Schreibtraining, ein vertiefendes Beurteilungstraining, ein anforderungsreicheres Redaktionstraining.

3.3 Wahlmodule in der Studienrichtung: „Journalismus-Vertiefung" oder „Konfliktmanagement"

Ebenfalls im vierten Semester haben die Studierenden die Möglichkeit, zwischen zwei Modulen zu wählen – der Besucher oder die Besucherin auf dem Rundgang schauen nur durch den Türspalt in die beiden Modulen rein:

„Journalismus-Vertiefung" richtet sich an Studierende, die sich ihre berufliche Zukunft in den Medien aufbauen wollen. Im „Konfliktmanagement" geht es um das Erkennen, Beschreiben, Verstehen von Konflikten und um Ansätze, wie eine Konfliktbearbeitung angegangen werden könnte.

Auch in diesem auf den ersten Blick kommunikationsferneren Thema wird auf linguistisches und kommunikationstheoretisches Wissen in den vorangehenden oder parallel geführten Modulen referiert. Vor allem Konflikte im schulischen oder beruflichen Alltag manifestieren sich (zuerst) in der Sprache und der erste Schritt hin zur Lösung ist ein sprachlicher: Für die metasprachliche Auseinandersetzungen mit Konfliktsymptomen benötigen die Studierenden theoretische Konzepte und damit eine präzise Terminologie. Diese wird dann eingesetzt in mehreren schriftlichen Teilaufgaben und gesammelt in einem *Portfolio*. Diese unterschiedlichen Aufgaben verlangen das in den generalistischen und studienrichtungsspezifischen Modulen erarbeitete und vertiefte Textsortenwissen, zum Beispiel über *Kommentare*, *Kürzestexpertisen*, Verdichtungen für die *Laienkommunikation* und so weiter.

3.4   Studienrichtungsmodul: „Werkstatt: Reden – Schreiben – Visualisieren"

Werkstattlärm ist im Gang vor dem Unterrichtszimmer keiner zu vernehmen. Die Werkzeuge, die dort drinnen verwendet werden, machen keinen Krach – die Arbeit am Text ist leise, das Gespräch über den Text ruhig – auch wenn am richtigen Ausdruck gewerkelt, gehobelt und dann geschliffen wird. Dabei kommt alles noch einmal dran, und alles wird weiter vertieft, individuell geübt, perfektioniert. Im Modul „Werkstatt: Reden – Schreiben – Visualisieren" ist der Anteil dozentenzentrierten Unterrichts auch wieder reduziert. Die Dozierenden haben vor allem die Aufgabe eines Coachs und betreuen die Studierenden bei ihren eigenen Schreib- und Redeanlässen.

Im Zentrum dieses Moduls mit der Gewichtung von 6 ECTS-Punkten steht eine so genannte *Autorenarbeit*. Innerhalb einer vorgegebenen, sehr weit verstandenen Themenklammer verfassen die Studierenden eine journalistische Reportage, eine Publi-Reportage oder ein Porträt eines Menschen oder einer Institution. Während vierzehn Wochen wird daran gearbeitet.

Das Thema wird sorgfältig ausgewählt und sein Nachrichtenwert in einer „Redaktionskonferenz" am Anfang des Semesters von den anderen Studierenden beurteilt. Was dann folgt ist eine sorgfältige Planung der Recherche, der Besuch vor Ort, die Verschriftlichung und die akribische Textredaktion. Bei dieser Textarbeit verlassen also die Studierenden die Hochschulumgebung und müssen mit Inhalten, Menschen und Institutionen arbeiten, die sich nicht an die Agenda der Reporterinnen und Reporter halten. Das verlangt in der engen Semesterzeitplanung Kreativität, Anpassungsfähigkeit und manchmal auch schnelles Improvisieren. Nicht selten muss mitten im Semester eine Aufgabe neu angegangen werden.

Die Autorenarbeit ist eine Einzelarbeit. Trotzdem werden die Studierenden besonders in der Phase des Redigierens begleitet von einer Mitstudentin oder einem Mitstudenten. Diese übernehmen Mitverantwortung für die Qualität des fertigen Textes. Dabei lernen sie, an ihren Textfassungen zu arbeiten, nach dem richtigen Ausdruck zu suchen und Textvarianten zu prüfen. Ergänzend zum Peer-Feedback haben die Studierenden auch ein Anrecht auf ein begleitendes Coaching durch ihre Dozentin oder ihren Dozenten.

Gerade mit dieser zeitraubenden Redaktionsarbeit tun sich viele Studierende noch schwer; sehr oft meinen sie in der ersten Fassung schon die optimale gefunden zu haben. Die (selbst-)kritische Redaktionsarbeit ist aber unabdingbare Voraussetzung für das Gelingen des Textes, für eine gute Note.

Schliesslich kommt in der Werkstatt noch eine bisher eher vernachlässigte Dimension des Schreibens zum Zug: Die Studierenden haben nämlich ihre Arbeit auch noch typografisch angemessen visuell zu gestalten. Die Texte sind erst dann fertig, wenn sie auch materialisiert auf geeignetem Papier in geeigneter Form gedruckt sind. So kommt es, dass Studierende ihren aufsehenerregenden Text auch zu einem haptisch auffallenden Werkstück machen. Eingeführt in die Grundzüge der Typografie und der Mediengestaltung werden die Studierenden von einem Dozenten aus dem Departement „Design und Kunst".

Die Arbeit an der Autorenarbeit ist aber nur ein Teil des Werkstatt-Moduls: In einzelnen Sequenzen des begleiteten Selbststudiums wählen die Studierenden Textaufgaben aus der Unternehmenskommunikation aus. Teile davon stammen aus dem realen Alltag einer Textberatungsfirma und werden anonymisiert als Übungen angeboten: z. B. *Interviewanfrage, Exposee, Medienmitteilung, Briefkorrespondenz, Behördenmerkblatt.* Aber auch freiere Formen werden in einer Sequenz geübt; mit Kreativitätstechniken skizzieren die Studierenden kurze *literarische Textfragmente,* die auch in der Autorenarbeit Platz finden könnten.

3.5. Studienrichtungsmodul: „Online-Kommunikation"

Der Abschluss aller Schreib- und Sprechmodule bildet das Lehrangebot „Online-Kommunikation". Dort steht der digitale Kommunikationskanal im Mittelpunkt der Betrachtung. Er beeinflusst herkömmliche Textsorten und schafft neue; er wird mit wachsenden Anteil eigenständig genutzt, in vielen Bereichen ergänzt er die herkömmlichen Kommunikationsinstrumente.

In diesem Modul ist die eigentliche Textarbeit nur noch ein Instrument für die Konzeptions-, Planungs- und Umsetzungsarbeit der Online-Kommunikation. Die Studierenden nehmen dazu an der „Google Online Marketing Challenge" teil.[6] Studententeams erarbeiten für reale Unternehmen eine Strategie, realisieren eine Kampagne, evaluieren die Ergebnisse und leiten daraus Handlungsempfehlungen für eine Weiterentwicklung des Online-Marketings ab. Sie schreiben also *Konzepte, Anträge, Werbetexte, Evaluationen.* Google sponsert diesen Wettbewerb, an dem weltweit Hochschulen teilnehmen können.

---

6   Google Online Marketing Challenge: http://www.google.com/intl/de/onlinechallenge/summary. html, 17.2.2011

4. Ein Bündel von curricularen und berufspraktischen Kommunikationsanlässen

Eine Übersicht über eine sicher nicht vollständige Aufzählung der behandelten Textsorten bietet im Nachhinein noch Gelegenheit, den im vorliegenden Bericht verwendeten Textsortenbegriff zu bestimmen. Er wird hier ganz praktisch und alltagsnah verstanden. Doch er hält auch einer Begriffsbestimmung im Sinne der linguistischen Pragmatik stand:

> Textsorten sind konventionell geltende Muster für komplexe sprachliche Handlungen und lassen sich als jeweils typische Verbindungen von kontextuellen (situativen), kommunikativ-funktionalen und strukturellen (grammatischen oder thematischen) Merkmalen beschreiben. Sie haben sich in der Sprachgemeinschaft historisch entwickelt und gehören zum Alltagswissen der Sprachteilhaber; sie besitzen zwar eine normierende Wirkung, erleichtern aber zugleich den kommunikativen Zugang, indem sie den Kommunizierenden mehr oder weniger feste Orientierungen für die Produktion und Rezeption von Texten geben. (Brinker 2005, 144)

Die tabellarische Übersicht über die Textsorten und Schreibanlässe auf der nächsten Seite (Tab. 1) zeigt Überschneidungen auf. Diese sind nicht nur nicht zu vermeiden; sie sind geradezu gewollt. Mündliche und schriftliche Kommunikationsarbeit verlangt Übung und Übung ist Wiederholung. Erst die praktische Berufsarbeit wird aber für Routine sorgen.

Damit ist die Besuchszeit zu Ende. Nicht in jedem Unterrichtszimmer konnte gleich lang verweilt werden, nicht jede Sequenz und auch nicht jeder Kommunikationsanlass konnte genauer beobachtet werden. Der Besuchsbericht erhebt also nicht den Anspruch auf Vollständigkeit. Ein Bild soll er aber vermitteln können von der alltäglichen Unterrichtspraxis im Bereich Kommunikation an einem der Departemente der Fachhochschule Zentralschweiz.

Modul	Textsorten	
Kommunikation: Schreiben für Wissenschaft und Praxis	wissenschaftliches Arbeiten Management Summary/Zusammenfassung Nachricht und Bericht Kommentar Thesenpapier E-Mail (als Kommunikationsmedium)	
Kommunikation: Reden und Präsentieren	Informationsrede Überzeugungsrede Meinungsrede Statement	
Kommunikation: Texte und Konzepte für Unternehmen	Textexpertise Medienmitteilung Behördentexte Projektantrag Jahresbericht Mitarbeiterzeitung Image-bildende Texte	
Kommunikation: Schreiben und Reden in Projekten	Moderation/Gesprächsleitung Gespräch/Sitzung Wiki-Dossier schriftliches Feedback	
Unternehmens- und Marketingkommunikation: Kurs Bezugsgruppendialoge	Flyer semantische Analyse: Textexpertise, Kommentar, Power-Point-Folien Experten-Laien-Kommunikation: Wissenschaft für Laien in unterschiedlichen Medien, Kontexten, Intentionen Pressearbeit: Interview, Krisenkommunikation Reklamationsbearbeitung	
Grundlagen Medien	Nachricht Bericht Reportage Porträt Feature Kommentar	
Journalismus-Vertiefung oder Konfliktmanagement	behandelte und ergänzende journalistische Textsorten	Portfolio, z. B. bestehend aus: Kommentaren, Kürzestexpertisen, Flyertext
Werkstatt: Reden – Schreiben – Visualisieren	Differenzierung aller behandelten Textsorten: z. B.: Interviewanfrage, Exposee, Medienmitteilung, Textredaktion, Briefkorrespondenz, Behördenmerkblatt Statement Autorenarbeit (Reportage) inkl. Visualisierung	
Online-Kommunikation	angewandte Projektkommunikation: z. B.: Konzepte, Anträge, Werbetexte, Evaluationen	

Generalistisches Studium

Studienrichtung Kommunikation und Marketing

Tab. 1: Übersicht über die Wirtschaftstextsorten in den Kommunikationsmodulen

Literatur

Brinker, Klaus (2005): Linguistische Textanalyse. Eine Einführung in Grundbegriffe und Methoden (6., überarbeitete und erweiterte Auflage). Berlin: Erich Schmidt.

Bruhn, Manfred (2006): Integrierte Unternehmens- und Markenkommunikation. Strategische Planung und operative Umsetzung (4., überarbeitete und erweiterte Auflage). Stuttgart: Schäffer-Poeschel.

Bühler, Karl (1934): Sprachtheorie. Jena: Fischer. Ungekürzter Neudruck der Ausgabe: Stuttgart: Lucius und Lucius (1999).

Deppermann, Arnulf (2001). Gespräche analysieren. Eine Einführung (2., durchgesehene Auflage). Opladen: Leske + Budrich.

Frischherz, Bruno & Demarmels, Sascha & Aebi, Adrian (2011). Wirkungsvolle Reden und Präsentationen. vorbereiten – halten – auswerten. Zürich: Versus.

Hochschule Luzern – Wirtschaft (online): Bachelor of Science in Business Administration mit sieben Studienrichtungen. http://bachelor-wirtschaft.hslu.ch/, 14.2.2011.

Jakobs, Eva-Maria & Knorr, Dagmar (Hgg.) (1997): Schreiben in den Wissenschaften. Frankfurt am Main: Lang (=Textproduktion und Medium; Bd. 1).

Jakobson, Roman (1960). Linguistik und Poetik. In: Ders. (1993): Poetik. Ausgewählte Aufsätze 1921–1971. Hrsg. von E. Holenstein. 3. Aufl. (1. Aufl. 1979). Frankfurt am Main: Suhrkamp, 83–121.

Jakobson, Roman (1993). Poetik. Ausgewählte Aufsätze 1921–1971. Hrsg. von E. Holenstein. 3. Aufl. Frankfurt am Main: Suhrkamp.

Knapp, Karlfried et al. (2004): Angewandte Linguistik. Ein Lehrbuch. Tübingen, Basel: A. Francke.

Linke, Angelika / Nussbaumer, Markus & Portmann, Paul R. (2004): Studienbuch Linguistik. Ergänzt um ein Kapitel "Phonetik und Phonologie" von Urs Willi (5., erweiterte Auflage). Tübingen: Niemeyer.

MediaWiki in ILIAS (online): http://wiki.hslu.ch/wiki/MediaWiki_in_ILIAS, 20.2.2011.

Niederhauser, Jürg (1997): Das Schreiben populärwissenschaftlicher Texte als Transfer wissenschaftlicher Texte. In: Jakobs, Eva-Maria & Knorr, Dagmar (Hgg.): Schreiben in den Wissenschaften. Frankfurt am Main: Lang, 107–122.

Pabst-Weinschenk, Marita (2003): Reden im Studium. Ein Trainingsprogramm (3. Auflage). Berlin: Cornelsen Scriptor.

Schulz von Thun, Friedemann (1981). Miteinander reden 1. Störungen und Klärungen. Reinbek bei Hamburg: Rowohlt.

Searle, John (1983): Sprechakte. Ein sprachphilosophischer Essay. Frankfurt: Suhrkamp.

Stöckl, Hartmut (2004): Werbekommunikation – Linguistische Analyse und Textoptimierung. In: Knapp, Karlfried et al. (Hgg.). Angewandte Linguistik. Ein Lehrbuch. Tübingen, Basel: Francke, 233–254.

Ueding, Gert (online): Was ist Rhetorik? Eine Einführung in die Theorie und Geschichte der Rhetorik. http://www.uni-tuebingen.de/uni/nas/definition/rhetorik.htm, 17.2.2011.

Watzlawick, Paul / Beavin, Janet & Jackson, Don D. (1990). Menschliche Kommunikation. Formen. Störungen, Paradoxien. 8. Aufl. Bern: Huber.

Textlinguistische Analyse und Textsortenkompetenz: Der Aktionärsbrief

Wolfgang Kesselheim

1. Textlinguistische Analyse und Textsortenkompetenz

In dem vorliegenden Beitrag möchte ich illustrieren, wie sich textlinguistische Analysen von Wirtschaftstextsorten zur Vermittlung von spezifischen Textsortenkompetenzen beziehungsweise zu ihrer selbstständigen Erschließung nutzen lassen. Dies werde ich am Beispiel einer verbreiteten und relativ gut untersuchten Textsorte aus dem Bereich der externen Unternehmenskommunikation zu zeigen versuchen, nämlich dem Aktionärsbrief (vgl. Halff 2009, Wawra 2008, Keller 2006, Baetge & Brötzmann 2003, Böttger 2003, Ditlevsen 2002, Gohr 2002, Gazdar & Kirchhoff 1999, Fløttum 1998).

Aktionärsbriefen begegnet man in der Regel auf den ersten Seiten eines Geschäftsberichts. Im Aktionärsbrief wenden sich die höchsten Repräsentanten oder Repräsentanten einer Firma (in der Regel der Verwaltungsratspräsident und der CEO) persönlich an ihre Aktionärinnen und Aktionäre. Für diese – indirekt aber auch an eine ganze Reihe anderer relevanter Gruppen von Akteuren von Aufsichtsorganen bis hin zu Kunden (vgl. Rudolf in diesem Band) – kommentieren sie die Geschäftsergebnisse und relevanten Entwicklungen des abgelaufenen Geschäftsjahrs. Sie beschreiben, meist vor dem Hintergrund einer Analyse der wirtschaftlichen und politischen Lage, die von ihnen umgesetzten oder in die Wege geleiteten Maßnahmen und erläutern ihre Strategien für die Zukunft.

Um mich der Musterhaftigkeit dieser Textsorte zu nähern ziehe ich ein kleines Korpus von 20 Aktionärsbriefen der zehn größten Schweizer Aktiengesellschaften heran, die auf Deutsch veröffentlicht worden sind.[1] Mit Absicht greife

---

1   Nach der Liste „The World's Biggest Public Companies" der Zeitschrift Forbes (www.forbes.com/global2000/, 5.5.2011). Berücksichtigt wurden nur solche Aktionärsbriefe, die auf Deutsch vorlagen, um die Vergleichbarkeit zu gewährleisten. Da für die Firmen Xstrata und ACE nur englische Aktionärsbriefe vorlagen, wurden die nächsten Schweizer Firmen auf der Forbes-Liste berücksichtigt, die deutschsprachige Aktionärsbriefe publiziert haben (Holcim, Swisscom). Die Aktionärsbriefe im Einzelnen: Nestlé, UBS, Credit Swiss Group, Novartis, Zurich Financial Services, Roche Holding, ABB, Swiss Re Group, Holcim und Swisscom. Im

ich nicht auf eine Bestenliste wie das Geschäftsberichte-Ranking des *HarbourClub*[2] zurück. Denn bei der Bestimmung der Musterhaftigkeit von Aktionärsbriefen geht es nicht darum, die Merkmale derjenigen Vertreter der Textsorte zu beschreiben, die nach den Kriterien eines Expertengremiums ‚musterhaft' im Sinn von besonders gut sind. „Musterhaftigkeit" bezieht sich nicht auf die Qualität von Texten, sondern auf ihre wiedererkennbare Realisierung, auf typische Formen ihrer Ausprägung.

Die Geschäftsberichte stammen aus den Jahren 2009 und 2010 und ermöglichen so einen Einblick in die gegenwärtige Ausprägung der Textsorte Aktionärsbrief (zur historischen Entwicklung der Textsortenkonventionen vgl. Gohr 2002).

An diesem Korpus möchte ich illustrieren, wie man sich die Musterhaftigkeit einer Wirtschaftstextsorte ausgehend von einer eingehenden Textanalyse erschließen kann. Die Textanalyse basiert auf einem aktuellen textlinguistischen Analysemodell, das ich im folgenden Abschnitt (2) vorstellen möchte. Abschnitt 3 ist der Analyse des Aktionärsbriefkorpus gewidmet. Abschnitt 4 schließlich geht auf den Aspekt der Vermittlung der Textsortenkompetenz für den produktiven oder rezeptiven Umgang mit Aktionärsbriefen ein.

2.   Ein textlinguistischer Analyseansatz

Die Analyse des Aktionärsbriefkorpus basiert auf einem textlinguistischen Modell, das erstmals in (Hausendorf & Kesselheim 2008) entwickelt wurde mit dem Ziel, Studierenden des Fachs Germanistik textlinguistische Analysekompetenzen zu vermitteln. Das Modell wurde seitdem in dem vom Schweizer Nationalfonds geförderten Projekt *Textualitäten – Theorie und Empirie*[3] theoretisch vertieft und seine praktische Anwendbarkeit im Rahmen von Seminaren der Weiterbildungsstelle der Universität Zürich im Hinblick erprobt.[4]

Es knüpft an einen in der Textlinguistik breit rezipierten Ansatz der 1980er Jahre an: die Überlegungen von de Beaugrande und Dressler zu den „Textualitätskriterien" (Thome 2008). De Beaugrande und Dressler überwinden damalige Versuche, den Untersuchungsgegenstand *Text* mithilfe eines einzigen Defini-

Anhang befindet sich eine Tabelle mit den Angaben zum Korpus inklusive Quellenangaben und dem Kürzel, mit dem Zitate aus den Aktionärsbriefen gekennzeichnet sind (Tab. 1).

2   http://www.bf.uzh.ch/cms/publikationen/geschaeftsberichte-rating-2010_168_1269.html, 14.6. 2011 (für das Jahr 2010) und http://www.bf.uzh.ch/cms/publikationen/geschaeftsberichte-rating-2009_168_1032.html, 14.6.2011 (für 2009)

3   Leitung Prof. Heiko Hausendorf und Wolfgang Kesselheim, gefördert seit September 2008.

4   Durchgeführt wurden die Seminare vom Verfasser dieses Beitrags zusammen mit Hiloko Kato.

tionsmerkmals zu bestimmen (seine Abgeschlossenheit als Form, seine Vollständigkeit als sprachliche Handlung, das Vorhandensein grammatisch-
lexikalischer oder inhaltlicher Verknüpfungen usw.). Stattdessen binden sie die
Entscheidung, ob es sich bei einer „kommunikativen Okkurrenz" um einen Text
handelt, an das Vorliegen von sieben „Textualitätskriterien". Obschon der Ansatz von de Beaugrande und Dressler bis heute inspirierend wirkt (vgl. beispielsweise Sandig 2006), ist seine Operationalisierung äußerst problematisch,
nicht zuletzt da die Textualitätskriterien bald eine mentale Einstellung des Produzenten zu seinem Produkt betreffen („Intentionalität"), bald Einschätzungen
der Rezipierenden zum Gegenstand haben („Akzeptabilität"), oder aber die
Passung von Text und Situation betreffen („Situationalität").

Der in diesem Beitrag vorgestellte Ansatz dagegen vertritt eine konsequent
im Text verankerte Perspektive. Der Ausgangspunkt der Analyse ist, etwas
salopp formuliert, „Wie sagt ein Text: ‚Ich bin ein Text!'?" Diese Frage lässt
sich in sechs Teilaspekte untergliedern, die in Hausendorf & Kesselheim (2008)
mit dem Begriff der „Textualitätsmerkmale" bezeichnet werden.[5]

- Der Text muss die Frage beantworten, wo seine Grenzen liegen. Wir sprechen von dem Textualitätsmerkmal der „Begrenzbarkeit". Der Text zeigt
  einerseits an, wo er beginnt und wo er endet („Abgrenzung"), andererseits
  aber auch, welches seine Untereinheiten sind („Gliederung").
- Er muss die Frage beantworten, wie seine Elemente miteinander zu verbinden und aufeinander zu beziehen sind („intratextuelle Verknüpfbarkeit").
- Er muss erkennbar machen, von welchem zusammenhängenden ‚Ausschnitt
  von Welt' in ihm die Rede ist („thematische Zusammengehörigkeit").
- Er muss verdeutlichen, worin seine „pragmatische Nützlichkeit" liegt, also
  welche Zwecke er verfolgt.
- Ferner stellt sich der Text in den Zusammenhang mit anderen Texten („intertextuelle Beziehbarkeit").
- Und schließlich weist er sich über seine „Musterhaftigkeit" als Exemplar
  einer bestimmten Textsorte aus.

Jedes dieser Textualitätsmerkmale wird mithilfe von „Textualitätshinweisen"
realisiert und so für die Lesenden greifbar. Die grundlegende Vorstellung: Die
Leser konstruieren den Text im Lauf der Lektüre, indem sie seinen Textualitäts-

---

5 Siehe besonders Seite 21—37. – In dieser abweichenden Begrifflichkeit wird ein weiterer
   Unterschied zu de Beaugrande und Dressler sichtbar: Über die grundlegende Frage hinaus, ob
   es sich bei einem ‚Textkandidaten' tatsächlich um einen Text handelt (vgl. die Redeweise von
   den „Kriterien"), geht es bei der Bestimmung der Textualitätsmerkmale darum herauszufinden,
   als was für ein Text sich ein Text darstellt.

hinweisen nachspüren und diese auswerten. Die Textualitätshinweise finden sie in drei so genannten „Textualitätsquellen": der „Lesbarkeit" (dem Wortlaut des Texts), der „Wahrnehmbarkeit" (dem, was sie neben dem Wortlaut noch bei der Lektüre wahrnehmen können) und der „Vertrautheit" (dem Vorwissen, das sie ausgehend von Gelesenem und Wahrgenommenem aktivieren können). Im Alltag vollzieht sich die Auswertung der Textualitätshinweise in der Regel automatisch.[6] Aufgabe der Textlinguistik ist es, die Routine der Auswertung von Textualitätshinweisen aufzubrechen und so unserer Nutzung der Textualitätshinweise in unserem alltäglichen Umgang mit Texten rekonstruierend auf die Spur zu kommen.

Die Idee der „Hinweise" bringt es mit sich, dass die Analyse konsequent von dem Text in seiner konkreten Kommunikationssituation ausgeht. Das heißt nicht, dass nicht auch Vorwissen in die Analysen einfließen darf – etwa über die relevanten wirtschaftlichen Kontexte, in denen der Aktionärsbrief steht. Allerdings muss dieses Vorwissen im aktuell gelesenen Text verankert sein, und sei es auch nur mit einem minimalen Hinweis, den nur entdecken und auswerten kann, wer durch ein Studium oder seine lange Erfahrung im praktischen Umgang mit bestimmten Texten eine besondere Expertise erworben hat. Mit dieser konsequenten Orientierung an den „Hinweisen" vermeidet man, in den Texten nur das zu finden, was man vorher schon wusste.

„Vom Text ausgehen" heißt auch, dass die Analyse nicht versucht, das Typische des Aktionärsbriefs anhand von externen Merkmalen zu beschreiben, etwa seiner Kommunikationssituation, des verwendeten Kommunikationskanals, der Anzahl von Kommunikationsbeteiligten und so weiter. All diese Aspekte der Kommunikation per Aktionärsbrief hinterlassen ihre Spuren in den Texten und lassen sich ausgehend von der Analyse der Aktionärsbriefe selbst erschließen. Ebenso wenig orientiert sich die Analyse an einer umfassenden Typologie von Wirtschaftstexten[7] mit einem Set definitorischer Merkmale, die es dann an den Texten des Korpus nachzuweisen gilt. Denn für den Berufsalltag ist, selbst für solche Studierende, die sich für Wirtschaftskommunikation interessieren (vgl. Rast in diesem Band), nur ein kleiner Ausschnitt aus dem breiten Spektrum der existierenden Wirtschaftstextsorten relevant. Es erscheint mir daher sinnvoller, einen Zugang zur Musterhaftigkeit von Texten zu vermitteln,

---

6   Erst wenn Textualität aus irgendwelchen Gründen fraglich geworden ist – etwa wenn wir uns fragen, ob wir es mit einer sinnlosen Folge von sprachlichen Zeichen zu tun haben oder einem dadaistischen Gedicht, oder wenn wir uns unsicher sind, ob es sich bei dem selbst ausgedruckten Papier, das wir in den Händen halten nur, um einen Zahlungsbeleg oder um das ‚wirkliche' Ticket handelt – dann suchen wir bewusst nach Textualitätshinweisen.

7   Siehe beispielsweise Diatlova (2003) für eine umfangreiche Typologie von betriebsinternen Wirtschaftstextsorten und -textsortenclustern.

der den Studierenden die Mittel in die Hand gibt, sich ausgehend von einem Korpus beliebiger Texte deren Musterhaftigkeit selbst erschließen zu können.

3. Exemplarische Analyse: der Aktionärsbrief

Im folgenden Abschnitt möchte ich zeigen, wie man einen Einblick in die Musterhaftigkeit einer Textsorte erhalten kann, wenn man von einem kleinen Korpus von Texten ausgeht und dieses eng an den Phänomenen der ‚Textoberfläche' analysiert, wenn man also bei der Analyse strikt von dem ausgeht, was man sehen und lesen kann.

Gegenstand der Analyse ist das oben erwähnte Korpus von Aktionärsbriefen. Aus Darstellungsgründen werde ich immer wieder an einem einzelnen Aktionärsbrief ansetzen: dem Aktionärsbrief der UBS aus dem Jahr 2010. Von da aus blicke ich ergänzend und kontrastierend auf andere Aktionärsbriefe meines Korpus. Dies entspricht im Übrigen der Praxis der Textsortenanalyse, wie ich sie hier vorschlage. Sie setzt bei der gründlichen Auseinandersetzung mit einem einzelnen Textexemplar an und weitet den Blick Schritt für Schritt auf ein immer größeres Textkorpus aus, bis sich die Analyse als gesättigt erweist beziehungsweise bis die Textsorte für einen konkreten Anwendungszweck (etwa im Beruf) ausreichend beschrieben ist.

Das Ziel der folgenden Analyse ist es, den hier vorgestellten Analyseansatz zu präsentieren und einen Eindruck von den Ergebnissen zu vermitteln, die sich mit diesem Ansatz erhalten lassen. Die Analyse greift deshalb aus der großen Zahl relevanter Beobachtungen nur einige Aspekte heraus, entweder weil sie im Material besonders sichtbar waren oder weil sie sich an Beobachtungen und Debatten in der Literatur zu Aktionärsbriefen anschließen lassen. Die Analyse erhebt also keinen Anspruch auf Vollständigkeit oder umfassende Generalisierbarkeit. Dazu wären weitere Analysen notwendig, die von einer größeren Datenbasis ausgehen.

3.1 Begrenzbarkeit

Das Textualitätsmerkmal *Begrenzbarkeit* betrifft zum einen die Frage, wie ein Text seine äußeren Grenzen signalisiert und sich als vollständige textuelle Einheit ausweist („Abgrenzung"), und zum anderen die Frage, welche Grenzen er nach innen zieht, sodass Untereinheiten von unterschiedlichem Umfang und auf unterschiedlichen hierarchischen Stufen entstehen („Gliederung").

Das Merkmal der Begrenzbarkeit ist deshalb von besonderem Interesse, weil es das in der Literatur häufig diskutierte Problem berührt, ob es sich bei dem Aktionärsbrief um einen Brief handelt (und wenn ja, mit was für einer Art von Brief wir es genau zu tun haben; vgl. Keller 2006, Gohr 2002; vgl. auch Reinmuth in diesem Band.).

Tatsächlich findet man im UBS-Aktionärsbrief typische Abgrenzungshinweise des Briefs, etwa die brieftypische Eröffnungsformel „Sehr geehrte Aktionärinnen und Aktionäre" (UB10_2)[8]. Während durch „sehr geehrte" die Musterhaftigkeit des Geschäftsbriefs aufgerufen wird, orientieren sich andere Aktionärsbriefe eher an der Musterhaftigkeit des persönlichen Briefs (etwa „Liebe Aktionärinnen und Aktionäre" in NE10_2 oder SW10_6). Der Musterhaftigkeit des Geschäftsbriefs entspricht im UBS-Brief auch die Verabschiedungsformel „Mit freundlichen Grüssen" (UB10_4) in Verbindung mit der Unterschrift der vorgeblichen[9] Verfasser des Briefs, Kaspar Villiger und Oswald J. Grübel. Die handschriftlichen Unterschriften werden – in allen Aktionärsbriefen meines Korpus – in Druckschrift ‚übersetzt' und mit der Funktionsbezeichnung versehen („Präsident des Verwaltungsrats" und „Group Chief Executive Officer", UB10_4). Auch das ist musterhaft für den Abschluss von Geschäftsbriefen.

Andererseits gibt es auch Abgrenzungshinweise, die in ihrer Musterhaftigkeit auf andere Textsorten verweisen. So deutet das Vorkommen im Einband des Geschäftsberichts anstelle des musterhaften Briefumschlags gerade nicht auf die Musterhaftigkeit des Briefs hin. Auf die Musterhaftigkeit von Druckwerken wie Büchern oder Prospekten erinnert in dem UBS-Aktionärsbrief etwa die Tatsache, dass die Anredeformel selbst wie eine Überschrift gestaltet ist (etwa dreimal so groß wie der restliche Text, UB10_2; s. a. RO10_4). In anderen Aktionärsbriefen geht eine Überschrift der Anrede voraus, z. B. „Brief an unsere Aktionäre" (NE10_2) oder „Vorwort des Verwaltungsratspräsidenten und des Chief Executive Officer" (CS10_2).

Von der Musterhaftigkeit des Briefs weichen in dem UBS-Aktionärsbrief auch die Abschlusshinweise ab. Die Unterschriften werden hier mit Datums- und Ortsangaben ergänzt, was eher den Abgrenzungshinweisen von offiziellen Dokumenten entspricht oder der Musterhaftigkeit von Vorworten („15. März 2001", UB10_4; ähnlich: „Mai 2011", CS10_5).

Besonders weit von der Musterhaftigkeit der brieftypischen Abgrenzungen entfernt sind die Gliederungshinweise. In dem UBS-Aktionärsbrief ist es nur die zweizeilige lebende Kolumne („Geschäftsbericht 2010 / Aktionärsbrief"). In

---

8   Die Quellen werden nach folgendem System angegeben: Kürzel der Firma (vgl. Anhang, Tab. 1), Jahr zweistellig, Unterstrich, Seitenangabe. – „UB10_2" verweist also beispielsweise auf den Aktionärsbrief 2010 der UBS, Seite 2.

9   Zur Entstehung der Aktionärsbriefe in der Praxis siehe Rudolf (in diesem Band).

anderen Aktionärsbriefen findet man Kästen oder Infografiken, wie man sie aus Presseartikeln, Broschüren oder Fachbüchern kennt (HO10_7f.), gliedernde Striche, Balken, Marginalien (NE10_2), Zwischenüberschriften (SW10) und ähnliches Briefuntypisches mehr. Überhaupt ist der Versuch, die Orientierung bei der Lektüre mithilfe von Gliederungshinweisen zu verbessern, ein auffallendes Merkmal der Aktionärsbriefe (zahlreiche Absätze, oft mit Überschriften, lebende Kolumne mit Kapiteltitel, Verortung innerhalb der Textteile des Geschäftsberichts in der Fußzeile, NO10_7ff.).

Der Aspekt der Gliederung ist auch deshalb von Interesse, weil er ein zweites in der Literatur diskutiertes Problem betrifft: die Frage, ob der Aktionärsbrief eine eigene Textsorte darstellt oder ob es sich bei ihm nur um einen Teiltext der komplexen Textsorte *Geschäftsbericht* handelt (vgl. etwa Ditlevsen 2002: 56, vgl. auch Reinmuth in diesem Band). Ein möglicher Grund für die Diskussion um den Textsortenstatus des Aktionärsbriefs ist möglicherweise in den Texten selbst zu entdecken: Sie weisen Hinweise auf, die den Aktionärsbrief als eigenständige Einheit kennzeichnen, gleichzeitig aber auch Hinweise, die den Aktionärsbrief als Teil einer größeren Einheit erscheinen lassen.

So zeigt sich der UBS-Aktionärsbrief als eigenständig, indem er auf sich als textuelle Ganzheit referiert: „Aktionärsbrief" (UB10_2). Solche Selbstbenennungen finden sich in allen Aktionärsbriefen meines Korpus, und das meist an prominenter Stelle (Kopfzeile, Überschrift, Daumenregister): „Brief an unsere Aktionäre" (NE10_2), „Aktionärsbrief" (UB10_2), „Vorwort des Verwaltungsratspräsidenten und des Chief Executive Officer" (CS10_2) oder „Brief des Verwaltungsratspräsidenten und des CEO" (ZU10_6). Für die Eigenständigkeit als Text sprechen auch und gerade die soeben besprochenen Abgrenzungshinweise, die für einen besonders deutlichen Einschnitt zwischen dem Aktionärsbrief und den vorausgehenden und folgenden Seiten sorgen und so dem Aktionärsbrief einen ganz speziellen Status innerhalb des Geschäftsberichts verleihen.

Gegen die textuelle Eigenständigkeit des UBS-Aktionärsbriefs sprechen wiederum Hinweise, die ihn als Teil einer größeren Gesamtheit ausweisen. Einen ersten Hinweis hierauf erhalten wir noch bevor wir den Aktionärsbrief lesen können: Wir müssen ihn als Teil der Pdf-Datei herunterladen, die der UBS-Geschäftsbericht enthält.[10] Als unabhängiges Dokument ist der Aktionärsbrief nur selten herunterzuladen (SR09, SR10, ZU09). Und nur in diesen Ausnahmefällen endet unser Scrollen automatisch mit dem Anfang oder Ende des

---

10 Für die gedruckten Aktionärsbriefe gilt ein Gleiches. Wir erhalten sie nicht mit gesonderter Post in einem eigenen Umschlag, sondern automatisch mit dem Geschäftsbericht. Die Seiten, auf denen der Aktionärsbrief gedruckt ist, lassen sich nicht aus dem Gesamt des Geschäftsberichts entfernen, ohne diesen zu zerstören und sie weisen keine Abweichung hinsichtlich Papierqualität oder -format auf.

Texts (ein technischer Abgrenzungshinweis!); in den anderen Fällen geht unser Scrollen oft unbemerkt über den Aktionärsbrief hinaus, womit sein Status als abgeschlossene Lektüreeinheit infrage gestellt wird. Weitere Hinweise auf seinen Charakter als Teiltext erhalten wir, wenn wir beginnen, den Aktionärsbrief zu lesen: Die Obereinheit, der sich der UBS-Aktionärsbrief unterordnet, wird nämlich auch sprachlich explizit gemacht. Direkt über der Selbstbezeichnung „Aktionärsbrief" findet man den Verweis auf die textuelle Einheit „Geschäftsbericht 2010" (UB10_2), sodass wir die lebende Kolumne als Verweis auf einen „Aktionärsbrief *innerhalb* des Geschäftsberichts 2010" lesen können. In keinem der Aktionärsbriefe meines Korpus fehlt ein solcher sichtbarer Hinweis auf den Geschäftsbericht als übergeordnete Einheit.

Festhalten lässt sich an dieser Stelle: Die empirische Beantwortung der Frage, ob und wie ein Aktionärsbrief seine Orientierung am Briefmuster signalisiert und als wie eigenständig er sich in Bezug auf den Geschäftsbericht darstellt, ist für das Verständnis der Musterhaftigkeit des Aktionärsbriefs sicherlich ergiebiger als der Versuch, dieser Frage durch definitorisches ‚Finetuning' aus dem Weg zu gehen.

3.2 Verknüpfbarkeit

Verknüpfungshinweise signalisieren, wie unterschiedliche Elemente des Texts – von Wörtern über Sätze und Absätze bis hin zu größeren Textteilen – mit anderen Elementen des Texts zusammenhängen. Zur Verknüpfung zählen beispielsweise die Wiederholung von Textelementen oder die von der Textlinguistik breit untersuchte Pronominalisierung. Diese beiden Arten der Verknüpfung machen den Großteil der in den Aktionärsbriefen meines Korpus zu beobachtenden Verknüpfungen aus, bilden aber keine charakteristische, zur Wiedererkennung der Textsorte beitragende Musterhaftigkeit aus.

Ähnliches scheint für die Verknüpfung durch die weitaus selteneren „Relationshinweise" zu gelten (Hausendorf & Kesselheim 2008), also Konjunktionen und Satzkonnektoren, die Bedeutungsrelationen zwischen verschiedenen Sachverhalten explizit machen. Ohne eine statistische Auswertung betrieben zu haben, scheinen im UBS-Aktionärsbrief 2010 additive Relationshinweise („und", „auch", „[d]aneben", „[f]erner") zu überwiegen. Daneben findet man Relationshinweise, die kausale Beziehungen im weiteren Sinne anzeigen („da", „denn", „[t]rotzdem", „obwohl").

Auf der Ebene der „Strukturhinweise" – globalen Verknüpfungsbeziehungen wie dem Erzählen, Beschreiben, Erklären und Argumentieren – lassen sich in den hier untersuchten Aktionärsbriefen gewisse Regelmäßigkeiten beobachten. Zwar kann hier keine umfassende Auswertung der globalen Verknüpfungen geleistet werden (vgl. die umfangreichen Statistiken in Gohr 2002, bei ihr unter dem Stichwort „Themenentfaltung"), doch lässt sich ausgehend von den Aktionärsbriefen meines Korpus immerhin eine auffällige Verteilung der globalen Verknüpfungen beobachten. Auffällig ist zuallererst das völlige Fehlen erzählender Verknüpfungen. Auch erklärende Verknüpfungen fehlen beinahe gänzlich. Dagegen zeigt sich eine klare Vorherrschaft beschreibender Textverknüpfungen, die die Lesenden, wie es (Rehbein 1984: 134) ausdrückt, gleichsam durch einen „Vorstellungsraum" führen.[11] Die einzelnen Sachverhalte stehen dabei nicht in einer zeitlichen Folge. Selbst wenn es sich um Ereignisse handelt, werden sie einzeln aufgeführt, ohne dass sie zu einer Ereignisfolge verbunden würden. Hierin liegt ein Grund für die Präsenz der additiven Relationshinweise (s. o.), durch die verschiedene Sachverhalte einfach aufgelistet und nebeneinandergestellt werden.

Argumentierende Passagen sind selten, und ihr Umfang geht kaum einmal über die Verbindung zweier (Teil-)Sätze hinaus. Ein Ausschnitt aus dem UBS-Aktionärsbrief mag das belegen:

(1) **Im derzeitigen Umfeld kommt es mehr denn je darauf an, sich nach den Bedürfnissen der Kunden auszurichten.** (2) Im Laufe des Jahres haben wir unsere weltweite Strategie einer integrierten Bank weiter umgesetzt. (3) Wir haben die Betreuung der Kunden in Bezug auf unsere Produkte und Dienstleistungen verbessert, was zu einem weiteren Ertragswachstum beitragen dürfte. (4) Im Rahmen dieser Strategie haben wir unsere Einheit Investment Products and Services (IPS) lanciert. (5) Wir glauben, dass diese Einheit eine entscheidende Rolle spielen wird, da sie unseren Kunden einen schnellen und effizienten Zugang zu Produkten und Dienstleistungen bietet, die auf deren individuelle Bedürfnisse zugeschnitten sind. (6) Daneben haben wir unsere Global Family Office Group gegründet, die sich um die oft komplexen Bedürfnisse vieler der weltweit reichsten Familien kümmert. (UB10_4, Hervorhebung im Original, Satznummerierung hinzugefügt, W.K.)

Der Abschnitt beginnt mit einer Setzung. Es werden keine Gründe für die behauptete Notwendigkeit der verstärkten Kundenorientierung angeführt. Zwar lässt sich Satz (2) als Beschreibung einer Umsetzung der geforderten Kundenorientierung lesen, an der Textoberfläche sind aber keine Argumentationshinweise zu finden (etwa „Deshalb haben wir (...)").Satz (3) fügt einen weiteren Sachverhalt im Sinne einer Beschreibung hinzu, wiederum ohne durch einen Argumentationshinweis seinen Status innerhalb eines argumentativen Zusammenhangs zu markieren (etwa: „Ein Beleg für unsere Umsetzung der Strategie einer integrierten Bank ist, (...)"). Erst Satz (5) enthält einen Argumentations-

---

11   Ausgehend von Rehbeins (1984) Unterscheidung von „Beschreiben", „Berichten" und „Erzählen" versucht Böttger (2003), „Textformkonventionen" von Aktionärsbriefen zu beschreiben, allerdings auf einer sehr reduzierten Materialbasis.

hinweis: die kausale Subjunktion „da", durch die der „Zugang zu Produkten und
Dienstleistungen" als Grund für die der neuen Einheit zugeschriebene Bedeutung markiert wird. Aber schon Satz (6) weist keine Argumentationshinweise
mehr auf. Vielmehr erfolgt die Einführung der „Global Family Office Group"
mit dem additiven Relationsmarker „[d]aneben" im Sinne einer weiteren Position, die den Lesenden als weiterer Ausschnitt des im Text abgeschrittenen „Vor-
stellungsraums" präsentiert wird. Die Nicht-Markierung von argumentativen
Relationen scheint mir in den untersuchten Aktionärsbriefen verbreitet vorzu-
kommen. Darin sehe ich einen Aspekt der Tendenz in Aktionärsbriefen, Sachverhalte einfach als gegeben zu präsentieren, also als Teil der Darstellung der
Realität, anstatt für sie zu werben (siehe 3.4 zur Vorherrschaft der „Darstellungsfunktion" in den Aktionärsbriefen).

3.3   Thematische Zusammengehörigkeit

Mit „thematischer Zusammengehörigkeit" ist der textuelle Zusammenhalt gemeint, der sich daraus ergibt, dass ein Text immer wieder auf einen zusammenhängenden Ausschnitt von Welt Bezug nimmt.

Was können wir über den Ausschnitt von Welt erfahren, um den es in den
Aktionärsbriefen geht, wenn wir einmal all unser Vorwissen zum Aktionärsbrief
außer Acht lassen und von dem Wortlaut eines einzelnen Aktionärsbriefs ausgehen? Wieder möchte ich die Analyse mit dem schon bekannten UBS-
Aktionärsbrief beginnen, konkret mit seinem ersten Absatz (und der dazugehö-
rigen Fußnote).

> **2010 konnten wir deutliche Verbesserungen erzielen.** Wir verzeichneten einen den UBS-
> Aktionären zurechenbaren Reingewinn von 7,5 Milliarden Franken[1], nachdem im Vorjahr ein
> Verlust von 2,7 Milliarden Franken resultierte. Unsere Eigenkapitalrendite hat sich auf 16,7 %
> verbessert, gegenüber negativen 7,8 % Ende 2009. Wir sind überzeugt, dass wir durch hervor-
> ragende Leistungen und eine nachhaltige Profitabilität das Fundament für eine erfolgreiche
> Zukunft bauen können und dass unsere Fortschritte im Jahr 2010 unser Ansehen bei den ver-
> schiedenen Anspruchsgruppen weiter verbessert haben.
> (…)
> [1] Unsere Ergebnisse 2010 wurden nach der Herausgabe des Berichts für das vierte Quartal an-
> gepasst. Die Anpassung, durch die sich der den Aktionären zugewiesene Reingewinn um CHF
> 373 Millionen erhöhte, wird in Anmerkung 33 der Finanzinformationen im Geschäftsbericht
> 2010 von UBS erklärt. (UB10_2, Hervorhebung im Original)

Überfliegt man diesen Textausschnitt mit den Augen, fallen sofort die häufigen
Zahlen auf. Schaut man näher hin, handelt es sich um Geldbeträge („7,5 Milliarden Franken", „CHF 373 Millionen"), um Prozentzahlen (in Verbindung mit
dem Prozentzeichen „16,7 %", „7,8 %") und um Jahreszahlen („2010").

Aus den Prozentzahlen lässt sich für die Ermittlung des Themas nur ein allgemeiner Anhaltspunkt gewinnen: Hier werden wohl Tatsachen zum Thema, die mit den Mitteln der Mathematik, vielleicht denen der Statistik in den Blick genommen werden. Folgt man der ‚Geldspur' sieht man, dass es nicht um Geld allgemein geht, sondern dass das Thema Geld von einer ganz bestimmten Perspektive aus betrachtet wird: aus der Perspektive des Gewinns und des Verlustes. Sichtbar wird das an Wörtern wie „Reingewinn", „Verlust" oder „Eigenkapitalrendite". Auch lässt sich feststellen, dass Geld nicht aus einer Alltagsperspektive in den Blick genommen wird, sondern von einer fachlich-technischen Warte aus, erkennbar durch „CHF", die im internationalen Zahlungsverkehr übliche Währungsabkürzung nach ISO 4217 (statt „Fr." oder „Sfr.").

Und auch die Jahreszahlen geben Hinweise darauf, um was es im Aktionärsbrief gehen wird. Betrachtet man sie in ihrem Verwendungskontext, sieht man, dass sie nicht Teil exakter Datumsangaben sind – dies gilt im Übrigen für den gesamten Aktionärsbrief. Thematisch sind vielmehr größere Zeiträume: ganze Jahre („im Jahr 2010", „Unsere Ergebnisse 2010") oder Jahresabschnitte wie in „das vierte Quartal" – eine Zeitangabe, die musterhaft auf die Welt der Wirtschaft und des Handels verweist.

Feststellen lässt sich in diesem ersten Abschnitt auch schon, dass die Jahresspanne grundlegender Bezugspunkt für die Beurteilung von Gewinn und Verlust ist – erkennbar beispielsweise daran, dass man auf sie zusammenfassend als „Ergebnisse 2010" referieren kann oder vom „Geschäftsbericht 2010" sprechen kann, jeweils mit der Jahreszahl als Juxtaposition. Die Redeweise vom „Vorjahr" für das Jahr 2009 macht deutlich, dass der Text die Darstellung der Sachverhalte nicht auf einem homogenen Zeitstrahl verortet, sondern von einem bestimmten Startpunkt aus betrachtet: dem Geschäftsjahr 2010. Schaut man sich auch den restlichen Aktionärsbrief nach Jahreszahlen durch, bestätigt sich dieser Eindruck: Alle dargestellten Sachverhalte werden als Sachverhalte *des Jahres 2010* dargestellt, später liegende Sachverhalte werden als Erwartung, Prognose oder Ähnliches mehr markiert (vgl. das Futur in „2011 werden wir auf dem bisher Erreichten weiter aufbauen", UB10_2), frühere Sachverhalte als Hintergrund oder Bezugspunkt für Vergleiche thematisiert.

Der Vergleich durchzieht als ein weiterer Themenstrang den gesamten Aktionärsbrief. In diesem kurzen Ausschnitt wird er sichtbar in Wörtern, die einen Komparativ als Wurzel haben („Verbesserungen", „verbessern") und in den Funktionswörtern „nachdem" und „gegenüber", die in diesem Aktionärsbrief in einer spezifischen, kontrastierenden Bedeutung verwendet werden („Wir verzeichneten einen (...) Reingewinn (...), *nachdem* im Vorjahr ein Verlust (...) resultierte", UB10_2; „auf 16,7% verbessert, *gegenüber* negativen 7,8%", UB10_2). Im restlichen Aktionärsbrief kommt noch das Wort *vergleichen* dazu (etwa in „verglichen mit", UB10_2) oder die Verwendung von Komparativen (etwa „niedrigeren", UB10_2; „geringere", UB10_3; „weniger", UB10_3) und Superlative („zu den höchsten der Branche", UB10_2). Bei dem Vergleich handelt es sich, auch das ein Spezifikum des Aktionärsbriefs, um einen Vergleich von Sachverhalten zu zwei verschiedenen Zeiträumen, wobei einer der relevanten Zeiträume jeweils das Geschäftsjahr 2010 ist. Der Vergleich ist Teil eines größeren thematischen Strangs, der für den Aktionärsbrief charakteristisch ist: der Aspekt der Entwicklung oder Veränderung in der Zeit, der als semantischer Bestandteil in Wortformen wie „Fortschritte", „Abnahme", „Erhöhung", „Reduktion", „Neuausrichtung", „Trendwende", „steigerten" oder „verringerte", „veränderte sich" enthalten ist (UB10_2f.).

Nur angedeutet ist in dem hier zitierten ersten Absatz eine Semantik, die sich im weiteren Brief (und ebenso im gesamten hier untersuchten Korpus) als zentral für die thematische Zusammengehörigkeit des Aktionärsbriefs erweist. In den Aktionärsbriefen wird das Firmenhandeln als rationales Handeln in einem von außen vorgegebenen Kontext dargestellt.

Eine Komponente dieses „Frames" des rationalen Handelns sind die gesellschaftlich-politischen und wirtschaftlichen Rahmenbedingungen (musterhaft mit dem Begriff „Umfeld" belegt, z. B. UB10_2: „aufgrund des Umfelds niedriger Zinsen" oder „das aufsichtsrechtliche Umfeld", UB10_3, „im derzeitigen Umfeld kommt es (...) darauf an", UB10_4). Interessant ist, dass diese im Wesentlichen als Sachverhalte dargestellt werden, die von der Firma registriert, aber nicht beeinflusst werden können („Wir werden die Auswirkungen dieser Veränderungen weiter analysieren", UB10_3).[12]

Die zweite Komponente des rationalen Handelns sind die Ziele, in den Aktionärsbriefen präsent durch eine Lexik wie *Ziel* („unsere Ziele stets im Auge behalten", „verfolgen wir viel ehrgeizigere Ziele", „Zielvorgabe", UB10_2), aber auch *erzielen* („konnten wir deutliche Verbesserungen erzielen", UB10_2).

Die dritte Komponente, das Handeln selbst, wird oftmals mit Wörtern wie *Maßnahmen* („Sparmassnahmen", UB10_3) oder *Strategie* (z. B. UB10_4) beschrieben. Dabei wird der zielgerichtete Charakter des Handelns oftmals zusätzlich betont, etwa in der Lexik des Sich-Ausrichtens (UB10_4) oder der Metaphorik des *Kurses* als ,vorgegebene Richtung' („auf Kurs bleiben",

---

12   Ausnahmen stellen lediglich die Pharmaunternehmen Novartis und Roche dar, die in ihren Aktionärsbriefen für das Jahr 2010 rhetorisch an der Veränderung dieser Rahmenbedingungen arbeiten („Wer das Sparen zum obersten Zweck der Gesundheitspolitik erhebt, läuft nicht nur Gefahr, das Niveau medizinischer Versorgung zu senken, sondern gefährdet auch den Mechanismus, der dem medizinischen Fortschritt zugrunde liegt", NO10_11; „(...) sollte medizinischer Fortschritt wieder mehr als Chance wahrgenommen werden, die es politisch tatkräftig zu unterstützen gilt", RO10_5).

UB10_2). Dass es hier nicht um ein individuelles, sondern eben ein Handeln *als Firma* geht, darauf verweist das überaus häufige Vorkommen des korporativen *Wir* im Zusammenhang mit der Darstellung des Handelns („Wir hielten unserer Risiken (...) unter strenger Kontrolle", UB10_3), oder aber die Nennung von Unternehmensteilen („Die meisten unserer Unternehmensbereiche verbesserten sich", UB10_2) und wichtigen Funktionsträgern („Die oberste Verantwortung für die Unternehmensstrategie und die Überwachung der operativen Führung liegt beim Verwaltungsrat", UB 10_4). Das Firmenhandeln wird in ein rationales Zweck-Mittel-Schema oder ein Schema von kausalen Relationen eingepasst, sei es durch Funktionswörter wie *dank* oder *zum* („dank unseren Bemühungen zum weiteren Ausbau", UB10_2), sei es durch die in den Aktionärsbriefen unheimlich reich ausgeprägte Lexik der Ursachen und Wirkungen (auf einer einzigen Seite findet man: „Hauptgrund", „auswirkte" „Auswirkungen" „aufgrund", „zurückzuführen", „infolge", „trotz", „wegen", UB10_2). Dazu passt auch, dass der Erfolg des Handelns permanent evaluiert wird. So finden wir: „verbessert", „negativ(...)", „hervorragend(...)" und viele mehr (UB10_2).

Zusammenfassend: Allein über die Untersuchung der dominanten Lexik des Aktionärsbriefs kann man der Frage auf die Spur kommen, welche Ausschnitte von Welt wie in einem Aktionärsbrief thematisch werden können. Wir haben gesehen: Der Aktionärsbrief stellt die aktuelle Lage der Firma (speziell: Gewinne und Verluste) dar. Der Fokus der Darstellung liegt dabei auf den Veränderungen. Die gegenwärtige Lage wird vergleichend mit früheren sowie mit erwarteten Entwicklungen in Verbindung gesetzt. Es werden wirtschaftliche und politische Rahmenbedingungen vorgestellt, vor deren Hintergrund das Handeln der Firma als zielgerichtetes, auf der Kenntnis klarer Kausalitäten basierendes Handeln präsentiert wird („Strategie"), das den vorgegebenen Rahmenbedingungen angemessen Rechnung trägt.[13] Der nächste Schritt der Analyse wäre, diese ersten Beobachtungen anhand eines sukzessiv erweiterten Korpus zu überprüfen und so zu weiter reichenden Aussagen zur thematischen Musterhaftigkeit von Aktionärsbriefen zu gelangen.

3.4　Pragmatische Nützlichkeit

Das Merkmal der „pragmatischen Nützlichkeit" bezieht sich auf die Frage, welchen Zwecken der Text dient. Ausgehend von den Einsichten von Bühler und Jakobson (Bühler 1982, Jakobson 1972) werden im Folgenden sechs allgemeine

---

13　Gohr (2002: 313) kommt in ihrer Analyse eines großen Korpus von Aktionärsbriefen zu einer ganz ähnlichen Liste.

Funktionen von Texten unterschieden (ausführlich: Hausendorf & Kesselheim 2008: 139–169):

- „Darstellung": die Nützlichkeit des Texts ergibt sich daraus, dass er über Sachverhalte und Gegenstände in der Welt informiert;
- „Beleg": die Nützlichkeit des Texts ergibt sich aus seiner authentischen Verbindung zum Autor (er belegt eine Festlegung des Autors, er ermöglicht Rückschlüsse auf den Autor);
- „Steuerung": die Nützlichkeit des Texts besteht darin, dass die Leserinnen und Leser zu einer bestimmten Handlung, einem Verhalten oder einer Einstellungsänderung bewegt werden sollen;
- „Kontakt": die Nützlichkeit des Texts besteht in der Herstellung oder Gestaltung der Beziehung von Autorin/Autor und Leserinnen/Lesern;
- „Unterhaltung": die Nützlichkeit des Texts besteht in dem ästhetischen Genuss, den die Beschäftigung mit ihm verspricht;
- „Reflexion": die Nützlichkeit des Texts besteht darin, dass er seine Ausdrucksmittel (Sprache) zum Thema macht.

In aller Regel lassen sich in Texten Hinweise auf mehrere dieser Grundfunktionen nachweisen, die in unterschiedlichen hierarchischen und logischen Bezügen zueinander stehen können. Jede Textsorte ist durch die musterhafte Kombination dieser Grundfunktionen (und bisweilen der musterhaften Realisierung ihrer Hinweise) gekennzeichnet.

Zu den Funktionen des Aktionärsbriefs gibt es in der Literatur relativ viele Aussagen.[14] Häufig ist betont worden, dass das primäre Ziel des Aktionärsbriefs die Steuerung des Verhaltens der Leserinnen und Leser sei. So stellt etwa Rudolf (in diesem Band) aus der Perspektive des Praktikers dar, welche Gruppen von Leserinnen und Lesern durch den Aktionärsbrief in ihren Einstellungen und ihrem Verhalten beeinflusst werden sollen. In anderen Arbeiten wird dagegen die grundlegende Orientierung des Aktionärsbriefs an der Darstellungsnützlichkeit hervorgehoben (Gazdar & Kirchhoff 1999: 97) oder die Frage aufgeworfen, welche der beiden Textfunktionen die Musterhaftigkeit der Aktionärsbriefe letztlich bestimmt:

[O]n peut se demander si l'intention principale du Mot du P.D.G. est de decrire pour informer et faire savoir, ou d' argumenter pour convaincre et faire croire. (Fløttum 1998: 106)

---

14 Ausführliche Analysen der Textfunktionen in Aktionärsbriefen findet man in Gohr (2002).

Mehrere Autoren widmen sich der Belegfunktion von Aktionärsbriefen. Etwa (Keller 2006: 152–159), der die „Repräsentationsfunktion" des Aktionärsbriefs herausstellt, also seine Funktion, die Firmenverantwortlichen in einem guten Licht erscheinen zu lassen. (Ebert & Piwinger 2002) und Reinmuth (in diesem Band) betonen, dass der Aktionärsbrief Rückschlüsse auf die „Leadership"-Qualitäten, die Führungskompetenz und Glaubwürdigkeit der Unterzeichnenden ermöglichen. Schließlich wird der Aufbau einer Beziehung zum Leser als eine zentrale Aufgabe des Aktionärsbriefs genannt (vgl. Keller 2006: 160–162 oder Gohr 2002: 263–265). Argumentiert wird hierbei mit der Musterhaftigkeit des Briefs, die eine Orientierung an der Kontaktfunktion erwartbar mache.[15]

Welche Hinweise auf Textfunktionen lassen sich in den Texten meines Aktionärsbriefkorpus finden? In den Aktionärsbriefen meines Korpus steht die *Darstellung* von Sachverhalten und Ereignissen ‚in der Welt' ganz im Vordergrund. Die Dinge, so die Suggestion des Texts, sind völlig unproblematisch so, wie sie beschrieben werden (vgl. Rehbein 1984: 85 zur behaupteten Objektivität der Beschreibung). Sie *zeigen sich* („In den vergangenen Quartalen hat sich gezeigt", UB10_4) und müssen lediglich registriert werden („2010 verzeichneten wir (…)", UB10_2). Einschränkungen der Gültigkeit von Aussagen (z. B. „was zu einem weiteren Ertragswachstum beitragen dürfte", UB10_4) finden sich im gesamten Korpus ausgesprochen selten.[16] Auch die Sprache, in der das Registrieren der Tatsachen geschieht, wird nicht problematisiert. *Reflexionshinweise* (etwa Definitionen, Begriffserläuterungen) fehlen völlig. Das Signal, das sich hieraus ergibt: Die Sachverhalte können nur so, und nicht anders benannt werden. Ebenso wenig wie Hinweise auf Reflexion gibt es Hinweise darauf, dass der Text selbst genossen werden soll (*Unterhaltungsfunktion*). Man findet kaum stilistisch ausgefallene Formulierungen, rhetorische Figuren oder Mittel der Spannungserzeugung. Am ehesten ließe sich zur Unterhaltungsfunktion noch die Tatsache zählen, dass alle Aktionärsbriefe auf Qualitätspapier gedruckt sind, dass sie ein professionelles Layout besitzen und in ihnen hochwertige Fotos und Grafiken zum Einsatz kommen. – Beobachtungen wie diese sind es sicherlich, die dazu geführt haben, dass Aktionärsbriefe als oftmals trocken und spannungslos charakterisiert werden (z. B. Keller 2006: 150f.).

Wesentlich verbreiteter sind Hinweise auf die *Belegfunktion*. Mit ihnen zeigt sich der Autor im Text.[17] Im UBS-Aktionärsbrief tritt der Autor auffallend

---

15 Vgl. Gohrs Kapitelüberschrift „Gibt es einen Brief an die Aktionäre oder ein Vorwort?" (Gohr 2002: 263).

16 Vgl. Wawra (2008: 284–289), die das Vorkommen einer kleinen Auswahl von sprachlichen Markierungen der Unsicherheit statistisch auswertet.

17 Hier geht es nicht um Autorinnen und Autoren ‚aus Fleisch und Blut', sondern nur um die Signalisierung von Autorschaft im Text.

häufig in Erscheinung, und zwar in Form des Pronomens der 1. Person Plural.[18] Wer sich konkret hinter dem pluralischen Pronomen verbirgt, bleibt offen. Möglicherweise handelt es sich um die beiden Unterzeichnenden, Kaspar Villiger und Oswald J. Grübel. Plausibler ist allerdings die Lesart, dass wir es hier mit einem korporativen Wir zu tun haben, dass also gewissermaßen ‚die Firma spricht'. Unterstützt wird diese Interpretation durch die Nennung des Firmennamens zwischen Schlussformel und Unterschriften der Verantwortlichen (vgl. Abb. 1), durch den die Firma gleichsam als Autor des Briefs in Erscheinung tritt.

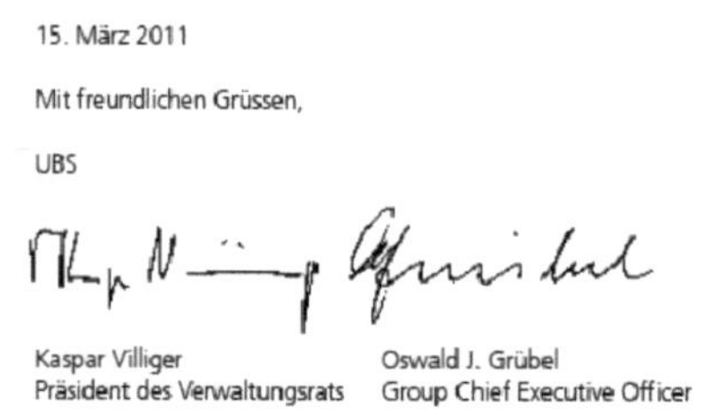

Abb. 1: UB10_4, unten    *Abb. 2:* HO10_13, unten

Ein weiterer Beleghinweis, durch den die Unterzeichnenden als Personen im Text sichtbar werden, sind die Fotos der unterzeichnenden Firmenvertreter, die in keinem der von mir untersuchten Aktionärsbriefe fehlen. Sie dienen der Fiktion, dass der Aktionärsbrief tatsächlich einen Autor aus Fleisch und Blut hat, und zwar genau die Person beziehungsweise die Personen, der/die auf dem Bild zu sehen ist/sind. Besonders hervorgehoben wird diese Funktion im Aktionärsbrief 2010 der Firma Holcim, wo das Foto des Verwaltungsratspräsidenten und des CEO sich in unmittelbarer Nachbarschaft zu den Unterschriften befindet (Abb. 2) und so quasi die Unterschrift das Foto beglaubigt.

Kontakthinweise finden sich typischerweise am Anfang und Ende des Aktionärsbriefs. In allen von mir untersuchten Aktionärsbriefen werden die Lesenden in einer brieftypischen Anredeformel angesprochen. Interessant ist die Art der Beziehung, die durch die Anrede hergestellt wird. Im Aktionärsbrief 2010 der UBS findet sich die Anrede „Sehr geehrte Aktionärinnen und Aktionäre" (UB10_2). Das Attribut „Sehr geehrte" definiert die Beziehung zu den Ange-

---

18 Die Verwendung der 1. Person Plural ist in meinem Korpus häufig, aber nicht zwingend. Auch die 1. Person Singular kommt zum Einsatz (in NO09, NO10, RO10). Nach Wawras quantitativer Untersuchung kommt die 1. Person Plural ungefähr zwölfmal häufiger vor als die 1. Person Singular (Wawra 2008: 270f.).

sprochenen als formell. In anderen Aktionärsbriefen finden sich weniger formelle Formeln, etwa „Liebe Aktionärinnen und Aktionäre (NE10_2, AB10_4), die die durch den Brief konstituierte Beziehung als weniger formal definieren oder zumindest das Vorliegen einer schon bestehenden, durch eine gewisse Vertrautheit geprägte (Geschäfts-)Beziehung suggerieren. Generell wird der Leser nicht als Individuum angesprochen, sondern als Vertreter einer Gruppe, nämlich der Gruppe der „Aktionärinnen und Aktionäre" (UB10_2).[19] – Die Verwendung des Singulars in manchen Fällen (z. B. „LIEBE AKTIONÄRIN, LIEBER AKTIONÄR", NO10_7; „Sehr geehrte Aktionärin, sehr geehrter Aktionär [handschriftlich]", ZU10_7)) scheint mir ein Versuch, die durch den Aktionärsbrief konstituierte Beziehung nicht als massenmedial vermittelte Beziehung von einem zu vielen, sondern als individuelle Beziehung zu präsentieren.[20]

Neben dem Briefanfang finden sich Hinweise auf die Kontaktfunktion am Briefende, in brieftypischen Schlussfloskeln, die durch einen expliziten Gruß die Beziehung zwischen den Unterzeichnenden und den Leserinnen und Lesern des Aktionärsbriefs zu bearbeiten. Beispiele sind „Mit freundlichen Grüssen" (UB10_4), „Freundliche Grüsse" (CS10_5) oder „Mit den besten Grüssen" (NO10_12).[21] Deutlich seltener sind Anredeformen im Fließtext. Im Aktionärsbrief 2010 der UBS treten sie ausschließlich im Kontext des Danks an die Aktionäre auf („Bei dieser Gelegenheit möchten wir Ihnen, unseren Aktionärinnen und Aktionären, (…) danken", UB10_4). An anderer Stelle scheinen sie bisweilen gar aktiv vermieden zu werden, etwa im folgenden Beispiel:

> Wir sind zuversichtlich, dass wir (…) einen Beitrag zur Verwirklichung unseres Ziels leisten können, für unsere Aktionäre langfristig und nachhaltig profitabel zu sein. (UB10_4)

Spuren der *Steuerungsfunktion* stellen die zahlreichen positiven Wertungen dar, die die Aktionärsbriefe meines Korpus auf charakteristische Weise durchziehen. Im UBS-Aktionärsbrief 2010 findet man etwa:

---

19 Zur Beidnennung vgl. Demarmels & Schaffner (in diesem Band).
20 Vor dem Hintergrund des Wissens, dass Aktionärsbriefe nicht nur von den Aktionären gelesen werden (vgl. Rudolf in diesem Band), ist es besonders interessant, dass andere Gruppen von Rezipierenden nur selten in die Anrede einbezogen werden (eine Ausnahme: „Sehr geehrte Aktionäre, Kunden und Mitarbeitende", CS10_2). Die Aktionärsbriefe suggerieren also, sich nur an das Aktionariat zu wenden. Selbst da, wo den Mitarbeitern gedankt wird, ist die Suggestion des Texts, dass dieser Dank den Aktionärinnen und Aktionären mitgeteilt wird, und nicht, dass er in dem Brief der Dank an die Mitarbeiter gerichtet wird.
21 Grußformeln können aber auch fehlen (NE10_5, RO10_7, ABB10_7); die Kontaktfunktion tritt in einem solchen Fall am Briefende nicht zutage.

- wertende Adjektivattribute: „hervorragende Leistungen", „[wir verfolgen] viel ehrgeizigere Ziele", „deutliche Verbesserungen", „bedeutende(...) Fortschritte"
- Hochwertwörter: „nachhaltige Profitabilität", „integer handeln", „nachhaltig profitabel", „Engagement";[22]
- Steigerungsformen: „[gehörte] zu den höchsten der Branche"

Bei diesen Wertungen handelt es sich zugleich um die am deutlichsten sichtbaren Steuerungshinweise. Vor dem Hintergrund des Wissens, dass der Aktionärsbrief ein entscheidendes Marketinginstrument ist, das für die Firma werben und die Aktionärinnen und Aktionäre dazu bewegen soll, Anteile der Firma zu erwerben oder zu halten, ist es bemerkenswert, dass sich in keinem der Aktionärsbriefe meines Korpus Appelle an die Leserschaft finden, doch bitte Anteile der Firma zu kaufen! Die Werbung für die Firma geschieht vielmehr indirekt über den Weg der Darstellung. Die Ergebnisse und die zu erwartende Entwicklung der Firma werden in einem günstigen Licht dargestellt und so den Leserinnen und Lesern die Entscheidung, Aktien zu kaufen oder zu halten gleichsam als zwingender Schluss präsentiert, der nur noch nachvollzogen werden muss.

Zusammenfassend lässt sich sagen: Aktionärsbriefe rücken ihre Darstellungsnützlichkeit ganz in den Vordergrund. Sie suggerieren, dass sie nichts tun, als die Geschäftsergebnisse und die Entwicklung der Firma wiederzugeben, so wie sie sind (Fehlen der Reflexionsfunktion!). Tatsächlich aber ist die Darstellungsfunktion der Steuerungsnützlichkeit untergeordnet. Sachverhalte werden so dargestellt, dass sie die Leserinnen und Leser für die Firma einnehmen. Auch die Kontaktfunktion, die am Anfang und Ende des Aktionärsbriefs zutage tritt, ist letzten Endes der Steuerungsfunktion untergeordnet: Der Kontakt zu den Lesenden wird hergestellt, um damit den Kommunikationsweg für das Werben zu eröffnen.

3.5   Intertextuelle Beziehbarkeit

Bezüge zu anderen Texten scheinen für die Musterhaftigkeit der Aktionärsbriefe nur eine untergeordnete Rolle darzustellen – mir ist keine Arbeit bekannt, die der Frage nachgeht, auf welche Texte Aktionärsbriefe verweisen und wie sie diese Verweise vornehmen. Und doch lässt sich in den wenigen Aktionärsbriefen, die mein Korpus bilden, schon eine charakteristische Realisierung des Textualitätsmerkmals *intertextuelle Beziehbarkeit* erkennen.

---

22 Man vergleiche auch die Liste von Hochwertwörtern in Wawra (2008: 299–303).

So fällt auf, dass in den Aktionärsbriefen meines Korpus selten auf konkrete Einzeltexte hingewiesen wird. Auch ist das Fehlen von eindeutigen Quellenangaben die Regel. Beispiele aus dem UBS-Aktionärsbrief zum Geschäftsjahr 2010 sind

- „gemäß Basel II" (UB10_2, gemeint sind die Eigenkapitalvorschriften des Basler Ausschusses für Bankenaufsicht),
- „weltweit geltende Richtlinien" (UB10_2),
- „Gesetzesentwurf [des Bundesrats] für Schweizer Banken", der „auf Grundlage der Empfehlungen der Schweizer Expertenkommission (...), die sich mit der ‚Too big to fail'-Problematik befasst", also einem weiteren Text, getroffen worden ist (UB10_3)

Neben Verweisen auf einzelne Texte, gibt es einige Verweise auf gesellschaftliche Diskurse, beispielsweise Debatten um die Zukunft des Gesundheitssystems, den Zugang von Entwicklungsländern zu Medikamenten (NO10_10, RO10_5), zur Globalisierung (NO09_9) oder zur Marktregulierung (SW09_7, SW10_7).

Interessant ist, dass – nicht nur in dem UBS-Aktionärsbrief – die meisten Verweise auf andere Texte zum Bereich des wirtschaftlichen und politisch-regulatorischen „Umfelds" des Firmenhandelns gehören. Verweise auf eigene Texte sind seltener zu beobachten. Im UBS-Aktionärsbrief 2010 sind dies „Wie schon früher kommuniziert" (UB10_3) und „Wir haben kürzlich bekannt gegeben", UB10_4).[23]

Für die Musterhaftigkeit der Intertextualitätshinweise des Aktionärsbriefs scheint mir neben der unpräzisen, das Auffinden des gemeinten Texts nicht erleichternden Art der Referenz vor allem der Aspekt musterhaft zu sein, dass es sich bei den erwähnten Texten um Texte handelt, die das Umfeld des unternehmerischen Handelns betreffen. Es lohnt sich, dieser Spur anhand eines größeren Korpus nachzugehen.

3.6 Musterhaftigkeit

Wenn die einzelnen Textualitätsmerkmale analysiert sind, gilt es, im nächsten Analyseschritt die Musterhaftigkeit der Textsorte zu beschreiben, also das, was einen Text erkennbar zu einem Vertreter einer bestimmten Textsorte macht – in unserem Fall: zu einem Aktionärsbrief. Die Musterhaftigkeit des Aktionärs-

---

23 In NE10_2: „Roadmap von Nestlé", in RO10_5: „unseren Antrag auf eine beschleunigte Zulassung des Brustmedikaments T-DM1" usw.

briefs ergibt sich in dem hier propagierten textlinguistischen Modell direkt aus
der musterhaften (also aktionärsbrieftypischen) Realisierung der einzelnen Textualitätsmerkmale, wie sie in den vorausgehenden Abschnitten zu Illustrations-
zwecken analysiert worden ist.

Eine solche Vorstellung von der Musterhaftigkeit von Textsorten hat den
Vorteil, dass sich Ähnlichkeiten und Unterschiede zwischen Textsorten präziser
beschreiben lassen. So kann man beispielsweise nachvollziehen, aufgrund welcher Merkmale manche Textsorten in der Literatur als Textsorten aus „der un-
mittelbaren Nachbarschaft" des Aktionärsbriefs bezeichnet und untersucht worden sind (Gohr 2002: 89). Und anstatt die Frage, ob der Aktionärsbrief ein Brief
ist oder nicht, global mit einem Ja oder Nein beantworten zu müssen, kann man
die Ähnlichkeit der Aktionärsbriefmusterhaftigkeit zur Musterhaftigkeit anderer
„Briefsorten" (Reinmuth in diesem Band) beispielsweise im Hinblick auf seine
Abgrenzungshinweise anders beurteilen als im Hinblick auf seine Realisierung
der Kontaktfunktion.[24]

Ist die Musterhaftigkeit der einzelnen Merkmale bestimmt, muss ‚nur noch'
bestimmt werden, welche Merkmale für das Erkennen der Gesamtmusterhaftig-
keit der fraglichen Textsorte besonders relevant und welche gegebenenfalls
weniger wichtig sind oder welche Merkmale beispielsweise besonders tolerant
gegenüber Variationen oder Normverstößen sind. Um diesen Analyseschritt
angemessen leisten zu können, ist das für diesen Beitrag herangezogene Korpus
sicherlich zu klein. Trotz alledem: In Tiefe und Umfang dürften die hier präsentierten Analysen doch vollkommen ausreichend sein, um im Rahmen einer Stu-
dienveranstaltung – oder später im Rahmen der eigenen beruflichen Erarbeitung
von Textsortenkompetenzen – einen informierten Einstieg in die Textproduktion
zu ermöglichen.

4.   Ausblick

In Abschnitt 3 habe ich exemplarisch gezeigt, wie sich die Musterhaftigkeit
einer Wirtschaftstextsorte – dem Aktionärsbrief – ausgehend von einem kleinen
Textkorpus erschließen lässt.

---

24 Für die textlinguistische Theoriebildung liegt der Vorteil dieser Sicht der Musterhaftigkeit
    darin, dass sich die Frage danach, was für ein Text ein Text ist (also welcher Textsorte er zuzu-
    rechnen ist), direkt aus der grundlegenden Frage ergibt, was ein Text ist: Die gleichen Textuali-
    tätshinweise, die eine Folge von sprachlichen Zeichen zu einem Text werden lassen, erlauben
    es uns, wenn sie musterhaft realisiert sind, in dem Text den Vertreter einer bestimmten Text-
    sorte zu erkennen. So wird die Untersuchung von Textsorten, die sich lange als relativ unab-
    hängiger Teilbereich der Textlinguistik entwickelt hat, wieder in die allgemeine textlinguisti-
    sche Forschung integriert.

Dabei ging es mir vor allem darum zu zeigen, dass es sich lohnen kann, bei der Analyse der Musterhaftigkeit einer Textsorte von den Texten und ihrer konkreten Gestalt auszugehen und nicht die Eigenschaften einer Textsorte ‚von außen' zu beschreiben, also ausgehend von dem, was man schon vor der Lektüre über sie weiß (Handelt es sich um schriftliche oder mündliche Kommunikation? Ist der Aktionärsbrief an mehrere Personen gerichtet oder nur an eine? Ist eine Antwortmöglichkeit vorgesehen oder nicht? usw.).

Aus der hier vorgestellten Art der Analyse der Musterhaftigkeit von Textsorten lässt sich, so meine Überzeugung, ein Werkzeug für den Erwerb von Textsortenkompetenzen gewinnen, und zwar in dem Sinne, dass sich die Studierenden mit dieser Analysemethode selbstständig die Musterhaftigkeit einer beliebig großen Zahl von Textsorten nähern können, die für sie in ihrem konkreten Berufsalltag relevant sein werden. Denn einerseits erbringt die Analyse der Textualitätshinweise ausreichend konkrete Ergebnisse, um für den produktiven oder rezeptiven Umgang mit den einzelnen Textsorten von praktischem Nutzen zu sein. Andererseits erlaubt die Systematik der Textualitätshinweise, Gemeinsamkeiten und Unterschieden zwischen verschiedenen benachbarten oder maximal kontrastiven Textsorten auf die Spur zu kommen und sie in einem einheitlichen Rahmen zu präsentieren. So ließen sich nach der Bestimmung der Musterhaftigkeit einer ersten Textsorte in einem nächsten Lern- und Analyseschritt die Hinweise und Merkmale bestimmen, die diese von anderen Textsorten unterscheidet oder sie mit anderen vergleichbar macht (z. B. verschiedene Arten von Geschäftsbriefen oder andere Teile des Geschäftsberichts). Auf diese Weise könnten Studierende sich im Laufe der Zeit eine Art Portfolio von Textsortensteckbriefen erarbeiten, das auf ihre ganz spezifischen Bedürfnisse und ihr ganz spezifisches Arbeitsumfeld zugeschnitten ist und das ihnen als Leitfaden im produktiven Umgang mit diesen Textsorten dienen kann.

Während bisher die Vorstellung vorherrscht, dass sich die Textsortenkompetenz im Umgang mit Wirtschaftstextsorten einfach aus der wirtschaftlichen Fach-Expertise ergibt, eröffnet das hier vorgeführte, eng am Text orientierte Analysemodell einen alternativen Zugang zu einem kompetenten Umgang mit Wirtschaftstextsorten. Dabei kann die textlinguistische Analyse auch für Studierende interessant werden, die sich nicht per se für Sprache interessieren. Nämlich dann, wenn sie sehen, dass – wie hier am Beispiel der Aktionärsbriefe gezeigt wurde – über die textlinguistische Analyse von Wirtschaftstextsorten wirtschaftsrelevantes Wissen über die betreffenden Textsorten zu erwerben ist.

Literatur

Baetge, Jörg & Brötzmann, Ingo (2003): Die Geschäftsberichterstattung – Anforderungen und empirische Befunde. In: Albach, Horst & Kraus, Willy (Hgg.): Werte, Wettbewerb und Wandel. Botschaften für morgen. Gedenkschrift für Carl Zimmerer. Gabler Edition Wissenschaft. Wiesbaden: Deutscher Universitätsverlag, 9–39.

Böttger, Claudia (2003): Entwicklungen in der Finanzkommunikation am Beispiel des Aktionärsbriefs. In: Nielsen, Martin (Hg.): Wirtschaftskommunikation im Wandel. Dynamik, Entwicklung und Prozessualität. Wiesbaden: Deutscher Universitäts-Verlag, 11–29.

Bühler, Karl (1982): Sprachtheorie. Die Darstellungsfunktion der Sprache. Stuttgart, New York: Fischer.

Diatlova, Irina (2003): Unternehmenstexte. Textsorten, Textcluster, topische Muster. Frankfurt am Main: Lang.

Ditlevsen, Marianne G. (2002): Der Geschäftsbericht aus kommunikativ-funktionaler Perspektive. In: Thimm, Caja (Hg.): Unternehmenskommunikation offline/online. Wandelprozesse interner und externer Kommunikation durch neue Medien. Frankfurt am Main: Lang, 54–75.

Ebert, Helmut & Piwinger, Manfred (2002): Riskante und kompetente Kommunikation in Aktionärsbriefen. In: Bentele, Günter / Piwinger, Manfred & Schönborn, Gregor (Hgg.): Kommunikationsmanagement. Strategien, Wissen, Lösungen. Neuwied: Luchterhand, Art. Nr. 3.64 [24 S.].

Fløttum, Kjersti (1998): Le Mot du P.D.G. - Descriptif ou polémique? In: Gambier, Yves (Hg.): Discours Professionnels en Français. Frankfurt am Main: Lang, 105–122.

Gazdar, Kaevan & Kirchhoff, Klaus R. (1999): Geschäftsbericht ohne Fehl und Tadel. Neuwied: Luchterhand.

Gohr, Martina (2002): Geschäftsbericht und Aktionärsbrief – eine textsortenlinguistische Analyse mit anwendungsbezogenen Aspekten. Düsseldorf: Dissertation.

Halff, Gregor (2009): Globalisierung und Wirtschaftssprache. Skizze eines Forschungsfelds und der Kommunikationspraxis. In: Moss, Christoph (Hg.): Die Sprache der Wirtschaft. Wiesbaden: VS Verlag für Sozialwissenschaften, 147–160.

Hausendorf, Heiko & Kesselheim, Wolfgang (2008): Textlinguistik fürs Examen. Göttingen: Vandenhoeck & Ruprecht.

Jakobson, Roman (1972): Linguistik und Poetik. In: Blumensath, Heinz (Hg.): Strukturalismus in der Literaturwissenschaft. Köln: Kiepenheuer & Witsch, 118–147.

Keller, Rudi (2006): Der Geschäftsbericht. Überzeugende Unternehmenskommunikation durch klare Sprache und gutes Deutsch. Wiesbaden: Gabler.

Rehbein, Jochen (1984): Beschreiben, Berichten und Erzählen. In: Ehlich, Konrad (Hg.): Erzählen in der Schule. Tübingen: Narr, 67–124.

Sandig, Barbara (2006): Textstilistik des Deutschen. Berlin: de Gruyter.

Thome, Gisela (2008): Multimodale Texte des Bereichs Unternehmenskommunikation und ihre englische bzw. französische Übersetzungen. Fachsprache 30 (3–4), 112–136.

Wawra, Daniela (2008): Public Relations im Kulturvergleich. Die Sprache der Geschäftsberichte US-amerikanischer und deutscher Unternehmen. Frankfurt am Main: Lang.

Quellen

Firma und Kürzel	Quelle
Nestlé (NE)	http://www.swissre.com/r/2010_4q_shareholders_de_2.pdf, 14.6.2011 http://www.swissre.com/r/2009_ar_shareholders_de.pdf, 14.6.2011
UBS (UB)	http://www.ubs.com/1/ShowMedia/investors/annual_reporting2010?con tentId=189173&name=AR2010_d.pdf, 14.6.2011 http://www.ubs.com/1/ShowMedia/investors/annualreporting/2009?cont entId=175720&name=AR09_deutsch.pdf, 14.6.2011
Credit Suisse Group (CS)	http://www.credit-suisse.com/investors/doc/ar10/csg_ar_2010_de.pdf, 14.6.2011 http://www.credit-suisse.com/investors/doc/ar09/csg_ar_2009_de.pdf, 14.6.2011
Novartis (NO)	http://www.novartis.com/downloads/newsroom/corporate- publications/novartis-annual-report-2010-de.pdf, 14.6.2011 http://ir2.flife.de/data/novartis2009/igb_html/index.php?bericht_id=100 0002&index=1001&lang=DEU, 14.6.2011
Zurich Financial Services (ZU)	http://zdownload.zurich.com/main/reports/ar_lettertoshareholders_2010 _de.pdf , 14.6.2011 http://zdownload.zurich.com/main/events/q4_09_zfs_letter_to_sharehol ders_ger.pdf, 14.6.2011
Roche Holding (RO)	http://www.roche.com/de/gb10d.pdf, 14.6.2011 www.roche.com/de/gb09d.pdf
ABB (AB)	http://www05.abb.com/global/scot/scot266.nsf/veritydisplay/95badb278 e04ff1f8325786c00410a79/$file/abb group annual report 2010_german.pdf http://www05.abb.com/global/scot/scot266.nsf/veritydisplay/d231adf0cf be839dc12576fe0051410f/$File/ABB Group annual report 2009 Ger- man.pdf
Swiss Re Group (SR)	http://www.swissre.com/r/2010_4q_shareholders_de_2.pdf http://www.swissre.com/r/2009_ar_shareholders_de.pdf
Holcim (HO)	http://www.holcim.com/de/investor-relations/reports-and- presentations/financial-reports-presentations/2010/jahresbericht- 2010.html
Swisscom (SW)	http://www.swisscom.com/NR/rdonlyres/D3CD88FB-6785-4297-817C- B5E67318E91C/0/Geschaeftsbericht_2009_neu_de.pdf http://www.swisscom.ch/NR/rdonlyres/D3CD88FB-6785-4297-817C- B5E67318E91C/0/Geschaeftsbericht_2009_de.pdf

Tab. 1: Aktionärsbriefkorpus: Quellenangaben und Kürzel

Verzeichnis der Autorinnen und Autoren

Madalina Chitez, 1977 in Rumänien geboren, ist promovierte Sprachwissenschaftlerin. Sie absolvierte das Studium der Anglistik und Romanistik an der Universität Transilvania Brasov (Rumänien). Vier Jahre war sie als Gymnasiallehrerin für Englisch und Französisch tätig, bevor sie 2006 ihr Masterstudium in Europäischer Sprachwissenschaft an der Albert-Ludwigs-Universität Freiburg (Deutschland) angefangen hat. Ein Doktoratsstudim im Bereich Lernerenglisch, Korpuslinguistik und Akademisches Schreiben an derselben Universität folgte. Sie war zu Studien- und Forschungsaufenthalten in Siena, Italien (2006) und Oxford, UK (2008). Im Sommersemester 2009 und Wintersemester 2009/2010 war sie wissenschaftliche Assistentin des Englischen Seminars der Universität Zürich. Seit 2010 arbeitet sie als wissenschaftliche Assistentin zusammen mit Professor Otto Kruse in der Arbeitsstelle Professionelles Schreiben am Department Angewandte Linguistik der Zürcher Hochschule für Angewandte Wissenschaften.

Dr. Sascha Demarmels arbeitet als Dozentin für Kommunikation Deutsch und als Projektleiterin in verschiedenen Projekten an der Hochschule Luzern – Wirtschaft. Sie studierte an der Universität Zürich Germanistik, Publizistikwissenschaft und Medienforschung sowie Filmwissenschaft und promovierte mit ihrer Dissertation „Ja. Nein. Schweiz. Schweizer Abstimmungsplakate im 20. Jahrhundert" über Emotionalisierungsstrategien auf politischen Plakaten. Ihre Arbeitsschwerpunkte sind Verständlichkeit, professionelle Kommunikation mündlich / schriftlich / online, Gender, Gesprächsführung und Konfliktkommunikation.

Andrea Daniela Hirschi arbeitet bei der Schweizerischen Post als Produktmanagerin im strategischen Geschäftsfeld Direct Marketing in der Marktentwicklung. Seit August 2003 ist sie für www.post.ch/directpoint, das Online-Kompetenzzentrum für Direct Marketing verantwortlich. Die zugehörigen Publikationen wie etwa der monatlich erscheinende Newsletter, die Onlinekurse, die Podcasts und weitere Tools stimmt sie konsequent auf die Bedürfnisse von werbetreibenden Unternehmen ab und sorgt für einen hohen Praxisbezug. Sie unterrichtet seit 2008 an der Zürcher Hochschule für Angewandte Wissenschaften (ZHAW)

Onlinemarketing. Andrea Hirschi absolvierte eine kaufmännische Berufslehre und hat ein „International Diploma in Marketing" der UC Berkeley Extension.

Jörg Keller, Dr. phil., Autor mehrerer sprachwissenschaftlicher Fachbücher und Fachtexte, ist als Dozent für Kommunikation Deutsch und Deutsch als Fremd-/ Zweitsprache am Departement Angewandte Linguistik der Zürcher Hochschule für Angewandte Wissenschaften, Winterthur, tätig. Über seine Firma Linguistic Consulting in Winterthur bietet er Beratungen und Dienstleistungen in Corporate Language, Bildung und Kommunikation an. Seine Arbeitsschwerpunkte liegen in den Bereichen Sprach- und Textproduktionsfehler, Zweitspracherwerb, Raumlinguistik und Gebärdensprachforschung.

Dr. Wolfgang Kesselheim studierte Spanien- und Lateinamerikastudien, Germanistik und Soziologie an der Universität Bielefeld. Er ist Assistent am Deutschen Seminar der Universität Zürich (Lehrstuhl Prof. Hausendorf, Deutsche Sprachwissenschaft). Seine Forschungsschwerpunkte liegen in der Text- und Gesprächslinguistik. Für Wirtschaftskommunikation interessiert er sich seit seiner Mitarbeit in dem DFG-Projekt „Sprache in Betrieben" (Leitung: Prof. Christine Bierbach, Dr. Andreas P. Müller) an der Universität Mannheim.

Otto Kruse ist Professor am Department Angewandte Linguistik der Zürcher Hochschule für Angewandte Wissenschaften und leitet dort die Arbeitsstelle Professionelles Schreiben. Er studierte Psychologie an der Universität Marburg, promovierte und habilitierte im gleichen Fach an der Technischen Universität Berlin. Er arbeitete zehn Jahre als psychologischer Berater an der Freien Universität Berlin und zehn Jahre als Professor für Psychologie der Sozialen Arbeit an der Fachhochschule Erfurt. Er ist Mitgründer der European Association for the Teaching of Academic Writing (EATAW) und des Schweizer Forums Wissenschaftliches Schreiben. Seine Forschungsschwerpunkte sind Schreibkulturen im nationalen Vergleich, Entwicklung von Schreibkompetenz und Geschichte des Schreibens. Publikationen u.a.: „Schlüsselkompetenz Schreiben" (mit E. M. Jakobs und G. Ruhmann, 1999), „Kunst und Technik des Erzählens" (2001) „Keine Angst vor dem leeren Blatt" (2007, 12. Aufl.), „Lesen und Schreiben" (2010). Otto Kruse ist Mitherausgeber der Serie „Studieren, aber richtig" (UVK / UTB).

Vinzenz Rast ist Fachverantwortlicher „Kommunikation Deutsch" und Leiter des Competence Centers „Professionelle Kommunikation" an der Hochschule für Wirtschaft in Luzern. Ebenfalls ist er Geschäftsführer des Büro für Sprache GmbH (Kurse für Verwaltung und Wirtschaft, Texte, Schreibberatung). Er studierte an der Universität Bern Deutsche Sprache und Neuere deutsche Literatur sowie Philosophie und Politikwissenschaft. Er hat verschiedene Texte zum Thema Schreiben und Sprache publiziert.

Dr. Marcus Reinmuth koordiniert zurzeit die interne und externe Unternehmenskommunikation für eine europaweit operierende Geschäftseinheit eines international führenden Finanzdienstleistungskonzerns. Zuvor war er bei verschiedenen großen deutschen Unternehmen in der Unternehmenskommunikation tätig. Er studierte in Düsseldorf Sprach-, Literatur- und Politikwissenschaften und promovierte bei Rudi Keller mit seiner Dissertation „Vertrauen schaffen durch glaubwürdige Unternehmenskommunikation: Von Geschäftsberichten und Möglichkeiten und Grenzen einer angemessenen Sprache". Seine Interessenschwerpunkte liegen in der strategischen Unternehmens- und Marketingkommunikation sowie in der politischen Kommunikation.

Werner Rudolf, M.A. HSG, arbeitet als Senior Consultant für Eclat, Markenberatung und Kommunikationsdesign in Erlenbach, Zürich. Seine ersten Erfahrungen mit Texten in Geschäftsberichten sammelte er Anfang der 90er-Jahre als Redaktor für das Industrieunternehmen ABB. Eclat konzipiert und gestaltet Geschäftsberichte vorwiegend für Schweizer Unternehmen wie derzeit Bâloise, Lindt & Sprüngli und die Schweizerischen Bundesbahnen SBB. Werner Rudolf hat Betriebswirtschaft studiert mit Schwerpunkt Marketing und Kommunikation.

Dr. Dorothea Schaffner ist Dozentin und Projektleiterin am Institut für Kommunikation und Marketing an der Hochschule Luzern – Wirtschaft. Sie studierte Sozialpsychologie, Betriebswirtschaft sowie Sozial- und Wirtschaftsgeschichte an der Universität Zürich. Ihre Dissertation an der Universität St. Gallen befasst sich mit Informationsverarbeitung und Konsumentenverhalten. Ihre Forschungsschwerpunkte liegen im Bereich der Kommunikationswirkung und des Konsumentenverhaltens.

Dr. Clemens Schwender ist Professor für Medienmanagement und Medienpsychologie an der Hochschule für populäre Künste (FH) in Berlin. Seine Dissertation schrieb er über die Geschichte der Gebrauchsanleitung am Beispiel der Anleitungen zum Telefonieren im Berliner Telefonbuch. Seine aktuellen Forschungsschwerpunkte umfassen Technische Dokumentation, Nachhaltigkeitskommunikation, Feldpost und Propaganda im Zweiten Weltkrieg, Medien und Emotionen, visuelle Argumentation – besonders Altersbilder in den Medien.

Dr. Franc Wagner ist Dozent und Mitglied im Forschungsschwerpunkt „Text und Normativität" und im zughörigen ProDoc der Universität Luzern. Er ist unter anderem Mitherausgeber der Reihe „Sprache in Kommunikation und Medien" (SKM). Seine aktuelle Publikationen befassen sich mit der Sprache in Neuen Medien und mit Text im Kontext sowie Sprache im Kulturkontakt. Seine Forschungsschwerpunkte liegen in Medienlinguistik, Textlinguistik, Mündlichkeit und Schriftlichkeit sowie Metaphernszenarien.

Journalismus

Klaus-Dieter Altmeppen /
Regina Greck (Hrsg.)
Facetten des Journalismus
Theoretische Analysen
und empirische Studien
2011. ca. 250 S. Br. ca. EUR 29,95
ISBN 978-3-531-17524-9

Volker Banholzer
**Technikjournalismus in
Redaktion und Public Relations**
Zielgruppengerecht Technik vermitteln
2012. ca. 240 S. Br. ca. EUR 29,95
ISBN 978-3-531-18071-7

Sascha Demarmels /
Wolfgang Kesselheim (Hrsg.)
Textsorten in der Wirtschaft
Zwischen textlinguistischem Wissen
und wirtschaftlichem Handeln
2011. ca. 200 S. Br. ca. EUR 24,95
ISBN 978-3-531-17869-1

Beatrice Dernbach /
Wiebke Loosen (Hrsg.)
Didaktik der Journalistik
Konzepte, Methoden und Beispiele
aus der Journalistenausbildung.
2011. ca. 300 S. Br. ca. EUR 34,95
ISBN 978-3-531-17460-0

Frank Littek
Storytelling in der PR
Wie Sie die Macht der Geschichten
für Ihre Pressearbeit nutzen
2011. ca. 180 S. Br. ca. EUR 19,95
ISBN 978-3-531-17624-6

Christoph Neuberger / Christian
Nuernbergk / Melanie Rischke (Hrsg.)
Journalismus im Internet
Profession – Partizipation – Technisierung
2., akt. und erw. Aufl. 2011. ca. 400 S. Br.
ca. EUR 39,95
ISBN 978-3-531-18076-2

Christoph Neuberger / Peter Kapern
Grundlagen des Journalismus
2012. ca. 180 S. (Kompaktwissen
Journalismus) Br. ca. EUR 19,95
ISBN 978-3-531-16017-7

Erhältlich im Buchhandel oder beim Verlag.
Änderungen vorbehalten. Stand: Juli 2011. **www.vs-verlag.de**

VS VERLAG

Abraham-Lincoln-Straße 46
65189 Wiesbaden
tel +49 (0)6221.345 - 4301
fax +49 (0)6221.345 - 4229

Lehrbücher / Nachschlagewerke

Klaus Beck
Das Mediensystem Deutschlands
Strukturen, Märkte, Regulierung
2012. ca. 290 S. (Studienbücher zur Kommunikations- und Medienwissenschaft) Br. ca. EUR 19,95
ISBN 978-3-531-16370-3

Michael Jäckel
Medienwirkungen
Ein Studienbuch zur Einführung
5., vollst. überarb. u. erw. Aufl. 2011. 434 S. (Studienbücher zur Kommunikations- und Medienwissenschaft) Br. EUR 29,95
ISBN 978-3-531-17996-4

Otfried Jarren / Patrick Donges
Politische Kommunikation in der Mediengesellschaft
Eine Einführung
3., grundl. überarb. u. akt. Aufl. 2011. 283 S. (Studienbücher zur Kommunikations- und Medienwissenschaft) Br. EUR 24,95
ISBN 978-3-531-17437-2

Hans-Dieter Kübler
Interkulturelle Medienkommunikation
Eine Einführung
2011. 124 S. Br. EUR 14,95
ISBN 978-3-531-18229-2

Patrick Rössler
Skalenhandbuch Kommunikationswissenschaft
2011. ca. 400 S. mit Online-Service. Geb. ca. EUR 49,95
ISBN 978-3-531-15453-4

Ulrike Röttger / Joachim Preusse / Jana Schmitt
Grundlagen der Public Relations
Eine kommunikationswissenschaftliche Einführung
2011. 297 S. Br. EUR 19,95
ISBN 978-3-531-16470-0

Barbara Thomaß
Ethik der Kommunikationsberufe
Journalismus, Public Relations, Werbung
2012. ca. 250 S. (Studienbücher zur Kommunikations- und Medienwissenschaft) Br. ca. EUR 24,95
ISBN 978-3-531-14416-0

Hartmut Weßler / Michael Brüggemann
Transnationale Kommunikation
Eine Einführung
2012. ca. 250 S. (Studienbücher zur Kommunikations- und Medienwissenschaft) Br. ca. EUR 24,95
ISBN 978-3-531-15008-6

Erhältlich im Buchhandel oder beim Verlag.
Änderungen vorbehalten. Stand: Juli 2011.

www.vs-verlag.de

VS VERLAG

Abraham-Lincoln-Straße 46
65189 Wiesbaden
tel +49 (0)6221.345 - 4301
fax +49 (0)6221.345 - 4229

Medien

Thomas Schick / Tobias Ebbrecht (Hrsg.)

Kino in Bewegung

Perspektiven des deutschen
Gegenwartsfilms

2011. 386 S. (Film, Fernsehen, Medien-
kultur. Schriftenreihe der Hochschule für
Film und Fernsehen „Konrad Wolf") Br.
EUR 29,95
ISBN 978-3-531-17489-1

Susanne Eichner / Lothar Mikos /
Rainer Winter (Hrsg.)

Transnationale Serienkultur

Theorie, Ästhetik, Narration
und Rezeption neuer Fernsehserien

2011. ca. 380 S. (Film, Fernsehen, Medien-
kultur. Schriftenreihe der Hochschule für
Film und Fernsehen „Konrad Wolf") Br.
ca. EUR 39,95
ISBN 978-3-531-17868-4

Andreas Hepp

Medienkultur

Die Kultur mediatisierter Welten

2011. ca. 160 S. (Medien – Kultur –
Kommunikation) Br. ca. EUR 14,95
ISBN 978-3-531-17217-0

Hans J. Kleinsteuber

Radio

Eine Einführung

2011. ca. 280 S. Br. ca. EUR 24,95
ISBN 978-3-531-15326-1

Peter Ludes

Module internationaler
Medienwissenschaften

Eine Einführung

2011. ca. 200 S. mit Online-Service. Br.
ca. EUR 19,95
ISBN 978-3-531-18247-6

Claudia Wegener / Mariann Gibbon /
Jesko Jockenhövel

3D-Kino

Studien zur Rezeption und Akzeptanz

2011. ca. 144 S. (Film, Fernsehen, Medien-
kultur. Schriftenreihe der Hochschule für
Film und Fernsehen „Konrad Wolf") Br.
ca. EUR 19,95
ISBN 978-3-531-17901-8

Michael Wedel (Hrsg.)

Special Effects in der
Wahrnehmung des Publikums

Beiträge zur Wirkungsästhetik
und Rezeption transfilmischer Effekte

2012. ca. 280 S. (Film, Fernsehen, Medien-
kultur. Schriftenreihe der Hochschule für
Film und Fernsehen „Konrad Wolf") Br.
ca. EUR 29,95
ISBN 978-3-531-17465-5

Erhältlich im Buchhandel oder beim Verlag.
Änderungen vorbehalten. Stand: Juli 2011.

www.vs-verlag.de

VS VERLAG

Abraham-Lincoln-Straße 46
65189 Wiesbaden
tel +49 (0)6221.345 - 4301
fax +49 (0)6221.345 - 4229

If you have any concerns about our products,
you can contact us on
ProductSafety@springernature.com

In case Publisher is established outside the EU,
the EU authorized representative is:
Springer Nature Customer Service Center GmbH
Europaplatz 3, 69115 Heidelberg, Germany

Printed by Libri Plureos GmbH
in Hamburg, Germany